名师讲语文

张学青讲语文

于漪　刘远　主编

张学青　著

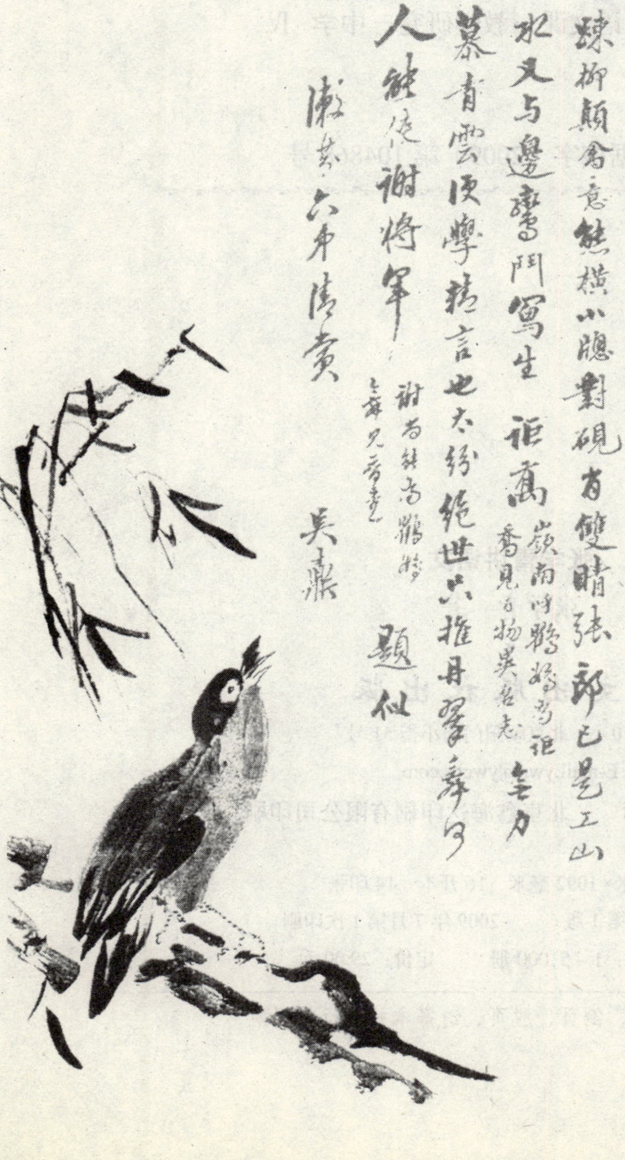

语文出版社

图书在版编目（CIP）数据

张学青讲语文／张学青著．—北京：语文出版社，2009.7

（名师讲语文丛书／于漪，刘远主编）

ISBN 978-7-80241-186-9

Ⅰ．张…　Ⅱ．张…　Ⅲ．语文课－教学研究－中学　Ⅳ．G623.202

中国版本图书馆 CIP 数据核字（2009）第 104868 号

张学青讲语文

张学青　著

*

语文出版社出版

100010　北京朝阳门南小街 51 号

E-mail:ywp@ywcbs.com

新华书店经销　　北京鑫海达印刷有限公司印刷

*

787 毫米×1092 毫米　16 开本　14 印张

2009 年 7 月第 1 版　　2009 年 7 月第 1 次印刷

印数：1－5,000 册　　定价：29.00 元

序

在我国古代，对教师职责最权威的论断，无疑是唐代著名散文家、教育家韩愈的那句名言："师者，所以传道受业解惑也。"在那个时候，道传得深刻，业授得扎实，惑解得透彻，因而在施教范围内产生了广泛的影响，赢得了良好的声誉，便成了"名师"。到了近代，我国传统教育的精髓与从欧美、日本等国家引进的新的教育学说相互沟通、交融，对于"教师"角色的定位又有了新的更科学的认识，对于"名师"的要求也有了新的内容和标准。

我国历来重视师道的传承关系。所谓"名师出高徒"，短短五个字，道尽了师徒关系的全部奥秘：要被承认是"名师"，必须要有实绩，必须要能用科学的、有效的方法培养出一批又一批的"高徒"来；"名师"与"高徒"之间，前传后承，关键在一个"出"字，怎样才能"出"，怎样便不能"出"，现代教学法的精髓就在于努力探求这"出"的规律和"出"的艺术。

说到"传承"，还有个方式和渠道的问题。先秦时代，万世师表的孔子，留下了一部《论语》。世上有"课堂实录"，在中国，最早恐怕就是这部《论语》了。到20世纪，这种教学实录也还流行并有所发展。如梁启超20年代在东南大学作长篇讲演，其讲义经听讲人记录后成为他唯一的一篇论述中学以上语文教学问题的重要论文：《论中学以上作文教学法》。后来，夏丏尊、叶圣陶曾经应邀到上海广播电台就阅读和写作问题作了几次广播讲座，讲稿后经整理便成了他们合著的《阅读与写作》。这是现代传媒第一次成了传播语文教学经验的渠道，这也是现代版的"名师讲语文"之一例，那已经是20世纪40年代的事了。

改革开放以后，最早通过课堂教学实录传播"名师讲语文"的，当推华东师大教育学教授瞿葆奎领衔主编，1980年3月由人民教育出版社出版的《优秀语文教师上课实录》。出版之后，立即风行全国。随着社会经济的进一步发展和教育教学改革的逐步深入，各种以"优秀教师""特级教师"等"名师"名义编辑出版的"教学实录""教育文库""名家丛书"等纷纷出版，与各种讲习活动和竞赛活动相配合，掀起了一股向"名师"学习的热潮。其中以江苏教育出版社于1996年7月出版的"中国著名特级教师教学思想录"丛书为代表，从中可以看出这种"名师"读物的基本格局。因为标明是"教学思想录"，所以每位特级教师的介绍都分两大部分，第一部分是"特级教师"本人"夫子自道"，详尽地讲述自己对语文学科的特点和规律的认识，以及自己从事语文教学实践的基本经验（即编者认为的"教学思想"）；

第二部分是精选一篇课堂教学实录，具体展示这位特级教师的课堂教学实况，便于读者从“实况”中进一步领会这一位特级教师是如何把自己的教学思想付诸实践的。这显然是在瞿编本“上课实录”的基础上有了新的发展。

不过，“名师”具有历时性，累代“名师”，都反映出他们所处时代的风貌和特色。就20世纪而言，第一代“名师”，工于文史的，就有章太炎、王国维、梁启超、鲁迅等等；第二代“名师”，就有黎锦熙、胡适、陈望道、夏丏尊、叶圣陶等等；第三代“名师”，就有张志公、张中行、向锦江、冯钟芸、张毕来、刘国正等等；到了第四代“名师”，便有斯霞、于漪、霍懋征、钱梦龙、沈蘅仲、章熊、鲁元等等。以上只是举其荦荦大者，碍难尽述。如今是第五代、第六代了。对于这些新生代的“名师”，该怎样通过新的传媒和新的编著来传播他们的教学思想和教学经验呢？教育部语文出版社特别策划了一套《名师讲语文》丛书。其“特别”之处主要表现在：

一、选录的都是新生代的语文教学“名师”。20世纪末和21世纪初，正是新一轮课程改革有力推进的历史阶段。在这新的历史阶段，必然要涌现出一批新的、在改革过程中搏浪前进并作出新贡献的教学“名师”。对于新的课程改革，新的语文课程标准，以及根据新课改精神和新课标要求实施语文教学，许多语文教师感到困惑，感到无所适从，这些新生代名师会结合自身体验给他们解惑的钥匙和指路的明灯。

二、结构新颖，内容丰满。该丛书拟出20册，每位“名师”一册，具体书名是《×××讲语文》。每册由四大板块（现今“板块理论”大流行）组成。第一大板块是“我的语文人生”。这一板块，我特别赞赏。前几天，我收到属于第四代“名师”系列的挚友福建省语文特级教师陈日亮先生的一部新著，书名赫然是《我即语文》！他认为语文教师，除了会教语文以外，他的一言一行都应该在语文运用方面堪为典范，语文教师的人生应该是与语文结缘的一生。这大概就是语文出版社诸公此番策划《名师讲语文》时设计第一讲为“我的语文人生”的根本意图。第二大板块是“我的语文理念”。新一轮课改十分重视教育教学理念的更新，那么，新生代的“名师”讲一讲自己的“语文理念”，讲一讲自己对语文和语文教学的认识，当然是题中应有之义。第三大板块是“我的语文实践”，就是以实录的形式呈现原生态的课堂教学过程和内容，再加上主讲者自己的“反思性和说明性”文字，这就同瞿编本和苏教本又有所不同了。更具新意的是第四大板块“我的教学语录”，这是以往任何一种“实录”“文库”“丛书”都没有的，就是新生代的名师，以条目的形式汇集自己富有个性色彩的教学言论。我希望这些语录，至少主要部分应该说得既符合语文和语文教学规律，又确确实实富有个性色彩。

我们期待这套新的丛书能以新世纪特有的风貌呈现在读者的面前。

顾黄初

2007年5月22日于扬州瘦西湖畔

目　录

我的语文人生

我的语文理念

我的语文实践

我的教学语录

教书这条路

记得那时年纪小

以现在的我来说选择做教师的理由，大概可以弄出N条来。其实，当初想做教师，就是因为喜欢，单纯的喜欢。

最初，我去的学校叫更楼港小学。那是一所乡村辅导校，很小，六个年级只有四个班，一百多名学生，九个老师。办公室坐南朝北，阳光只从南面窗户里投进来，小小的一方块。地皮是泥的，有小小的坑。办公条件是简陋的，甚至连开水也不能供应。后来市场上出现了“热得快”，我们才喝上了茶水。

办公室门口，系着一个钟。“当当——当当——”上课的钟声掌握在值日老师的手里。那时，辅导主任沈老师是极会讲故事的。听的人出了神，就会忘了打钟。如果下一节轮到我的课，我就很盼望值日老师早点去拉钟。当然，我是新老师，不敢跟值日老师说：“哎，到点了，可以去拉钟了。”

如果你认为这所连基本的作息时间也保证不了的学校一定很差的话，那就完全错了。事实上，这所学校的教风、学风都是一流的。“小菜在橱里，力气在皮里”，会讲故事的沈老师经常这么说。学校的教学氛围是紧张而轻松的。其实，忘了打钟上课的时候很少，只是那个黄毛小丫头太想进教室上课了。

第一学期，学校老师不断有病假，我就做替补队员，先是教六年级数学，再是六年级语文，学期末又带一、二年级数学，复式教学，外带两个班的音乐课。直到第二学期，才安定下来，教上了五年级语文。从此算是坐稳了“语文”这把椅子。

年纪还小，做什么事情都没有框框，也充满热忱。无所谓教学研究，就是自己在教室里玩语文。第一次上公开课是辅导片的一次教研活动。我们学校是一所辅导校，校长让我上一堂公开课。公开就公开，我一点也不怕。当然，备课的时候也是动足了脑筋，乃至于吃饭、洗脸也在不断想着怎么上。对着大衣橱的镜子，一遍遍地练着我的“台词”。我选的那一课是《凡卡》，至今我还能全文背诵《凡卡》，可见当初的确是花了工夫的。

没有谁帮助，怎么想就怎么上。凭着一点小聪明，我的《凡卡》居然大受欢迎。老师们说从来没有听过这么好的课。我那小小的心，就像鼓满风的白帆。大概学校领导觉得“孺子可教”吧，我就被调到了中心小学，也有了更多的参加比赛的机会。演讲比赛、语文教师基本功比赛、思品课会教之类的活动，我都能拿全校第一。作为种子选手，屡次参加视导片的比赛，又是拿了几个视导片第一。也许所有的成功都容易忘记，我现在回想起来，一点也不记得当初参赛是怎样努力的，只是觉得很快乐，全然没有现在的青年教师为了拿奖那种“为伊消得人憔悴”的折磨。

在最初的路上，我不得不感谢我的父母。父亲很关心我的工作，叫得出我班上大多数学生的名字，甚至知道功课学得差的学生的脾性。父亲和他的老友们一起在喝酒的时候，他就会一遍一遍地说着我获的奖，老友们赞赏着，他就很受用，似乎我的成绩就是他最好的下酒菜。他喝得满脸红光，兴致勃勃。母亲不识字，却是我的启蒙老师。她用她的宽厚与仁爱，告诉我最朴素的真理：要向前走。我在家里练演讲或者模拟上课的时候，她是我忠实的“观众”，也是我最年长的“学生”。她津津有味地听我讲，还会用她的“普通话”告诉我，真好啊。

真好啊——那时我还真是个孩子。也许充满热情地去做每一件事，只是为了父亲的醺醺然的样子，或者母亲的一句“真好”。

发表了第一篇文章

我刚调入中心小学时，本部规模不大，只有五百来个学生，下面还有二十多所村小。我带一个实验班，三十多名学生，从三年级带到六年级，没什么大的压力，静静地备课，上课，批作业，很是惬意。

1995 年的春天，市里组织了首届“百节好课”评比活动。这是综合中小幼各年级各学科的赛课大行动，须经校级、视导片级、市级层层选拔，淘汰率是极高的，在当时，算是最高规格、最有含金量的赛课了，所以男女老少，趋之若鹜，都想上一上。因为 1992 年获得了苏州市“教坛新秀”的称号，我获得了一张可以直接进入市级比赛的入场券。

借班上课，地点在市实验小学。晚上，抽签备课，第二天上午就上课。那时大概是深秋吧，坐在空荡荡的会议室里备课，颇有一些寒意。和我一起备课的是薛法根和邹忠亮（好像是他），上课的顺序是一个在我前，一个在我后。

我们三个抽到的是屠格涅夫的《麻雀》。那时，我还没有读过屠格涅夫的其他作品，对于《麻雀》的解读，也仅仅停留在母爱的伟大上。假如读过屠格涅夫的《猎人笔记》《父与子》等小说，我就还能读出屠格涅夫的麻雀里有对弱者的同情，对抗暴精神的崇敬——那种万劫不复的圣徒精神，老麻雀身上表现得那么充分。

但我也有颇为得意的设计：由“麻雀”的“小”与屠格涅夫的“敬意”导入，引发冲突，设置悬念；用四角的结构勾连“猎狗”“老麻雀”“小麻雀”和“我”之间的关联，由此引导学生说出事情的经过，归纳故事的梗概。此外，就是品词析句的功夫了。那时，我手头唯一的一本与语文教学相关的读物就是《小学语文教师》，每期我都细细地读过。我记得有一期上曾经发过一篇文章，谈的就是《麻雀》，作者特别提到了“扎煞”这个方言词所表现出来的力量。灵机一动，借来就用。通过“蓬松”与“扎煞”的换词练习，我让学生体会“扎煞”所表现的老麻雀羽毛张开的力度，那种钢针般的坚硬感。

课备好了。走进教室，薛法根刚刚上好，在擦黑板。那时，他还不是“特”，我也不熟识他，只觉得这个人的字写得真好，比我好得多，也算是开眼界了吧。可惜，我在他后面上，不能听他的课。

课上下来，自我感觉是不错的。

之后，就是等待结果公布。名落孙山，我讪讪的，有点疼。

失败的经历总是刻骨铭心的。也是在这样的赛课中，我懂得了自己不过是只井底之蛙罢了。在庙港小学这口井里观天，以为天只有井口那么大。我知道了，鸟说的对，天，无边无际，大得很。于是，千寻万找，开始了我从教以后的第一本教学专著阅读《语文认知心理学》。1997 年到苏州，又买到了两本《中国特级教师教学思想录》，有小学语文卷和中学语文卷。利用一个暑假的时间，通读了斯霞、李吉林、袁瑢、于漪、钱梦龙等名师的教学思想和最有代表性的教学案例，也是从那时开始，对语文和语文教学有了自觉的摸索和认识。“自卑而超越”，今天我读阿德勒的《儿童的人格教育》，深深地体会到当时的这种情绪。

赛课的失败经历，长久地盘亘在我的心头，也让我有了很深的体验。我把这段体验和感悟，写成了一篇小文章，题目叫《近视》，投稿给了《吴江日报》。大概意思是说我的眼睛已经近视了，心灵不能再近视，“不以物喜，不以己悲”，要尽量想得远些，看得远些。

我清楚地记得，那个春天的傍晚，当我收到样报看到自己的文章成为铅字发表的时候，心底那种“突突突”的感觉——不是喜悦，不是激动，而是紧张，甚至有一点点慌乱。

这是我正儿八经发表的第一篇文章，尽管只是短短的不满千字的小文章，跟我后来发表的文章相比，它显得稚嫩而粗陋。但我觉得这是一个标识——在这场经历中，我渐渐长大，从此学会了通过阅读和写作与外界和自己对话。

辨认出自己

生活是一面镜子/我们梦寐以求的/第一件事情就是/从中辨认出自己

——尼采

学校的校长年纪都大了，但我做梦也没有想到，二十七岁那年，我竟然被提拔为学校的副校长。也许是太年轻了，坐在办公室里，总有人把我看成是不谙世事的毕业生。

更让我做梦也没想到的是，五年后，一把手姚校长调任市实验小学做校长时，教育局会把庙港实验小学的担子压在我肩上。那时的学校，规模不小了，一千八百多学生，一百多的教职员工。

校车的驾驶员来了，和他们谈价钱，为了一块两块的事磨着；净水厂老板来了，扯着不咸不淡的事情，一眨眼一上午过去了；过节了，老师们的福利等着发，盘算一下可以发多少；广播室里的喇叭声音发毛，得换新的了；预算内的经费，怎么去跟财政所长说才能获得最大利呢？教师奖金的自筹部分怎么办？……琐琐碎碎，点点滴滴，就这样，我的时间像被蒸成了一股气，飘散着流逝——没有声音，也没有影子。一天下来，好像做了很多事，又好像什么事也没有做。

最让我坐不住的是离开了语文课堂，离开了我朝夕相处的学生。2004 年 9 月 10 日那天，我写下了这样的日记：

又是一年教师节。

听着班级里此起彼伏的“老师，祝您节日快乐”，别有一番滋味在心头。

没有学生的日子，心很空，就像飘在空中的风一样。

忆起前年的教师节。隔夜，晓英特地让父亲开了摩托赶了十几里路买了米兰。那个盆很大，很沉，我不知道骑着自行车的她，是怎么把它带来的。

忆起去年教师节，我去市里开会。下午回校，刚进办公室，马上就被一帮家伙团团围住。“张老师，我们一直在窗口守你的办公室开门。”

“你去哪了，怎么现在才来？”

“要是你今天不来，我们怎么办？把贺卡送哪里去啊？”……唧唧喳喳的一群，把热情和暖意洒在我的空气里。

又是一年教师节。没有学生的日子，落寞，怅然。

这种心情，一直萦绕。我是个单纯的人，大概也适合做单纯的工作——读书、写字，然后带着孩子一起读书、写字。我迷恋于课堂上的高峰体验，觉得进课堂是一件快乐的事，而朝南坐在办公室里，或者四处交际周旋，让我觉得很累，是心累。

无数个夜里，我辗转反侧，反复问自己：你究竟想要什么？

当我毅然决然地向教育局提出辞呈的时候，如投石于湖，周围一片哗然。有的摇头，觉得我很傻；有的叹惋，觉得以我的能力完全能够干得好；有的理解，说女人安分一点好；也有人表示佩服，说我走这一步很有勇气。

乖也好，傻也罢，其实，我只是听从自己内心的声音。不管别人说什么，不管今后我的路会走成什么样子，我心底只有一个念头：所有的选择都是对的，无论当初是坚持还是放弃，选择了，就不再后悔。

2008 年 8 月 18 日，当我看到网络上刘翔退赛的背影时，真是感慨万千。键盘将我的这段心情切割成了这样一些长长短短的字：

你不是神/你也有跨不过的障碍/越不过的栏/哪怕亿万目光把后背灼伤/你放弃了飞翔的心念/选择转身

选择放弃/不是放弃选择/转身的背影有点孤独/但路/还是向前延伸

我在他的背影里读到了自己。

还在路上

辞去了校长的职务以后，我就更安心地耕耘在语文教学的园子里。

看的书多了，想的事多了，身边热爱语文教学的朋友也多了。所想的，所看的，不断推动着我的教学实践，而实践中的困惑和不解，又推动着我不断地去看，去想。

金子美玲的《这条路》，我曾经带学生一起读过——

这条路的尽头，/会有大片的森林吧？/孤单的朴树啊，/我们去走这条路吧！

这条路的尽头，/会有广阔的大海吧？/荷塘里的青蛙啊，/我们去走这条路吧！

这条路的尽头/，会有繁华的都市吧？/寂寞的稻草人啊，/我们去走这条路吧！

这条路的尽头/，一定会有什么吧？/大伙儿一块儿去吧，/我们去走这条路吧！

我不知道，前方路的尽头会有什么，但我愿意热情地和大伙儿一起去走一走——我相信那里一定会有什么的。

读书是一种生活方式

“有聊才读书”——这是我的 QQ 上的个性化签名。

当初，弄这么一句话上去，纯属随意。现在想想，大概有一些意思的：一层是 Q 的状态，本身就是一种“聊”的状态，聊，即对话。既发生在书友间，也发生在我和作者之间。另一层意思，像我们这样的人读书，并非无所事事，只要你当过小学语文教师，就知道工作是如何繁琐。因此，这里的“有聊”是相对“无聊”而言的。在“有聊”的状态下读书，心灵才不至于因忙碌而淤塞。第三层意思呢，作为语文教师，靠嘴吃饭的人，不读书，又能和学生聊点什么呢？

其实，读书无非是一种生活方式，它和看电影、串门、跳舞，甚至打牌什么的，没什么两样。嗜牌的人天天打，夜夜打，并且永不厌倦；我想，妙在把牌一张张摸起来的时候，永远变化无穷，永远会有新鲜的搭配出现在你面前。而嗜书的人，能够手不释卷的原因，大概也在于每一页每一页都有新的未知。

至少，在我来看是这样的。世界上的每一门学问，都是一个无底洞。不读书，或者少读书，根本不知道洞在哪里，更不知道它的深处。而读了一些，便觉得处处有洞，洞中有洞，洞连着洞，弯弯曲曲，深邃无比。于是，产生一种渴望，想去看看到底怎么回事。

古人中有个叫尤袤的，他把书说得很神，说“饥读之以当肉，寒读之以当裘，孤寂读之以当友朋，幽忧读之以当金石琴瑟”，很有浪漫主义情怀。他是个诗人，而我是个俗人，因为我发现自己读书的时候，饿归饿，冷归冷，永远无法把书“当肉”或“当裘”——每天，我要母亲买鱼给我吃，没鱼我就吃不下饭；节假日常常忙里偷闲，上街买新衣服，没有新衣服，我就懒得起床。

但我也有“一当”——我把书当成我的眼镜。我是近视眼，而且度数较深。对于我来说，没有眼镜，就等于没有眼睛。而读过的这些书，从某种程度上讲，就是我的眼镜——戴上它，从前看不见的，现在看得见了；从前看不清楚的，现在看得比较清楚了。鲁迅先生曾讲过这样一个例子，说乡下人常把硫化铜当金矿，空口跟他说不明白，但如果遇到一点真金矿，用手掂一掂轻重，他就死心塌地了。我也是乡下人，目力不远，听力不深，舌头不长，借助这些书，掂一掂“金矿”的分量，也认识了“硫化铜”。于是对世界多了一点理解，也不再轻易受别人的欺骗。

读书是一种生活方式，并且，潜移默化中改变着人的生活方式和生活情趣。这里，我倒是可以举一例的。友人L君，看到了一户人家门前的大白猫，用手机照下了它。其实，这只白猫，懒懒地睡在红漆大门前，和别的白猫没什么两样。L君也许是爱猫之人，但他要郑重其事地照下它，主要是因为L君不久前读了佐藤洋子的《活了一百万次的猫》，眼前的猫便越发可爱了。这种体验，不读过佐野洋子绘本的人，是无法领略的。这个例子也说明，读书的人，经过别人的眼睛来看万象，经过别人的耳朵来听世界，仿佛又增加了一种感官。而不曾读过的人，仿佛瞎了眼睛，聋了耳朵。他们的生活自然要乏味得多。大千世界，花草树木，鸟虫游鱼，固然是美的，但芭蕉啊，梧桐啊，柳啊，这些在读书人的眼中，就变得更有意味了。因此，读书是可以改变人的情趣的。

对于读书的态度，我的朋友X女士，读一本是一本，口诵心惟，嚼得烂透，所以，听她说话，常常是舌灿如莲。我有时也想效仿，无奈资质太差，无法一一还原。转念又想，书都叫我记住了，还要书来干什么？书应该记住自己。我又不是电脑或者印刷机养的。读书原为自己受用，多读不能算荣誉，少读也不能算羞耻。记住也许算能耐，记不住也不能算罪过。

我也买书。每每逛当当网或卓越网的时候，总忍不住想买一些。但书到手后，看看序，看看目录，择一二节略读后，就放在书架上了。什么时候再读读，自己也无把握。颇有点像古代的皇帝，而插在书架上的书，无疑是养在深宫的妃子了。我的朋友Z君，嗜积书，我想他的这种体验也许比我更甚。以前我曾笑过他，现在想起来，像他这样也不错，因为毕竟他知道哪里有什么。

我的朋友中，教师居多。我常以为，那些为了读书而读书的朋友，才是真正的爱书之人。我也说不清楚读书到底有哪些好，但好的书，就像好的女子，让你有与之亲近的冲动。作为小学语文教师，我更说不出读书对于专业成长到底有多大帮助，但说不出来的，并不等于不存在。

就这样，活着并且读着吧。

北岛：零度以上的风景

“卑鄙是卑鄙者的通行证，高尚是高尚者的墓志铭。”

我知道“北岛”这个诗人的名字实在很晚了，即便很早就能熟练背诵那句“卑鄙”。这首写作于早期的《回答》，北岛现在觉得惭愧，说没能“摆脱宏大话语系统的影响”，有“语言暴力倾向”。

我对于诗歌的热爱，缘于八十年代。豆蔻年华，热衷于抄背诸如“最是一低头的温柔”“向青草更青处漫溯”或者“让我怎样感谢你”“你在桥上看风景”“一棵开花的树”之类的小诗，当然今天还是爱，只是热情大不如先前。

北岛的诗歌随笔《时间的玫瑰》，无疑为我敞亮了一扇窗，带来了别样的风景。读这样的选集，才知道诗歌的高度在哪里——那些独特的声音，并非是只用大脑的语言游戏，而是血性的表达，是精神上对人类苦难的伟大承担和点石成金的语言的完美结合。

《时间的玫瑰》选录了20世纪作者称之为“人类诗歌历史上最灿烂的黄金时代”的九位诗人的诗作：洛尔加、曼德尔施塔姆、里尔克、特拉克尔、策兰、帕斯捷尔纳克、特朗斯特罗默、艾基、狄兰?托马斯。这些名字在时间的流里历练淘洗，相信会愈发绽放它的别样光华。

知人论文。选集妙就妙在，它既是人物传记，又是诗歌赏析——此书对现代诗歌尚未人门者来说，是一种启蒙。在曼德尔施塔姆的笔下，回到熟悉的城市，“如童年的腮腺炎”，而“昨天的太阳”竟可以被“黑色的担架抬走”；策兰可以“把我变苦”后“把我数进杏仁”；里尔克的“旗帜”能预感“我认出风暴而激动如大海”；帕斯捷尔纳克在“二月”里用“墨水哭泣”“点燃黑色的春天”；特朗斯特罗默的词在“强光下，像猴子蹿向栅栏”；更妙的是，狄兰·托马斯“通过绿色导火索催开花朵的力量”可以“催开我绿色年华”……“绿色的茎管”成了“导火索”，无法不惊异于诗人们对意向选择的技巧——这些事物，都普通，但诗人通过缩短、拉长、嫁接、颠倒等手段，穿透语言与逻辑之网，使之陌生化，丰富了意象的光谱，从而更新我们的习惯反应，唤起新鲜奇妙之感，增添了审美的情趣，这大概便是艺术技巧的陌生化原则吧——“写到熟时就是生”。

翻译国外诗歌作品，实在不是件容易的事。对语言特有的敏感与对原文准确的把握，两个齿轮真正啮合，才能产生优秀的译作。书中作者不厌其烦，罗列同一首诗的不同译本并比较其优劣。他说，“一个好的译本就像牧羊人，带领我们进牧场”；一个坏的译本，则败坏了人的胃口。他要求译文忠实于原文，尽力保持语言的直接性与对应性，避免添枝加叶、拖泥带水。他最不能容忍给“解放脚穿小鞋”——为了凑字凑韵而强求形式，破坏了自然的语感与节奏。

的确，作为诗人，北岛对诗歌有一种敏锐的直觉，他善于在新的语言中寻找到一种新的节奏，他的译笔铿锵、凝练、饱满、简洁，一如他的诗风，每个词都获得了重量，体现了一种力度，一种不含杂质的纯钢般的力量。

这样的比较，细微而谨严。他承认，他的译作是在“前辈译本的基础上，获得了理解的高度，并由此向上攀登”。他的苛刻与挑剔，更是对诗作视如生命、追求完美的体现。对这部分内容我看得细，花时也最多——他把注意力集中在诗歌自身因素的比较上，诸如音韵，词与词的呼应和句法，乃至于标点和分行。这样的比较品读，对于一个语文老师来说是必要的修炼。

对于诗歌，我心怀虔敬。能够代表一个国度、一个民族最高文学水准的，只有诗歌和长篇小说。诗歌是生命与生存之间形而上的一种哲学追问。诗歌所具有的精神，是人类情感中最鲜亮、最纯粹、最炽热的部分。然而，诗歌亦是一种苦难的艺术。诗人生来注定是受苦的，我所知道的诗人，无一不是命运多舛。“我泪水涔涔，却不是为了个人的不幸”，他们在人类孤独的深处扎根，以青春激情的浆血，聚纳了生命的力度与强度，喷薄着理想的朝霞，直到枯竭，疲惫，心力交瘁……用泰戈尔的诗来说，便是“黑暗中看不见脚下的路，就把肋骨拆下来当作火把点燃”的一群人！

六年内换了七个国家搬了十五次家的北岛，在他的散文集《失败之书》里，我看到了一个真实的他，从搬家到赌博，从朗诵到喝酒，无可奈何的落寞与消颓，这与大家熟悉中的英雄北岛，写出“从星星的弹孔里/将流出血红的黎明”这样诗句的北岛，落差太大了。也许这正是他自己给自己放假了，当然他的《失败之书》，文字还是那样洗练干净，“我在人群里寻找艾伦”——简洁直达本质，流溢出诗性的光。

是笔在绝望中开花
是花反抗着必然的旅程
是爱的光线醒来
照亮零度以上的风景

——北岛《零度以上的风景》

而这风景，我还没看够。

庄子有毒

庄子让我着迷。

《庄子》可谓是绝顶聪明、绝顶漂亮的文章。

其翼如垂天之云之大鹏，八千岁为春八千岁为秋之大椿，不知晦朔的朝菌，不知春秋之惠蛄，或者庄周的梦蝶，朝三暮四的笨狙，相貌奇丑的哀骀它……他笔下的形象诡异，甚至荒诞，但读起来却是新鲜有趣。

与其说形象诡异，不如说是那些故事的智慧——它真的诱惑着我。

优秀的厨师解牛，用刀锋割开牛的软组织，所以，一年换一把刀；普通的厨师解牛时，用刀刃猛砍牛的硬骨头，所以一个月换一把刀。“庖丁解牛，以无厚入有间，恢恢乎其于游刃必有余地。”一头牛分解下来，庖丁的刀锋连牛的筋脉都不曾碰到，更不要说，与牛的骨头硬碰硬了，所以，他的刀用了十九年还是那么锋利。

未谙“牛”之组织，我们这些“庖丁”，是月更刀的“族庖”，还是岁更刀的“良庖”？什么时候，才能修炼出以“无厚”入“有间”的真功夫呢？

又如在《应帝王》中，“人皆有七窍，以视听食息”，倏和忽便为混沌日凿一窍，谁料混沌七日而死。

所谓“混沌”，就是浑浑噩噩的愚钝。给混沌凿七窍，这无异于另一个养鸟的故事：

鲁侯将海鸟迎进庙堂，“奏《九韶》以为乐，具太牢以为膳”，乃至“鸟不敢食一脔，不敢饮一杯，三日而死。”这是用养人的方法去养鸟——养鸟，就该让它栖息于茂密的树林，翱翔与广阔的地方，吃小鱼小虾，让它们自由地生活。就像混沌，就该是混沌，有了七窍，就不是混沌了。

当然，这个故事也可以理解为拥有七窍，混沌死去，文明开化。

与其说故事智慧，不如说庄子的思维方式让我跟着它团团转，缠在其中，欲罢不能，到最后，才发现原来是个圆——“方生方死，方死方生；方可方不可，方不可方可；因是因非，因非因是。”

他总能给你意想不到奇思——

大瓠之种，为什么要用它去做酒葫芦，或者剖开了做舀水的瓢呢？把大葫芦系在腰上，就可以漂游江湖了。为什么只知道用小葫芦装少量的水和酒，却不知道用江河湖海大量的水，反过来装大葫芦呢？

有用就好么？

“今子有大树，患其无用，何不树之于无何之有乡，广莫之野，彷徨乎无为其侧，逍遥乎寝卧其下。不夭斤斧，物无害者。无所可用，安所困苦哉！”

于是，那棵做船会沉、做棺材会腐烂、做器具会毁坏、做门窗会流出油脂、做梁柱会被虫蛀的不材之木，长得粗壮，被奉为土地神。这正是无用之大用啊。

而在《胠箧》里，他更把世俗的小聪明笑了个够：你以为绑紧绳索，加固锁钮就可以防小贼么？大盗一来，背起箱柜就走，不正是帮了大盗的忙么？

与其说庄子判断此与彼、是与非的目光超越了一般的对立关系之言辩，不如说他旷达的处世哲学，更让人心怡。

“鹪鹩巢于深林，不过一枝；鼹鼠饮河，不过满腹。”

何必在名利中钻营不出呢？再怎么出息，也只能吃三顿饭哪。

“吾生也有涯，而知也无涯，以有涯随无涯，殆已！”

庄子尚知道疲倦，我们又何必勇往直前，不给自己喘气的机会呢？

“泉涸，鱼相与处于陆，相呴以湿，相濡以沫，不如相忘于江湖。”

太上忘情。忘情绝不是无情，可是却不为情牵、不为情困，把情处理得豁达洒脱。陶渊明说“此中有真意，欲辩已忘言”——忘言不是把要说的话给忘了，而是默默体会它的意思。

“夫大块载我以形，劳我以生，佚我以老，息我以死。故善吾生者，乃所以善吾死也。”

来的时候欢喜，走的时候高兴。顺应自然本性，没有谁比庄子更想得开的人了，他把什么都想透了，想到了底——这看起来有点可怕了。

在我看来，庄子的哲学，是那种特别负责任又特别不负责任的哲学。他使我们走向聪明，走向微笑，走向谅解，走向妥协。可是，全世界的人都如此这般微笑着，这个世界又怎么办呢？

听他“鼓盆而歌”，难道不是一种冷漠和荒凉？

可是，当我打下“庄子有毒”四个字时，却仿佛听到他吃吃的笑声——

“且夫知不知是非之意，而犹欲观庄子之言，是犹使蚊负山，商ju驰河也，必不胜任矣。”

补上这一课

——读蒋廷黻《中国近代史》

在我的知识结构中，历史知识基本是盲点。我看历史，就像患了白内障一样模糊。我承认，在看到《中国近代史》之前，根本不知道蒋廷黼是谁，尽管书的前言中说他在学界和政界都享有很高的知名度。他接受过西方的高等教育，回国后先后做过南开大学教授、清华大学历史系主任，也当过国民党政府的驻苏联大使、驻美大使。

书是2004年去杭州书林买的，买了以后，一直在书橱里睡大觉。我又得承认，我的不少书都是在书橱里睡觉的。反正，读书是一辈子的事，不急。

这本《中国近代史》只有五万余字，将从鸦片战争到抗日战争前夕近百年的历史写得深入浅出。蒋先生以“知外交”闻名于世，此书首先从外交的角度谈了处在“中古”时代的清王朝遇到的困境。西方国家已经“近代化”，而我们的祖先还在那里作八股文，讲阴阳五行。西方国家近代化的结果，就是需要寻求在外投资，获得高利息，寻求推销的市场和原料地。因此，在众多的中外条约中，都涉及到了“开放通商口岸”。对于这一点，作者以为，开放通商口岸，在历史的意义不外乎从此中国与西洋的关系更加密切了，这关系，固可以祸，也可以福，就像水可以灌溉、便利交通，也可以成灾一样，关键是中国要自强。我以为，蒋先生的观点是非常理性的。

蒋先生还谈到十九世纪以前，中国是没有邦交的。“天朝大国”，自我感觉良好，在他们看来，外夷不知道礼义廉耻，与之往来有什么好处？书中他还写了一个故事，说鸦片战争之前，英国派马戛尔尼为特使带着上等的礼品来华，希望能有大使常驻北京，中国派大使驻伦敦，希望中国有固定的、公开的海关税则，乾隆帝却因他不肯行跪拜礼，接见后就要他立即离京回国。后来英国又派使节来华邦交，再度失败。作者以为，英方觉得除了战争是没有办法和“中古”的人打开交往之路的。我们称之为“鸦片战争”的，在英国人那里是“通商战争”。

这样的观点，也许是一家之言，但多少让我长了些见识。至少，我在上诸如《圆明园的毁灭》之类的文章，不会再烧一把只有情绪没有理智的大火。

书的第二部分专讲“内患”，主要讲国人为何不能进入“近代化”，使中国赢得发展的时机。首先当然是中国人的守旧性太重，中国的士大夫阶层最缺乏独立的、大无畏的精神。就算少数的看得远的，也怕清议指摘，默而不言。在与外人交涉中，清朝士大夫完全不懂得国际公法和国际形势，争当不所争，放弃不当放弃的。面对外人的入侵，剿夷的顽固派以为“民心可用”，以为有四万万同胞，就可以把外国人赶出去。当然，在这些人中肯定有有血性的，坚强主张抗战，真心为国图谋的人。书中说，西太后也曾想“硬气”一点，向各国全面宣战。但事实是，我们绝不能靠着礼义廉耻去抵抗帝国主义者的机械军器和机械制造。“民心”“士气”，在坚船利炮面前毫无力量。也正因为这一点，作者对林则徐的评价也不是很高。而中国的抚夷派呢，又只求苟且偷过，不图改革，不肯奋发图强。

在那种时代那种环境下，就“生产”出了企图灭清的“太平天国运动”和企图灭洋的“义和团运动”。这些民间运动均以失败告终，使得内乱加剧。

当然，中国的近代史，也并非毫无生机。书中有几个章节，专讲民族自强运动。作者以为，恭亲王奕䜣、文祥、曾国藩、李鸿章、左宗棠等，是少数的有远见的明白人。他们能从英法联军的战争中获得教训，认定惟有学习西洋的科学机械才能立足，才能生存。作者对曾国藩既革新（接受西洋文化）又守旧（恢复固有美德）既管教又管事是相当赞赏的。而他对李鸿章的评价，也改变了我在教科书里读到的“卖国贼”的标签印象。作者以为，李鸿章在很多问题上，是独具眼光的。他要士大夫放弃章句小楷之积习，把科学工程视为富贵功名之鹄；他以为以武力收复新疆、为伊犁问题与俄国开火、为越南问题与法国打仗，均不可取，他觉得要把这些战费省下来，用于海军建设；他在日本明治维新的时候，就看清楚了日本是中国的劲敌。

但自强之路为什么难以坚持？除了顽固派守旧势力的阻挡之外，作者还以为，即便是这些开明的人，受的都是旧教育，他们不能完全了解西洋文化，自己也基本上毫无科学机械的常识，他们救国救民的方案不彻底，再加上又是不彻底的实行，因此，中国还是败在了列强手里。书中还提到了一个叫郭高焘的人，我从未听到过这个名字。作者说他不但主张要在战备武器上向西洋人学习，还要向他们学习政治制度和文化。不仅国防要近代化，交通、教育、经济、政治、国民都要近代化。在当时的情况下，他当然是遭人反对，全无机会做事的。想想也是，在中国，“搬动一张桌子也要流血的”，他的主张，即便放在今天实行，也是阻力重重的。

书的最后部分谈了救国救民的方案，主要谈了康有为的变法运动和孙中山的“三民主义”。作者说，几千年专政体制下的顺民，不知道什么是民权的，忽然要他们当家作主也很可怕，好像一个不会游水的人，要在海洋的大波涛之中去游泳，非淹死不可。

书中插图颇多，大多为人物的肖像。看他们或干瘦或肥硕或严肃或平静或英武或慈祥的样子，心里不免感叹：他们曾是近代史上叱诧风云的人物，如今皆成历史，是非功过，任人评说。

心有所动

童年往事：我的小学语文老师

小学五年，我的语文老师有三个。

一年级，学拼音，教我的老师姓姚，名惊秀，五十岁左右。名为惊秀，粗看，一点不秀：身材高大，大腹便便，往眼前一站，如门板一样严实，大概“秀”让她“惊跑”了；细看，还是有些秀的：齐耳顺发，直直垂着，淡眉细眼，说话声音轻柔。她是常州人，那些常州话，我听着很累。

她怎么教我们拼音，我一点印象也没有。只知道，她对我们的态度极为温婉。她喜欢我，有时还帮我把散落的发结扎好。我记忆最深的一次，因为年龄最小，不够戴红领巾的资格，我大哭。她帮我擦泪，还柔声安慰我，说明年就可以戴了。可我还是哭，回家也哭，都哭了好几天。后来她见我这么伤心，就破例给了我一条戴着。姐姐就笑我，说我的红领巾是眼泪换来的。

二年级，教我的老师，姓张，十八九岁，和我是本家。若干年后，读到魏巍描述的蔡老师，眼前就会浮现张老师的样子，因为她的脸颊也有榆钱大小的痣。蔡老师很温柔，但张老师很严肃，很少见她笑。她对我们作业的要求严格极了，写得不好，必要重写。我那时调皮而淘气，字是很邋遢很蹩脚的，就常常惨遭重写的厄运。姐姐和我在一个班，她就指着姐姐的作业训我。我心里很不服气：写得好管啥用，我不是写对了么？

张老师给我们上课的印象，搜索了好久，只有默词语了：教室里肃静极了，一个词语，从老师口里响亮而威严地吐出，在空气中荡漾了一阵之后，“嘭嘭嘭”，我们的小肘干劲十足地撞着桌子，小手齐刷刷地举着，目光一律地盯着老师，既而，又一个词语，响亮而威严地从老师口中吐出……

唯有课间打羽毛球的时候，才可以见到张老师的微笑。和张老师对打的，是一个男的张老师。为了区别，我们常叫着男张老师女张老师。男张老师女张老师在操场上打羽毛球的时候，全校五个年级的学生都会自动沿着教室开列两队观战，气势蔚为壮观。羽毛球在空中轻灵地飞来飞去，我们仰着小脸，眼睛跟着来来往往……不好，女张老师没接稳，球倏地掉地了。立马有一帮人，赛跑似的拥过去捡球。捡到的，犹中彩般高兴，一溜小跑把球送上。这时，我便会看到张老师的微笑，很美。为了得到她的微笑，我也常自告奋勇地加入到捡球的队伍中。老师可真威风，我长大也当老师，让学生给我捡球，我的最初的职业梦想，大概萌芽于此。

而连教我们三年的，则是沈志芳老师，乍听是女名，其实是男老师。这个沈老师，在学校，没有一个学生不惧他的，最调皮捣蛋的男生，到他面前，鼻涕都不敢嘣（方言，音如嘣）。他性子直爽，脾气火暴，目光如电，声若洪钟，走起路来，地皮都被踏得忽闪忽闪的。他教的学生，每年统考，成绩总是名列前茅，因此，他在学校是极有威望的。

他的普通话实在普通，“冬天过去了”的“过”，他一直念做“gè”，但底下的我们从不敢笑他。他给我们讲课，好像老是讲分段，段落大意，还有中心思想，再有就是课后的问题了。我个子矮，坐在第一排，便可以看到他摊开的讲课笔记，字很潦草。还有一本黄封面的教学参考书。那本教学参考书上，什么都有，以至我总想着，这书要是能买到的话，我就什么问题都能答得头头是道了。他让我们做的作业，常常是列在课文后面的问题，每道题，都得像写作文一样组织语言，难煞了我们。便有好事者，借来上届学生的作业，偷偷地抄。我也抄。

那些分段什么的，终是引不起我们的兴趣。好在沈老师上课，每课都会插科打诨。有时甚至开无轨电车，讲民间俚俗，讲人世百态，而他的苦难经历，则是永恒的主题。他也常在所谓的“科文”课上给我们讲蒲松龄的鬼故事，吓得我晚上都不敢入睡，但他讲得实在有声有色，我是既巴着他讲，又害怕他讲。在他的故事里，我第一次知道，原来妖比人更善良更多情。

他的教学成绩，源自他对我们严格的要求。譬如背课文，必须一个一个到他那里过关，谁也别想漏网。我们常排起长龙，候着背诵。若是背得疙里疙瘩，他心情不好的时候，他的大声呵斥就会连同语文书一同劈头盖脸地向你袭来。我那时记性极好，最长的课文，我总能第一个滚瓜烂熟地背诵，又兼出口清晰，就老得他的表扬。

我还记得五年级时我们去参加一次语文数学综合竞赛。赛前的一段时间，每个夜晚，我们都上他家，他给我们辅导。临出门，他都打着电筒陪我们上路，叮嘱着我们路上小心。

工作以后，他还在教书。我一直很敬重他，他也一直关心我。只是，刚刚办理退休手续，就得了一纸肝癌的确诊书。我去看他，他瘦弱的身子简直一阵风就能把他吹倒。他挤出了一丝笑容，告诉我，一生的劳碌，一生的苦难，一切都是天定的。他的沉沉叹息，让我难过得别转了身子……

往事如风，记忆吝啬，我的三个小学语文老师，在我的脑海里，只有这么些印象了。今天，当我以一个孩童的目光追忆他们时，也在想着，若干年后，我的学生，他们笔下的我，又该是什么样呢？

一些事·一些人·一些书

朋友说，爱蔡琴是中年妇女的标志。可能是人到中年的缘故，我真的爱蔡琴。

某晚在音乐网站上闲逛，与蔡琴“相遇”，听她唱“啊，人生原来就是和那些事那些人相遇的过程……”她唱得动情，我听得耳热，以致于写这个稿子，她的“相遇”始终在我头脑里徘徊。

在我看来，所谓的“专业成长”，不过就是一个想做好教师的人，和一些事、一些人、一些书相遇的过程。

一　些　事

和大多数女性教师一样，经历了初出茅庐小小的“辉煌”之后，恋爱、结婚、生子，“大事”频频，之后，目光就自甘于在尿布与奶瓶中切换。至于个人的专业，不说退步，但至少也是进入了一个徘徊不前的“生长高原期”。

“高原期”的停滞不前，很大程度上是因为自身的见障。突破自身见障必须超越自我，改变自己的心智模式。而突破自我，如果没有新鲜元素“植入”，基本上是不可能。

1999年春，菜花开得金黄的季节里，我市语文教学研究中心组在莘塔中心小学成立。来自全市各校的语文教学骨干们的“课堂聚义”从那时起开始了。这个组织，由当时分管小学教学的姚荣荣副局长亲抓落实。姚局长办事雷厉风行，中心组的每次活动，他都亲自到场，尽管他本人不是语文教师出身，但他有自己的听课箴言：呆在教室里不觉得课长，就是一节好课。中心组有严格的条例制度，考勤、考绩、作业、论文，等等，丝毫不得含糊。就拿考勤来说吧，轻易不能请假，因此，组里的“大熊猫”薛法根也基本上每次都到。那时，我们每个月活动一次，前期主要围绕每个人研究的课题开展活动。活动时，深入学校，由个人介绍自己所承担课题的进展情况，开课，讨论，接受其他成员的督检与质疑。后期，主要围绕薛法根提出的“组块教学”进行教材解读与课堂教学研究。

关起门来，都是自家人。交流活动，常常“见刀见血”，而很少“不痛不痒”的正确废话。薛法根、沈正元、谈永康、张菊荣、顾桂荣、管建刚、顾建荣等一批有思想、有见地的语文教学先行者，是这个中心组的中流砥柱。我呢，属于组织里的“小喽喽”，每次活动总是战战兢兢的。比如，交流时若什么也谈不出来，局长可能当场就要发火：“请你吃饭来的么？”

我们当然清楚这是心直口快的局长对我们的“另类爱护”。因此，这种“害怕”就转化成了一种适度的压力，刺激着我的惰性。中心组活动持续四年，虽然说得少，听得多，但思考还是有的。每次活动，薛法根都要画个总结“句号”，每每都能从他嘴里获得一些新鲜的“词汇”和思想，给黑暗中摸索的我们开启了一扇窗。

这段经历，可以说是我专业发展的起步，只是那时我并不知道什么“专业发展共同体”。

曾经读过日本的筒井赖子的一个绘本《第一次上街买东西》。作者在表达创作的用意时说，孩子的成长，并不是像爬一座平缓的山坡那样属于渐进性的，而是得到了某个促使成长的原因、契机，好比转弯或是爬楼梯似的，一转，发现新的风景了，一跃，得到成长了。

我想，教师的成长也是这样。

四年后，老局长退休，中心组散了。

然而就在那时，发生了一件在我个人成长经历中很重要的事件：2002 年 9 月 22 日晚上，教育在线网站诞生了一名叫“小青”的网友，那就是我的 ID。

一直以来，我都在自问：为什么会放弃休息和娱乐上教育论坛？

而此刻，答案渐渐明晰——我是在寻找一片生命的林子，我想获得一种生命的高度。

对教育的执着，对语文的挚爱，对文字的痴迷，对生命质量的追求，把你俩——原本陌生的玫瑰和看云，以一种特殊的纽带联在一起。

“互相做了煤炭和火焰。”

然而，对于我来讲，从你们的融合，我看到了差距，感受到一种自我超越的冲动。我正以前所未有的热情，追寻一种新的高度。这对于我，一个处在偏僻一隅的乡镇中心小学的语文老师来说，是一件多么幸运的事。我已经看见：我的未来将发生改变，悄悄的。

（小青致玫瑰）

这是 2004 年 2 月《教师之友》杂志做专题《花自绽放云自卷》时应邀写的一段文字。一点不假，走进网络，走进教育在线，我发现了一个新的天地，走进了一片生命的林子。在阅读他们并与他们对话的过程中，我发现了自身的见障。如果说当初的语文中心组是一个相当规范的专业发展共同体的话，那么在网络上相识的一批优秀教师，则是基于共同文化感染下的松散共同体。“吾道不孤”，我们在彼此的身上，获得了认同感和自我成就感。

“我的未来将发生改变，悄悄的。”现在想起来，上网之后，身边有了这样一个群体，最大的不同就是写的比以前多了。写作是个人反思的重要形式，可以促使个人对自己的专业活动以及相关事物有更为深入的理解。以前的写，多用于应付作业。写了之后，或上交领导，或幽禁于D盘。而论坛和博客，实际上是创造了一个“自媒体”的平台。在这个平台上，互动式的阅读与对话更为快捷。来自于朋友群体的点评，合作中的发现，弥补了个人反思的不足。

在我看来，个体的专业成长是一个复杂的过程，一条漫长的道路。孤独地一个人走，就容易半途而废，或者剑走偏锋。因此，需要一个具有向心力和磁场感的专业发展团队的支持。而这个团队的向心力与磁场感，往往取决于团队中是否有核心的骨干，能否让大家看到意想不到的风景，能否让团队中的每一个个体真切地获得生命拔节的“成就感”。

一 些 人

2007年10月，华师大大学生活动中心。当我在掌声中结束《灰椋鸟》一课的教学走下讲台时，朱煜轻轻对我说：“两年前，你到华师大来听窦桂梅的课，可曾想过今天自己会站在这里给大家上课？”

我摇摇头。的确从来没想过。

“一朵具体的花，胜过一千种关于它的描述。”从具体的一堂堂课出发，破解文本解读的密码，把握儿童的呼吸和脉搏，使课堂向着“青草更青处漫溯”，是我近年来着力较多的一块工作或者说个人发展的“生长点”。其间，两位老师的课堂给我的影响比较大。

一是窦桂梅老师。作为全国著名的特级教师，她获得的鲜花和掌声，可谓多也。不少人惊叹她的激情和美妙绝伦的课堂技艺，以为一个相声演员一个舞蹈演员一个话剧演员也不过如此。但我对她的这些并不十分沉迷——这些东西，很多是与生俱来的一种资质。就算我天天对着她的课堂实录模仿她朗读时的声音、节奏，说话时的手势、情态，也只能是东施效颦，适得其反。我该向她学什么？这些年，听了她的不少课，从最初的《落叶》《再见了，亲人》《秋天的怀念》，到《圆明园的毁灭》《晏子使楚》《珍珠鸟》，到《清平乐·村居》《游园不值》，再到《牛郎织女》《我爸爸》《丑小鸭》，一路听，一路看，一路想，良多启发：一是她不断出新课型，研新教法，从最初散文教学的“情境相生”，到后来的以“互文”的方式激活思维、读出思想，到古诗教学的“老枝新发”，再到儿童文学领域的全新探索，每一阶段她都有自己重点研究的方向。日积月累，她积淀了一笔丰厚的实践智慧；二是她用课告诉我，一个语文老师可以如何把文本读厚。她教《丑小鸭》，不但读安徒生的原著，还读安徒生的自传，读各家对安徒生的评价文章，还读文艺理论，探求童话体裁叙事表达的方式，等等。丰富的信息，理性的思考，确实使她的课拥有了一般教师所不具备的厚度与宽度。假如我们都能像她那样，上一课，钻一类，以文本为起点，游到“源头活水处”，不就有了“天光云影共徘徊”的美好境界么？

另一位是北京崇文区的教研员王文丽老师。我和她相识于论坛。起初，只是在彼此的文字里来往。后来，见了“活人”，走进了她的课堂。最初听的一课是《锡林郭勒草原》。她结合图片让学生找“小马驹儿”，并猜猜初生的小羊、小牛、小鹰分别叫什么；她告诉学生“锡林郭勒”“巴特尔”和“呼和浩特”等词在蒙古语中的意思；她让学生看像白莲花一样的蒙古包，告诉他们内蒙的民族风情；她与学生一起在课桌打起节律模拟马蹄声，体会马群由远及近再由近到远的过程。惟妙惟肖的哒哒蹄声，诱发了听课者对草原的无限向往，听课的我，似乎也跨上了骏马，神游在生机盎然的草原上……润泽，细腻，举重若轻，明丽而干净。品味其中，我明白了一个好的教师该如何把变“厚”为“薄”，化“深”为“浅”，把教师本人的“蓄”与文本深处的“蕴”转化为课堂的“生产力”，成为学生呼之欲出的情思与感动。

王小波先生曾写过一篇文章叫《我的师承》，说他爱王道乾先生和查良铮先生，因为他觉得两位翻译家对现代汉语的把握和感觉，至今无人可比。他们让人懂得什么样的文字才叫好。幽默的王小波在文字里很严肃地说，一直不想说文学上的师承，是怕自己写得不好，给两位脸上抹黑。

套用王小波的那句话，我也想说：不敢说师承。假如上得不好，是给窦老师和王老师的脸上抹黑；但假如上得好，我不会忘记两位亦师亦友的提携与鼓励。资质驽钝，又兼性格缺陷，自知此生也许很难成为像她们那样的“星”，但在靠近她们的过程中，她们的星光照亮了我，这就够了。

依我的性情，对他人——哪怕是名家也很少用“佩服”这个词，但我的确佩服一个人，她就是山东临淄金茵小学的常丽华老师。佩服她，不是因为她有多少名头，而是因为她是我的“镜子”。她也写文章，日不间断地写着她和孩子们的故事。那是天籁之音。她让我懂得什么叫“我把文章写在孩子们的身上”。我不得不承认，她比我拥有更多的爱，更多的安静，更安心于耕作自己脚下的土地。每次读到她和孩子们的故事，我总要问自己：假如所有的探索与研究不能回流到孩子那里，那么即便获得各类奖项各种称号，又有什么意义？她的确是“镜子”，照见了我的苍白，并时时提醒我：回到孩子那里。是的，回到孩子那里，我就有了新鲜的血液充盈全身的力量，还有一种踏踏实实的幸福感。

还有一些朋友，比如，海门的周益民老师、绍兴的刘发建老师。我经常与他们讨论一些“形而下”的问题，甚至具体到一堂课的某个环节怎么操作。他们的诚挚、深刻、精进，是我所不及的。他们有时也会问问我对他们的课堂或者某些观点的看法。“和而不同”，即便我说的与他们完全对不上号，他们也并不因为我的浅陋而笑我。每每有新的收获，他们，还有一些朋友会给我鼓励，这让我觉得自己是有用的。当然也有一些人，会在“精彩极了”的边框上给我注释“糟糕透了”。比如《新教育·读写月报》的编辑李玉龙，我当然不至于让他一批就觉得自己的课“很差很白痴”，但他的批评能引发我进一步的思考：目标到底在哪里？抵达目标是否有其他的路径？如果有，可以怎么走？

而新教育团队魏智渊和干国祥老师所给予我的，又是另外一些东西。除学科以外，美学、哲学、心理学、社会学、伦理学等领域，他俩广泛涉猎。拥有了深厚广博的“智力背景”，他们看问题、想事情，往往就有独到之处，深刻之处。“纵使晴明无雨色，入云深处亦沾衣。”我虽还是浅薄，但与他们同行的路上，终是有收获的。

“择高处立，就平地坐，向宽处行。”这是我与一些人交往、交流的感言——其实这是荣毅仁先生家的家训，我且拿来，用以自勉。

一些书

是该说说一些书了。

书是最好的老师，它们不离不弃，始终陪伴着我。我要感谢它们。它们给我专业生长需要的各种营养。

在我们今天这个时代，信息检索从来不曾像现在这样容易，印刷业与通信业的高度繁荣，使我们接触书源与获得书的途径与方法，不知比以前便捷多少。今天，一个人只要具备最基本的阅读能力，他就有无限的学习可能。甚至某种程度上可以这样说，一个优秀的教师与一个普通教师的区别就在于是否养成阅读的习惯，形成了阅读的能力。

我的阅读史大致经历了三个阶段：书翻哪页看哪页的随心所欲阶段；本体性知识的分类阅读阶段；专题阅读阶段。其实，这样分类并不严谨，因为每个阶段的阅读往往是交互的，不可能只有一种阅读。我这样分的用意在于区分每一阶段主要以哪种阅读形态为主。

书翻哪页看哪页的阶段，主要阅读文学书籍。用魏智渊老师的话说，是做幸福而忧伤的“文青”。文学类的书，主要阅读散文和诗歌。书柜中的散文集是最多的，沈从文，汪增祺，孙犁，钟叔河，流沙河，老舍，周作人，鲁迅，萧红，董桥，白先勇，张晓风，席慕容，三毛，林海音……各有各的风味，各有各的妙处。诗歌读得也不少。

真正的专业阅读，是从阅读充实学科知识开始的。像我们这一代小学教师，原始学历大多是中师毕业。虽说后来通过学历进修现在拿到本科甚至研究生学历的也不在少数，但在职混文凭实在不能弥补先天“缺钙”的遗憾。学科本体性知识的严重匮乏，使得我们在教学中常常捉襟见肘，难以应付自如。

作为语文学科来讲，文字学、文章学、文艺学、语用学等学科与语文教学的关系密切。语文老师学习了这些专业知识，才能对语文课程的本质有清晰的认识。

了解汉字，我读《汉字的故事》。这本书，以故事为载体，对近三百个常用汉字作了较为深入的探讨，对汉字同汉民族的传统文化、风俗习惯、社会制度、审美情趣及心理、思维习惯诸方面的关系作了阐述，为研究文字及其文化内涵开辟了一个新的向度。我的手边还常备着两本字典：《汉字详解字典》《汉字古今义合解字典》。有空的时候，我就翻翻。看那些汉字的结构及其流变，很有意思。

语文基础知识，我阅读倪宝元的《语言学与语文教育》。这本书从“语音”“词汇”“语法”“修辞”“教学语言”等不同角度阐述语言学与语文教育的关系。从点到面，点面结合，既深入具体，又系统全面。具有较高的学术价值和实用价值。

修辞一块，有专门的著述。江苏教育出版社出的一套周振甫的丛书，我也买了。不过老先生用语用典都“古”，对于像我这样古文底子很薄的人来说，读着有点累。钱钟书的书，也是这样。但买了终究有好处，至少可以用作工具书作查考。

诗词一块，古诗词我主要读过上海出版社的《唐诗鉴赏辞典》、王国维的《人间词话》、钱钟书的《宋诗选注》、叶嘉莹的《好诗大家读》等。现代诗歌与评论，北岛的《时间的玫瑰》和惠风文丛的《余光中谈诗歌》都非常好。两位都有在外漂泊的经历，左手写诗，右手写评论，对中西方文化、对诗歌艺术的悟识，都属于上乘的。读了以后当然还是不能写诗，但至少能识别什么样的诗是好诗。

对于一个语文老师来说，拿到一个文本进行细部解读，是一项非常重要的基本功。因此，读一点文论是必要的。朱自清的《论雅俗共赏》《标准与尺度》，朱光潜的《谈文学》、江苏文艺出版社出版的《汪曾祺文集》（文论卷），都是不错的。这里我尤其要向大家推荐孙绍振的《孙绍振如是解读作品》。我一直订阅的杂志《语文学习》有一个栏目叫《名作细读》，上面经常刊登孙绍振解读作品的文章。从诗词，到散文，到小说，到童话，到寓言，各个门类都有。去年这些文章由福建教育出版社结集出版了。他的文章，展示了文本解读的独特视角，同时，他的“精妙生成”又能给予我们方法上可操作性的启示。比如，他经常采用的“比较法”，通过寻找同题材而不同形式的艺术形象的差异，寻找分析的线索；“同中求异”“异中求同”的精致的辨析力；他采用的“还原法”，从艺术的感觉和逻辑中还原出科学的理性二者的矛盾中，分析出情感的审美价值；还有情感逻辑中的“无理而妙”等等，在具体的文本例读中，作者写得透彻，说得明白。虽然所用例文大多出自中学语文教材，但小学教师读了也是大有裨益的。

语文教学的思想和理念。老一代的，我读过《叶圣陶集》的第十三至十六卷、张中行的《作文杂谈》、吕叔湘的《语文漫谈》。老一代教育家的著述，话都说得很平实，道理也讲得明白。与其在报刊上读别人的寻章摘句式的片言只字，不如读到源头上去。老一代的作品中没有多少新名词，但好的东西往往是朴素的。新一代的，读过李海林的《言语教学论》，王尚文的《语感论》《走进语文教学之门》，王荣生的《语文课程论基础》《听王荣生教授评课》。读得不是很深，常常觉得读一点忘一点。为什么呢？缺乏问题情境。

因此，第三阶段的阅读既是专题阅读，又是问题阅读。比如，前一阶段，我关注“师生共读一本书”项目研究：为什么要共读？如何选书？读书交流会如何开展？儿童文学与小学语文教学的关系如何把握？我就开始寻找这类书，先后读完了韩国南美英的《会阅读的孩子更成功》、美国范多伦的《如何阅读一本书》和王富仁的《儿童文学与中小学语文教学》，在相互参读中发现每本书最有价值的部分。又比如，班上要开《西游记》一书的读书交流会，除《西游记》外，我读了“大家小书”系列中林庚的《西游记漫话》，又找来了崔岱远的《读罢西游不成精》。那次读书交流会中设计得最好的讨论题“假如让你组建你的西游取经团队，你会选择让哪些人去，为什么”，就是受崔一书的启发。

此外，我还阅读了大量的儿童文学作品。阅读这些作品的意义，不仅与儿童有了共同的话题，更使我保有柔软的赤子之心，始终相信前方的明亮。至于教育学、心理学方面的书，我读得不多。我以为，学科的专业知识相当于武功中的内功，其他的教育学、心理学等方面的知识，相当于武功中的招式。要练武功，先要修内功。内功比方法、招式更重要。在武侠小说中，内功修炼到家的大侠，是可以枝叶皆器的。

不厌其烦地罗列这些书，也许让大家看得无趣了。但在我看来，如果缺乏了个人的静悄悄阅读，无论有多少外力促你改变也是白搭——即使有改变，也是缺乏后劲的。

阅读对一个人的改变，如春日之草，不见其增，日有所长。

所以，我相信阅读，相信岁月。

我和我的学生

——一组教学日记

这就开始吧

一

雨，下个不停。空气潮润，清冽。

从教至今，开学第一天，一直是火热的，从来没有像今天这样。

“今天是开学的第一天，现在是这个学期的第一堂语文课，大部分同学又是第一次上张老师的语文课。先考考你们的语文积累，在我们中国的汉字中，哪些字有‘第一’的意思？”

似乎一下子就难住了。你看看我，我看看你。

不急。耐心等待，七秒。

“首，首位就是第一位。”

“对，首席代表，这个‘首’也是第一的意思。”

“元”，可能受“首”的影响，这个字冒得比较快，“元旦，就是一年中的第一天。”

有生在底下悄悄地私聊：“头”。

又在黑板上写了一个“甲”，想想，哪儿的“甲”有第一的意思？

“甲骨文”，一生轻喊。显然不是，众人笑。

“甲乙丙丁”，可惜他不能往下说了。

在古代的历法中，有一种天干地支的纪年法。十天干十二地支，分别组成六十个年轮。“甲”在十天干中位于第一位。所以，“甲”有第一的意思。

刹车，就让他们一知半解吧。要展开说，说清楚，至少也要一节课。假如他们感兴趣，会自己去弄明白的。留有余地，要的就是这种效果。

聊了这么多第一，收一收，告诉他们，一切开始都是新的，都很明亮。

二

学习重习惯。从一年级到六年级，学生接触到的十一册语文教材，第一页讲的都是良好的语文学习习惯。

良好的语文学习习惯很多，就重点谈谈语文课堂习惯吧。

先在黑板写一个“聪”字。看看字形，想想怎样才算聪明？

“用耳朵听，用眼睛看，用嘴巴说，用心记。”一个坐在前排的细眉细眼的女生说得很流利，显然老师曾给她演绎过“聪”字——望文生义也好啊，至少她以自己的方式理解了“聪”。

其实，这个“聪”字，繁体字写作“聰”，从“耳”“悤”声，这个“悤”，有“迅速”的意思，“聪”的本义是指耳朵听后能迅速判断是非真假。

所以，要想聪明，首先要学会倾听。

用什么听？耳朵。

耳朵为什么要一左一右地长呢？若仅仅为了搜捕外界信息，还不如猫儿，将耳朵竖在头顶，雷达似的？

左边一个，右边一个，是为了让你听到来自各方面的信息——左与右，好与坏，表扬与批评，完全相反的声音，你都能听到。

在古文中，“听”又叫做“闻”。要获得信息，除了闻，还要问。不闻不问，就什么也不知道。那么，闻与问，区别在哪里呢？

一个小男生站起来说，“闻”可能知道得不够清楚，“问”了就懂得比较彻底。

好样的。暗暗赞一个。“闻”往往是被动的，“问”就比较主动。也正因为主动，才能查个究竟弄个明白。“不懂就问”“不耻下问”，问而闻，耳朵才能因捕捉到了各种信息而“聪”起来。

这说的是课堂上要学会倾听。

三

又在黑板上写了个“悟”。

这个字，学生一看就明白：“我在用心思考，就是悟。”

是啊，各种各样的声音，心中如果没有一个“我”，人云亦云，就不会“悟”。没有“悟”，再多的声音也是白搭。

想想，我们的耳朵为什么要贴着脑门长啊，干嘛不长在臂上，或者腰间呢？就是为了让你在“听”的同时，赶紧用脑子去“思”。

人性中都有悟性，就像石头中都藏着火一样。石头的火，不断敲击才会闪现出来。人的悟性，就是在倾听与思考的碰撞中长出来的。

得火之后，怎样让火不灭呢？下面要添柴，上面呢？

“加水！”一生喊。

以为煮粥呢，一团糨糊了。加了水，还不灭火啊。众笑。

对，加油，努力加油，火才会烧得旺。

所以，人要有悟性，需得不断下功夫。落实到每一堂课中，就是要能凝神倾听他人的想法，善于思考，有自己的见解和观点。

四

所剩时间不多。

学了五年的语文，大家来交流一下学习经验吧。

沉默了。也许，“经验”一词吓住他们了：“我有经验么？”

不急。总有胆大的不知天高地厚的家伙。

果然。

“我觉得学习语文要多读课外书，课外书上有语文课本上没有的……”

即便卡住了，也表扬一下。课外阅读的确重要，读什么，如何读，在大阅读课上再细说吧。

“我读课外书时，遇到不认识的字词，就大概猜猜它是什么意思，再往下读。”

“不对，不认识的字应该查字典。”一旁的学生反驳。

豁然一亮。不妨让他们讨论一下。

没有众说纷纭。但在讨论中，他们至少明白，手头有工具书，应该养成查阅工具书的习惯，这样有助于自己“求甚解”；手头没有工具书，可以通过联系上下文的办法“连估带猜”地去理解。借此，也为“连估带猜”正个名——假如因为某个字不认识某个词不理解而不能往下阅读，这说明良好的阅读能力并未养成。在英语的阅读理解考试中，这种现象尤其多——因为某个单词没有教过，学生就卡在那里不会往下做。这也是尚未形成良好的阅读能力的表现。

铃声已经响过了。有个小女生拉了她的同学，扒在窗户上听。她是我上学期的学生，这学期没分到我班里。

我走出去，她红着眼睛，看着我，又对她的同学说，我最喜欢张老师给我们上课了。

生命之歌，我们一起浅唱低吟

“别赶它走！”

碧虹是个多愁善感的姑娘。因为她的敏感，她的日记比同龄人更出色些。这会儿，我们又沉浸在她的日记里——《爷爷，别赶它走》，说的是她家来了一只流浪猫，她想把猫留下，可爷爷不让，要赶它走，最后勉强答应让小猫留一夜的故事。

可我忍不住不去看它，情不自禁地打开了门。门口蹲着一只瘦弱的黄色小猫。

我俯下身子，用手托起这只小猫：它浑身发抖，一根根细细的毛都竖着，它轻轻地叫唤着，眼睛里流露出楚楚可怜的神情。我顾不得犹豫，赶紧抱它进了屋。

……

爷爷的话震住了我。我没办法，只好把小猫放到地上。它喵喵地叫着，那叫声多么凄惨。我只觉得鼻子酸酸的。这么小的猫，这么冷的风，叫它怎么受得了呢？一定要留它过一夜。于是我又哀求着："让它在家过一夜吧，外面太冷！"

……

我重新抱起小猫，抚摸着它，心里却有着难言的不舍。我只能留它一夜，明天的它将会在哪里？明天的它会不会挨饿受冻？它这么弱小，能承受得住吗？可怜的小东西，你叫我如何是好？我也无能为力啊……想着想着，眼泪竟夺眶而出，泪珠滴落在小猫那圆圆的小脑袋上。小猫仰起头，看着我，又喵喵地叫起来，那声音似乎在说："小姐姐，你已经尽力了，不必为我担忧了。"

爷爷，求你，别赶它走。我在心里一遍遍呼唤着。

当我把日记读完，下课的铃声早已响起，可教室里还是那么静，那么静。这是我始料未及的，在孩子们的眼神里，我看到了有一种东西在闪光，这是一种人性的光辉！

的确，对生命的漠视，我们见得太多了。翻开大大小小的报刊杂志，总能看到，一朵朵青春的生命之花，在风中接连飘落。打开电视，走进电影，滥杀无辜简直像割韭菜一样轻松。忠孝节义的旗帜下一片刀光剑影，浩荡大气的代价是尸横遍野。生命的基本价值，是马蹄下的几茎枯草；百姓的生命，成了漩涡边上的几个泡沫。

唤醒尊重生命的良知，珍视生命，热爱生命，这一课，对我们的学生来说，太重要了。

无独有偶，几天后，学校的车棚边又来了一只流浪猫。那时，正是隆冬季节。傍晚放学，学生下楼推自行车，凛冽的风中一个个行色匆匆。而当我们班的学生来车棚时，很多人都聚在那里。

我远远地看着他们。他们讨论着，商量着，最后小猫被放进了车篮，一群人簇拥着推车出了校门。望着他们远去的背影，我知道，美丽的人性之花在他们的心田悄然绽放了。

"老师，我想你的书签！"

书签的用纸，是一种质地很厚的彩色底纹纸，颜色很漂亮：温馨的粉红，淡雅的新绿，纯净的天蓝，明亮的金黄，热烈的香橙……

给孩子的每一张书签，我都很认真地书写。

给孩子的每一张书签，我都用心在书写。

沈超，看到这几天你一直积极举手发言，我的微笑荡漾在心底。那高高举起的小手，是一面自信的旗帜。是的，谁让你叫沈超呢，你正在不断地赶超自己，战胜自己，成功和胜利就在不远处向你招手呢。

雨薇，你真的太厉害了。你提出的课文中并列词语间为什么用句号的问题，是多么有价值！要知道，发现一个问题比解决一个问题更重要。愿你带着更多的问号走进课堂，带着更多的问号走出教室。

蕴涛，你说你要攒钱买书了，你说你开始爱看书了，我由衷地高兴。午间你静静地坐在课桌旁看书的镜头，是我心目中最美的画面。是的，读书让人的心地纯净，读书让人的底蕴丰厚。你正努力地告别昨天的莽撞和粗鲁，走向一个新的自我。

晓斌，同学送给你的热烈掌声再次证明了你今天上黑板默得一字不错的那句话：骐骥一跃，不能十步；驽马十驾，功在不舍。锲而舍之，朽木不折；锲而不舍，金石可镂。

……

收到书签的孩子，是怎样的心情？且看孩子的真情表白：

我一字不漏地认真地反复地默读着，忍不住暗自发笑。我小心翼翼地把书签放进了成长档案袋，又忍不住偷偷地摸出来看看。

老师轻轻地走过来，把一个红红的东西放在我的桌子角上，又轻轻地按了一下。我抬起头，啊——是书签！我好激动，如果是在家里，我肯定会突然地跳起来或者叫起来。我轻轻地读着，细细地品味着，只觉得一股暖流，流进了我的心房。

优秀图书管理员的奖状又落空了。我沮丧地走进教室。不知哪里传来这样的声音："叶聪，你的书签。""我的？！"我惊讶地瞪大了眼睛，飞快地走到桌子旁。真的有一张！我开始阅读起来，一遍又一遍地，轻声地，自豪地念着。张老师，你实在太好了，在我伤心失望的时候，你给我送来了"救济粮"。

我有点怀疑，可书签上明明写着我的名字。看着好朋友们羡慕的目光，我忽然觉得是世界上最幸福的人了。小小的心涨涌起的信心和希望，像鸟儿抖着翅膀……

没有得到的孩子又是怎样的渴望啊？

好几个夜晚，我都梦到了自己家里堆满了老师给我的书签，红的、绿的、黄的，花花绿绿，还满屋子地飘，上面的字竟飘到了墙上，成了一件又一件书法作品。

看到同学们拿到书签时那洋洋得意的样子，我的心也开始蠢蠢欲动了。张老师，你的书签是心灵的鸡汤。好想，好想喝上一口营养的鸡汤。但我知道，我的鸡汤还没熬好。我会为它加柴添火的。

几乎每个学生都曾在日记里告诉我——"老师，我想你的书签。"

这张原价不足一毛钱的书签，为什么学生会把它奉若至宝呢？

透过书签上的文字，学生得到了什么？

人的精神生命，差不多都是为了赏识才来到这个世界上的。心理学认为，每一个孩子都有成为好孩子的欲望，教育就应该让教育对象找到“我是好孩子”或“我可以成为好孩子”的感觉。好孩子诞生在每个老师的头脑中。

一个人不是孤立的个体，他生活在群体之中，就需要得到来自于他人的激励和赏识。真诚的赞美和激励，是自信的催生剂。它催生出的信心和希望，是一种对生命潜能的唤醒。一个学生曾这样说，也许我还没老师说得那么好，但我一定会努力做得这么好。

的确，生命需要后天的“补养”。赏识生命，激励生命，才能不断地提高生命的质量，从而获得生活的意义和愉悦。“世界上没有两片完全相同的叶子。”每个生命都是独一无二的的个体，都可以美丽而丰盈。用心欣赏，生命将是多么灿烂而美好！

“竹子干吗长在破岩中？”

那一天，我们正在学郑燮的《竹石》：“咬定青山不放松，立根原在破岩中。千磨万击还坚劲，任尔东西南北风。”

诗学完了，慧峰突然提了个问题：“老师，那竹子什么地方不好长，干吗长在破岩中？”

我一愣，不知怎么回答。

情急中马上把问题抛给了全班学生。这是我惯用的“伎俩”，美其名曰“汲取群众智慧”，同时也给自己一个缓冲思考的余地。

“竹子可能也不想在那个破岩中生长，可它也没办法哪。”

“长在破岩中有什么不好？破岩的表层没有可供它生长的养料，它的根就拼命地向下扎，所以扎得深。扎得深，它才不怕风吹雨打。”

“对！长在肥沃的土壤里的竹子，遇到了狂风暴雨，便枝折叶落，甚至会被狂风连根拔起呢。”

……

听着学生的议论，我心感慨万千：“是的，竹子没有选择长在哪里的权力，它落进了破岩，但它不悲观，不失望，勇敢地迎上去与破岩抗争，稳稳地扎根在破岩。每个人何尝又不是这样呢？我们来到这个世界，有着太多的无法选择。是贫是富，是美是丑，是聪明还是愚钝……但，我们能选择怎样生存。的确，生命是脆弱的，然而生命的力量又是可以如此坚强。”

“人，只不过是一根苇草，是自然界最脆弱的东西；但他是一根能思想的苇草。”转身，我又把帕斯卡尔的这句话写在黑板上，学生也跟着一起用饱满的感情诵着。

接着，我又跟他们讲起了帝王蛾的故事。帝王蛾的幼虫时期是在一个洞口极其狭小的茧中度过的。当它的生命要发生质的飞跃时，这天定的狭小通道对它来讲无疑成了鬼门关。有人怀了悲悯恻隐之心，把茧子的洞口剪大。这样一来，茧中的幼虫轻易地就从那个牢笼里钻了出来。但是，所有因得到了救助而见到天日的蛾子都不是真正的“帝王蛾”——它们无论如何也飞不起来。原来，那“鬼门关”般的狭小茧洞恰是帮助帝王蛾幼虫两翼成长的关键所在。

听着这样的生命故事，我发现每个同学的表情，都那么专注。空气中弥散着一种肃静和庄严，一种敬畏和崇高。我们的灵魂和心理都在接受着震撼和洗礼——那是一种面对一丛野菊花而怦然心动的力量。

我坚信，有一种精神会储备在他们的世界里。当一个特定的场景和事物去激活时，这种精神就会显示出力量。

最后一课

四周一片静寂，我，坐在电脑旁，敲打着这些文字，也让这些文字敲打着我的心。

午夜的钟声已经敲过。今天，将会有我和你们相处的最后一课。

这最后一课，我和你们约定，我们不做试卷不讲题目。我们就做最后一次畅谈，回忆我们间的美好故事。

亲爱的同学，两年了，七百多个日子，就这样逃去如飞。而今，你们羽毛渐丰就要飞走，我就像嫁女儿一样又高兴又难过。

对着电脑的屏幕，眼前涌动的是一个个鲜活的面容。43 个同学啊，就像 43 朵鲜花绽放在我心灵的草地上。记得有个同学曾经问我，老师，在你的心目中，我和某某、某某哪个更好。我知道你们很在乎我对你们的评价和看法。而现在，我想告诉你们啊，我在乎你们的在乎，你们 43 个同学，每一个都是我心灵天平上一个等重的砝码。因为我知道，生命是上帝最美好的恩赐。每一个生命都可以美丽、丰盈，不论贫富贵贱，不论高矮美丑。

两年了，我的学生，我曾经与你们一起度过几百个这样的 40 分钟啊？是的，我们一起在语文的世界里翱翔，那是我们的心灵在翱翔，那是我们的情感在旅游。我们为飞进的春日燕子欢欣，我们为拉萨的神秘而激动，我们为托尔斯泰笔下的那个渔家小屋而感慨，我们为朱自清眼里的匆匆而头涔涔泪潸潸……我们的教室里，经常弥散着一种宁静、温馨而又崇高的气氛，每个人仿佛都可以感受到其他人心脏的跳动。是的，我们胸膛里的热血和着课文的情感一起汹涌澎湃……我迷恋于这样的境界。

要说我最舍不得的，是我将看不到你们的日记了。那是我们的心的交流。我经常喜欢说那是你们给我的甜蜜的负担。在日记中，你们大胆地向我倾诉，把我当成了知心朋友。你告诉着家里新添小猫的快乐，你诉说着拿不到书签的惆怅，你倾吐着与朋友吵架的苦恼，你表白着做错了事的愧疚……我，就是这样苦着你们的苦，梦着你们的梦，就是这样快乐着你们的快乐，烦恼着你们的烦恼，日记，是我们彼此用真心打造的一道风景。我留恋这样的风景。

亲爱的同学，日记里，作文里，你们写了那么多感谢我的话，而，今天，我却要真心的感谢你们。是的，你们说喜欢我的语文课，你们说不再怕语文，不再怕日记，你们说我很优秀，甚至很伟大。在你们的赏识里，我找到了做一个好教师的幸福。尽管我没有你们说得那么好，但我努力想做得好些。“生命与使命同行。”在教你们的过程中，我也从你们身上学到了好多的东西。我倾心于这样的事业，一切酸甜苦辣，我都心甘情愿。

然而，你们终究要走！

当那一声温情的响亮的“老师您好”最后一次响起，我有多少话想说啊！

除了留恋，还有叮咛，除了叮咛，还是叮咛。

我亲爱的同学啊，没有比脚更长的路，没有比人更高的山，未来的一切都得靠你自己把握。不管将来你做什么，请别忘记，用眼睛和心灵去发现生活中的美。

希望你记得让别人因我的存在而感到幸福。让你的家人因你的存在而幸福，让你的老师因你的存在而幸福，让你的朋友因你的存在而幸福，让你身边的人，熟识的、陌生的，都因你的存在而感到幸福，这样，你就能找到生活的意义和价值。

希望你记得感恩，记得宽容。感谢我们所拥有的，珍惜我们所拥有的。人生在世，有很多东西需要我们去学，然而不可不学的是那个宽容。那是一种胸襟和气概，那是心灵的鸡汤，让心的家园多一份恬淡和宁静。为逆耳的只言片语，为一回不经意的冲撞，或者一句欠妥的玩笑，放在心上，写在脸上，挂在嘴上，久久不能释怀，不能宽谅，那是多么的不值得啊。把别人对你的帮助，刻在心里；把别人对你的伤害，写在沙滩。你会发现，这个世界是多么的美好！

希望你记得做最好的自己。是大树，你就顶天立地；是鲜花，你就自由开放。他行，你行，我也行！让自信的阳光照耀自己的心田。让每个生命为自己喝彩！

要说的，实在太多太多了。可实在也不用多说，有些东西你们早已悟到了。

想着你们像风筝一样飞走了，遗憾又一次涌上心头。可是，我又不能自私地把你们永远留着。亲爱的同学，请你记得，不管你走得多远，你的身后，都会有我期盼的目光和热切的希望！

给我留根细线，当我想你们的时候，让我可以牵起那份思念！

浇灌根部

小时候浇花，爱浇花叶，看着花叶上水珠欲滴的样子，觉得很有成功感。父亲却说，浇在花叶上，水分蒸发得快，过不久，花叶就蔫巴巴了。浇花要浇根，惟有浇在根部，通过它自身茎脉的输送，花叶才能真正吸收到水分，保持新鲜的活力。

长大后教书，教小学语文，又是一种浇花的工作，就常常记起父亲的话。语文的根部在哪里，又该怎样浇灌，教了将近二十年的小学语文，这些问题一直在困惑与摸索中，以下所谈的只是我个人目前认同的观点或实践中的做法，也许有偏，还有错，也没有系统，只是有感而发，期待同好批评指正。

让耳朵享受美好的声音

“住手！从现在起，我们不打无辜的人，我们要让你们看公正的裁决……”（《佐罗》）

“如果上帝赋予我财富和美貌，我一定要使你难以离开我，就像我现在难以离开你，上帝没有这样，我们的精神是同等的！就如同你跟我，经过坟墓，将同样的站在上帝面前。”（《简爱》）

“活着，还是不活，这是个问题。究竟哪样更高贵，去忍受那狂暴的命运无情的摧残还是挺身去反抗那无边的烦恼，把它扫一个干净？”（《王子复仇记》）

我第一次接触到这些语言，并非在纸质的书页上，而是从一方小小的收音机里传出的声音。八十年代正值译制片繁荣时期，我一次次守在收音机旁，等待着这些声音的到来。童自荣的明亮帅气，李梓的温婉坚定，孙道临的浑厚磁性，传递着这世间最美妙的声音。这些声音，穿越了时空的阻隔，直到二十多年后的今天，我还耳熟能详。这些语言，经由他们美好的声音，变成了我心灵的滋养，甚至从某种程度上讲，正是这些美妙的声音，让我萌生了对国外文学作品最初的向往。

由此我想：入语言之门，首先得让耳朵享受美好的声音。

美好的声音从哪里来？

一直以为，在学生初入学阶段，一定要让他们在老师美妙的声音里，最直观地感受语言的魅力。过去的书塾，常常是老先生领读，小学生跟读，这种口耳相传的最简单的方法，也是最伟大的方法——以最节俭的成本让学生听到封存在文字里的声音。在此起彼伏的琅琅书声中，读出一股气势，读出一种氛围，读出一个语文的磁场。固执地以为，低段学生，与其让他们自己磕磕巴巴地念，不如教师美美地领，甚至对于课上公开地一遍遍地矫正某学生的磕磕巴巴，我也颇有看法——读着的，其紧张程度随着遍数的增加而增加，而对坐着的来说，让耳朵接受这样的声音，实在是一种痛苦。因此，我更愿意让学生在底下好好练，让能念好的自告奋勇者，流利畅达地带动大家都来享受文字中好听的声音，迷人的境界。这是对学生语言敏感的保护。而在美好声音的熏染下，班级的整体朗读水平绝不会因此下降。

让每个人都拥有童自荣、乔榛一样的曼妙嗓音，这是不现实的。我所说的美好的声音，除了普通话、嗓音等外在的因素以外，更注重的是声音所包含的内在的“质”。

“他讲课的声音并不抑扬顿挫，也不慷慨激昂，但他的每一个字，每一句话，都充满着感情和威力，使学生觉得意味深长，引人入胜”，听他的课，“有一种信念的力量浸透在接近他的青年的纯朴的胸怀”——这是鲁迅的学生回忆他讲课的文字。据说，鲁迅讲中国小说史，连门口走道上都站满了校内外的正式非正式的学生。

因此，我以为美好的声音，首先取决于声音的“内核”——你能给学生读什么？

一般而言，学校都会给语文安排一定量的晨读时间。语文老师如何安排呢？假如反反复复读教材中的课文，一天天一遍遍地重读，直读得和尚念经般，只会让学生对语言的感觉丧失殆尽——教材中的语言，尤其是实用文，既不新鲜，又无美感，能每天读着而不觉得枯燥乏味倒是怪事了。

作为教师，我们必须知道，一些字是用眼睛来了解的，一些字是用心来看的，而另外一些字，是需要出声诵的。在每个生命的黎明，我只让学生诵读那些需要出声诵读的字。简单清浅的韵文，趣味盎然的童谣、儿歌，言简意赅的古文，奇丽悠远的古诗词，多姿多彩的现代诗歌，这些语言，有节奏，有韵律，可吟哦，可朗诵，其韵味包含在声音里，从耳朵钻入心中，如同一股泉水涓涓流淌。

日不间断输入这些新鲜的声音，是学习语言的绝佳情境。读金子美玲的“向着明亮那方”，读谢尔的“总得有人去擦擦星星”，读何达的“砍柴的时候，想着的是火的诞生”，读牧也的“风，跌倒了，才有了美丽的落叶”，读冰心的“人类啊，相爱吧，我们都是长行的旅客，向着同一的归宿”，读惠特曼“哪里有土，哪里有水，哪里就长着草”，这些美妙的声音，带给学生的，又岂止是语言？

穿越绿荫里的行程

我总觉得，对于一个语文老师来说，最重要的事情是让学生热爱阅读。童年是一生的根。培养读的兴趣与习惯，比说、比写更重要。如果老师的精力不放在引导学生读书而放在做各种各样的题目上，这是十足的舍本逐末。商友敬老师在他的《语文退思录》里幽默地说："做题目的目的，不过是测量知识掌握的多少，犹如生了病要用温度计量寒热，哪有得病不吃药，一天到晚量寒热的？"

让学生热爱阅读，这对于今天的语文老师来说，是一种挑战——过去，文化信息传播的渠道比较单一，一些学生对印刷品的渴求，真可以用"热爱"来形容。而现在，在声色光影的干扰下，很多孩子难以平心静气地面对一本书了。

但是，弗罗斯特说，其实每一个时代都不比以前的更好或更坏。我也认同这种看法，至少我能够看到，在我们这个时代，印刷业与资讯业的高度繁荣，使我们接触书源与获得书的途径与方法，不知比以前便捷多少。这无论如何是一件幸事。而我们需要做的，就是引领学生读什么，如何读。

一说起阅读，我们总喜欢给它定义上许多功能，而且，有些还相当的急功近利。儿童阅读的目的在哪里？ 1920年，周作人在《儿童文学》一讲中，有精警的论述：

我想儿童教育，是应当依了他内外两面的生活的需要，适如其分的供给他，使他生活满足丰富，至于因了这供给的材料与方法而发生的效果，那是当然有的副产物，不必是供给时的唯一目的物。换一句话说，因为儿童生活上有文学的需要，我们供给他，便利用这机会去得一种效果，——于儿童将来生活上有益的一种思想或习性，当作副产物，并不因为要得这效果，便不管儿童的需要如何，供给一种食料，强迫他吞下去。所以小学校里的文学的教材与教授，第一须注意于"儿童的"这一点，其次才是效果，如读书的趣味，智情与想象的修养等。

因此，在我看来，儿童阅读的意义，首先在于丰富他当下的生活。当一本书经过他们时，他们在穿越这本书，这部书也在穿越他们。而他们的全部身心，也必将在这样的经历中丰富，成长。

常听到一些家长，一方面抱怨孩子不爱读书，一方面又对孩子的阅读作出了这样那样的规定：不许读漫画书，不能买杨红樱，不得看哈里·波特——一些风靡的畅销书总让家长或者老师忧心忡忡，怕这些东西营养不够而耽误了孩子的时间，甚至腐蚀孩子的心灵。

就像发挥药效一定要吃药一样，要提高阅读能力，必须先读大量的文字。能自觉读起来总不是一件坏事。童年时期爱看漫画的人，往往能变成阅读能力较强的读者：能读懂漫画格的顺序，书中标志符的意义，决不是一件简单的事。假如爱读杨红樱系列，就让他读个够，终于会有一天，他会说："好像在重复看一本书，我看着没劲了。"这是一个神奇的时刻，我从儿子的阅读经历中完全得到了印证。

但正是这些书，满足了学生当时的需要，同时又发送了一个愉悦的信息到孩子的脑中，让孩子把书本、印刷品与愉悦画上等号，让他们觉得阅读不是狰狞可怖的。

当然，这些书一般用不着教师的推介。"不见高山，不见平地。"作为语文教师，应该为学生推荐真正的经典之作。"除却巫山不是云"，惟有接触过真正的好东西，上文所说的"神奇时刻"的到来才能成为可能。

对于"推荐""必读"等字眼，一些人会有过敏：凭什么推荐，何谓必读？不读又怎样？学生千差万别，搞"齐步走"，是不是对阅读个性的扼杀？

虽说我对这件事持有高度的警惕，但我还是选择了给学生推荐优秀的书目，供自由阅读（每学期八本左右），并规定了班级共读的必读书（每学期两本左右）。对此，我的解释是：好书与好的读者，并不是先天就互相吸引的，刚开始时，必须需要媒介。学生的个性有差别，喜欢历史的，喜欢生物的，喜欢军事的，其阅读的兴趣，可以在自由选择的书目中得到满足，而我所规定的班级必读书目，则一定是经典的或者优秀的文学作品。文学即人学。文学是表现人生经验的故事，即使学生将来成为工程师，读《夏洛的网》或者《小王子》，对他来说还是有意义的。

在我规定的必读书目中，首选小说。小说更贴近人的心灵，更能清晰地向孩子展示人生的意义。小说有冲突，故事与情节有吸引学生一页页看下去的欲望。推荐的书，往往读起来比一般通俗读物要吃力些，但吃力也有好处。读半懂的书，对学生来说意义最大——他在动脑子，他在不断的疑惑与探索中，获得豁然开朗的乐趣。当然，如果把《红楼梦》给五年级学生作必读书，那么曹雪芹一定会在坟墓中急着翻身起来的。

怎么读？是在家自由阅读，还是在校持续默读？我首选后者。后者保底，前者创优。每周两小时在校的持续默读，雷打不动。（注：我一直任高年级。如果在低年级，也可改成老师给学生读书。）时间一般选择在午后。教师的作用，不是监督，而是拿起书和他们一起读起来，给他们做榜样。

读完以后，是否有必要做记录，写心得，或者还要根据读书心得评分？我想，对于我这样一个还算热爱读书的大人来说，如果每次阅读都必须写心得，我都觉得害怕，何况孩子？

有聊才读书。每次读完一本书，就非常想和同样读过的人聊聊感受——这是我的读书体会。所以，安排时间与孩子讨论一下所读的书，我觉得非常必要。开放式的讨论，不是简单地用"是"或"否"就能回答的讨论最有价值。学生通过自己的阅读能提观点，说见解，这才是读成了有思想的人，而非书呆子。适当地写点读书笔记，我还是极为赞赏的：或佳句摘录，或内容提要，或零星感想，三言两语也可，有时也布置学生给本学期阅读的好书写一个简短的推介。温水泡茶慢慢浓。长此以往，学生的阅读整本书的能力也会渐渐增强。“谁是我的夏洛？”“姐姐十五我十六，妈生姐姐我煮粥。”“沙漠美丽，因为沙漠某处隐藏着一口井。”“即使最糟糕的事情，你从另外一个角度看还有比这更糟糕的事情。”……诸如此类，书中的这些经典语言，已成为我们师生之间交流的密码，成为我们共同的精神归属了。所以，“必读”中所携带的“规定”与“强迫”的成分，假如我们能努力将之变得美好而吸引人，同样也能成为一种乐趣。

王林老师说：“热爱读书的学生，成绩不一定是最好的，但一定是最有发展前途的。”我非常赞成这样的观点。潜存在记忆库里的东西，在不远或遥远的将来遇到新的情境时，会不断增值，并显示出挖掘不尽的潜力。因此，拥有了一段绿荫里的行程，就相当于拥有了人生旅程上需要的“望远镜”和“航海地图”。

“相约星期五”：生命中有意义的编织

“中小学写作教育不同于一般意义的写作（语文）活动，它同时又是一个教育活动，具有一些不可忽视的特点：既是教师指导下的写作，又是学生群体中的写作，因此，必须重视发挥教师的指导作用与学生群体的作用，使写作成为师生互动的生命过程”。

钱理群老师在《关于中小学写作教育的断想》中的这段表述，把写作教育阐述为一种“师生互动的生命过程”，是一种崭新的视角。这就是说，学校作文教育应该实现三重对话：学生和老师的对话，学生之间的对话以及潜在的学生和社会的对话。而在小学语文的新课标中，关于写作的“教学建议”，开篇也提到了“写作是运用语言文字表达和交流的重要方式”。

如何将“写”变成“表达与交流的重要方式”而不是“完成任务、获得等第”的手段？如何将“写”变成一种“对话”，把教学变成师生间言语生命的情意互动？如何将“写”变成师生彼此生命的一种有意义的编织？

八仙过海，各显神通。践行上述理念，语文老师各有各的招。在我这里，则是把上述的“交流”“对话”“编织”，化在一种名曰“相约星期五”的活动里。

名字很浪漫，其实说白了，就是一节师生日记的交流评点课。朗读作文，评点作文，交流心得与感悟。朗读者可以是本人，也可以请老师代劳，原则只有一条：“让耳朵享受美好的声音”。被选中的，有的愿意自己苦练后呈现原我风采，也有的愿意请老师代劳，他们发现，经老师嘴里念出来，往往本不出色的作文，似乎一下子变得流畅起来了——其实，所读的东西，已经在发生着一种悄悄的改变了——但是每次我都要大声地说："把掌声送给写得这样精彩的 XXX"，这使他们小小的心很是满足。

这项活动的魅力在哪里呢？

其一，隔三差五的，我要给他们读自己写的作文，这也算是我的一种"独家配方"吧。

我总觉得，一个自己不热爱读写的语文老师，是无法培养起多数学生对读写的热爱的，就像一个自己没有感冒的人无法将感冒传染给他人是一样的。

在《百家作文指导》一刊，我曾经写过一篇小文《这也叫发表》，其间写到：

茶余饭后我常有写点东西的欲望。花草虫鱼，地上爬的，天上飞的，水里游的，我会写；班上的插曲，生活中的感悟，童年里的故事，我会写；季节更替，风云雷电，自然界的变化，大地上的事情，我会写……每每一种闷在心里的情感表现出来了，自己回头看，就如同上帝创造了世界，母亲产出了婴儿一样快乐。

周五的最后一节课，照例是分享快乐与热诚的时间。当我拿着打印的稿子走进教室的时候，"老师，您好"，那些声音里透着异样的快乐，一种期盼和喜悦，在他们的目光和笑意里传递。

教室里是那样的安静，静得能听得见彼此的心跳。我清楚地记得，那一日我读完《源于信任》，空气中似有丝丝寒意和轻微的疼痛在悸动，没有人出一声一语。就这样，我们在默默中共鸣着。

也有喧哗的时候。故意告诉他们，今天读的这篇你们不懂，他们便嚷嚷着说小瞧了他们。有时也有模有样地评价老师文章的运思与谋篇，选择与安排。最喜欢看他们咬文嚼字时振振有词的样子，可爱之至。

和他们一起，热爱文字，感受文字的神奇与力量——于我而言，这种幸福时光，意义远远超越于教学生如何作文。

有个朋友曾写过一篇文章，题目叫《我的文章写在孩子身上》，具体说什么我模糊了，但我喜欢这个题目——或者，改一下更适合我的情态：我的文章写给我的孩子。真的，这些文字，很少有报纸杂志刊载。

就读给我的孩子们听，我把这也当成发表。

我想：读给他们听的意义并非在于教师的作文写得有多好，或者有多少示范性，而在于告诉他们遇到这些事情的时候，老师是这么想的，这么做的。老师和他们一样，也有悲欢离苦，爱恨情仇。也有辞不达意，或者表达不够好的时候。有一回我给他们读自己写的《门卫》，就让他们评我的结尾，结果惹得学生一通批评。这多好啊，彼此真诚的、充满爱心的、平等的在一起交流，这是相互编织的首要条件——学生如果不信任你，不信任这个班级，哪会把实话写出来呢？

其二，选择哪些学生的作文怎么读，也是大有讲究的。

从人员上讲，优等生当然选择的概率高一些，毕竟他们写得好，但是我会特别留意中等生的文字，向他们做一定的倾斜。他们是个接口，选用他们的作文，对优秀生是一个刺激，对后进生则是一种鼓励。中等生一般都愿意选择由我代他们读，我需要努力发现学生作文中的积极因素，包括处于萌芽状态的新的发展可能性，并帮助他们将其提高为一种更为自觉的努力。这是我们之间心照不宣的秘密。

从题材上讲，我愿意选取家庭故事，看重选择与班级、与校园相关的故事，对于要求不公开的，我请他们在日记上注上“”符号。因为这些故事就发生在他们的身边，最能引发学生观点上的共鸣与震荡，最能引导学生发现周围的世界和自我的内心世界，组织一场深入的对话。而在这样的时刻，写作对于学生来说，就不是一种技法或者是一种纯粹的遣词造句的技术操练，而是一件与他息息相关、非常有趣的事了。

从内容上讲，我看重童真的表达和思想的含量。结构、形式当然很重要，但我更把赞扬送给那些有独立想法、不人云亦云的好作佳句。我一再跟他们说，真正好的文章取决于思想的能力。失去了思想，人类的语言同动物打嗝没有什么区别。小时候我们玩手心手背的游戏，是将与众不同者淘汰出局，而在佳作点评中，入局者就是与众不同的，努力以自己的方式说自己的话的。诸如“阿姨的眉毛淡得似乎忘了长出来”的好句子，每次都要淘出一些来，成为某人的名句。这是一种荣耀，这种荣耀让学生意识到自己的思想有价值,那么他的写作一定会获得重大的突破。——“人性中皆有悟，必功夫不断，悟头始出。如石中皆有火，必敲击不已，火光始现。然得火不难，得火之后，须承之以艾，继之以油，然后火可不灭。故悟亦必继之以躬行力学。”悟性能不能教？回答一定是否定的。知其不可为而为之，我把这些活动暂且算作是给石头的敲击，或者说，是一种“承之以艾，继之以油”的行为吧。

“立志种树，只管种根，只管栽培、灌溉，勿作枝想，勿作花想，勿作实想。悬想何益！但不忘栽培之功，怕没有枝叶花实？”小学六年，浇灌根部，枝叶花实也许是不甚明显的，就用王阳明《传习录》里的话自我安慰一下吧。

演绎课堂中的“相遇”

德国宗教哲学家马丁·布伯说，所有真实的生活在于相遇。教学就是无止境的相遇。

由此，我想到语文课堂：每天与学生见面，上着一节节阅读课，带着孩子读一篇篇课文，我们的教学中可曾有过相遇？——学生是否触摸到了语言文字鲜活的面容？是否听到了文本和作者传出的呼吸？是否感受到了自己和着文本的节拍跳动的脉搏？是否看到了特别的景致，忍不住要表达“原来你就在这里”的欣喜？

在我看来，理想的语文阅读教学课，应该有这样的相遇。

一、用文字的灵性

课堂拿什么来吸引学生？小红花，五角星，还是激情澎湃的“你真棒”？这些手段方法，也许可以引发学生暂时的学习欲望，让课堂拥有昙花一现的热闹。但真正的吸引，应该来自于学科的内部——语言文字本身的魅力。我们的汉语言文字，是一个个承载着情和意的符号，是有呼吸、有脉搏的灵性之物。我们应该让文字长出翅膀，去叩击学生的心灵。

中国汉字，从甲骨文上的图画文字，发展到今天的简化字，它自身的结构中就蕴含着丰富的文化因素。汉字是一种“形入心通”的文字，由于字形的图像性特点，它本身就负载着一定的文化信息。由“象”引“意”，可以体会中国人直观思维的文化指向。字词教学时，抓住字形的文化内涵就抓住了汉字的“有意味的形式”的特点。执教苏版教材第十册《月光启蒙》，导入环节解释“启蒙”一词，我没有用字典上的词条解释“使初学的人得到基本的、入门的知识”，而是从“蒙”字的最初意义出发，由“一种寄生的藤本植物，缠绕依附在别的植物上”，引申出“覆盖”的意思，再跟“启”字的“打开”结合，体会“打开，使原先覆盖着的东西得以看见”的意思——虽说不如字典上的解释标准，但生动形象，学生从中感受到文字演绎的有趣与神奇。

《卧薪尝胆》一课，薛法根老师讲到越王勾践到吴王夫差那里做奴仆，在黑板上先画“女”字的象形文字：一个低头，俯身，双手前伸交叉在胸前的人。他告诉学生，古代的女人见了男人就要这样，一副温顺的样子。接着他在“女”的边上又添了一只男人的大手，告诉学生男人们想打就打，想骂就骂，这样的女人就是“奴”。又在黑板上画“仆”字的象形文字：一个侧身站立的人，头上戴了一个“羊”的标志，屁股后边还要插上几根尾毛，表示这是一个战俘或罪犯。如此教词语“奴仆”，并由此体会越王勾践的忍辱负重，不能不说是独具匠心的。

由此可见，教师能够多一点对汉字文化内涵的理解，让学生充分感悟字词的意象、意蕴和意趣，学生就会自然而然生发出对文字的喜欢、热爱甚至敬畏。

美国的心理学家加德纳认为当代青少年的智慧应包括七种彼此相互独立的能力，他把“语言能力：对文字意义和搭配的敏感性”列为第一种。这种语言能力的获得，有赖于对教材范文中的典范语言进行揣摩、评点、推敲、赏析甚至质疑，对标题、标点、词语、句式等种种实例增、删、调、改，在对照中展开对话，从而识别语文表达的“通”与“好”，“好”与“妙”。

文本中的关键词、特殊句，往往负载了词面句面理性信息以外更为丰富的信息。教师要善于将文字置于言语背景中，开掘作者着意安排的语言逻辑信息之外的隐含意义、感情意义。比如：绍兴的雪糕上，“弃包装持棒食之”的广告词，与鲁迅笔下的“孔乙己”一联系，就能读出一种“多乎者不多也”的酸味。在《月光启蒙》课文中有一句话，“黄河留给家乡故道的，不长五谷，却长歌谣”，由“长五谷”到“长歌谣”，这在修辞上叫做“拈连”。这个句子中后一个“长”字是什么意思呢？如果仅仅解释为“产生、流传”是不够的。我在教学中引导学生联系上下文和经验积累，推想句子中“长”字的内涵，体会其表达效果：“长”字让人联想到歌谣的根——生活在这块土地上的一代又一代的人；“长”字又写出了歌谣的蓬勃生机与活力；“长”与“歌谣”搭配所造成的陌生感，让句子有了一种诗性的美。由言及意，由言悟神，教师能经常引导学生这样细细地体味、沉吟或者把玩，学生才可能与“语言文字”相遇：具有语言的敏感，能自觉读到语词背后的意义，对言语的美质具有感受和欣赏能力。

二、让文本醒来

一个文本，它静静地躺在那里，没有声音，也没有颜色，就像那个古老的童话故事里的睡美人。故事里的王子轻轻一吻，睡美人醒来了。那么，我们的阅读状态，是否也应该像王子的一吻呢？

如何吻醒文本呢？让文本醒来的关键在于，教师站在孩子的角度，用孩童的目光审视教材中的阅读障碍，并善于把它们与儿童的经验结合起来，让孩子能活生生地感受它，从而获得与文本相遇的体验。

苏版教材第十册《海伦·凯勒》一课中，有一段文字是描述海伦·凯勒学习说话的艰难：“为使我的伙伴——即使是最亲密的伙伴——能听懂我的话，我夜以继日地努力，反复高声朗读某些词语和句子，有时甚至要读几个小时，直到自己觉得读对了为止。我每天坚持着练习，练习，练习……”

在教学中，教师往往要求学生扣着重点词句“夜以继日”“反复”“高声”“几个小时”“练习，练习，练习……”来谈体会。学生谈的，无非是顽强的毅力和刻苦好学的精神。当这种标签式的体验成为“隔”着人心的口号时，文本里的文字、情感、思想，还是沉睡着的。我在教学这一段时，做了一个小小的实验，让学生经历了一次聋子学说话的艰难体验：请学生将耳朵塞起来，我说一个短语，请他们观察我的唇型来判断所说的语词。因为怕学生耳朵塞得不好，我说话时声带并不颤动。

重复三遍之后，学生还是茫然，不知道我在说什么，请求我再来几遍。看着老师的唇型听发音都这么难，更何况海伦没有视觉，完全靠触觉判断老师舌头和嘴唇的颤动情况来学发音。有了这样的体验之后，“夜以继日”“反复”“高声”“几个小时”“练习，练习，练习……”这些语词都醒过来了。学生深深地体会到了这种常人难以想象的高难度说话练习是多么磨人。海伦能学会说话，简直就是个奇迹，怪不得她回到家要大声喊“爸爸，妈妈，我回来了！”这喊声，凝聚着血和汗的付出，凝聚着海伦的兴奋与自豪。角色认同，移情体验，让孩子走进人物的内心，与文本中的生命息息相通，这是让文本醒来的一条重要路径。

老舍说，“真正好看的人，是不会乱穿衣服的。”这话说得漂亮，素朴是优雅的灵魂，语文如果是“好看的人”，就不需要五彩缤纷来打扮。但是，不乱穿衣服不等于不穿衣服。相反，以文本为基础，根据语境和形象，用艺术的手段营造一种情境和意蕴，让学生浸润其中，应该成为教师课堂教学的主动诉求。

还是说说《月光启蒙》这个课例吧。文本中出现了母亲给“我”唱童谣。怎样来唤醒这些童谣？在教学中，让学生拍着手、跺着脚、敲打着桌子叫着喊着读童谣，学生天真的童音可以把童谣的幽默、风趣和明快给唤醒了。

“月儿弯弯像小船，带俺娘们去云南，飞了千里万里路，凤凰落在梧桐树。凤凰凤凰一摆头，先盖瓦屋后盖楼。东楼西楼都盖上，再盖南楼遮太阳。”这样的民歌，如果仅仅是读，即便是一遍遍地，乃至熟读成诵，相信也不会在心中激起多少波澜。而当这些语词化为轻轻的歌声从遥远的时空传来时，文本中的语词醒来了，轻轻地吻着阅读者的心，使之变得宁静而潮润。

因此，语文课堂不能一味拒绝声色光影。量体裁衣，具体情况具体分析，素描淡抹又何妨！

三、带着问题去飞翔

一堂优秀的语文课，我以为要让走出课堂的学生会说两个字：一个是“啊”，一个是“哦”。所谓“啊”是指情感的共鸣与呼应。这一点，小学语文课堂历来是十分重视的，要防的是“用情”的另一个极端——“滥情”。不管学生是否真的共鸣与呼应，在朗读或者表达中要一定做出这样一种姿态：好感动啊，好伟大啊，我以为要警惕这样的滥情。所谓的“哦”是指课堂上能带领学生经历思维的冲浪，带着问题在思维之海域飞翔，让学生见识一种未曾见到的风景，从而发出这样的感叹：“哦——原来是这样。”我以为，惟有在积极的思维中，学生才能与“我”相遇——“悟”，从左看，思考着的“我”，即理解；从右看，“我”的思考，即发现。也就是说，只有在理解和发现中，学生才能见真的“我”。

语文教学的核心是语言和思维的训练。优秀的表达，必是思想锤炼的结果。如果忽视了思维的训练，就会：读，有口无心；看，浮光掠影；说，鹦鹉学舌；写，词不达意。小学语文阅读教学课堂，在重视传统的语文学习经验，强调诵读、积累的同时，也不能忽视学生思维能力的训练。在刻板、被动、缺乏问题情境的情况下进行语言训练，学生就成了语言的工具。实则上，让学生学会表达的关键是点燃思维的火花，激发表达的愿望。当一个人急切地想说自己的话的时候，其通过语言所展示的，恰是他们精神世界的开阔、健劲和活跃，是思想之树结出的美丽果实。

心理学上把问题的提出到解决的过程，称为“解答距”。根据解答距的长短和深浅，把问题分为四个等级：微解答距、短解答距，长解答距，新解答距。应该说，我们的语文课堂，多“微解答距”和“短解答距”的问题：“XX外貌怎样？”——可以照本宣科；“从外貌可以看出他是怎样一个人”——略作概括即可。而“长解答距”和“新解答距”的问题，则相对缺乏。

长解答距和新解答距的问题，从哪里来？这就需要教者制造认知冲突，不断地让学生遭遇陌生，不断地使学生陷入智力的困惑，不断地逼使学生挑战已有经验。妙趣横生的假设，似是而非的矛盾，两难背离的话题，甚至是无理的诘问，都能撩拨孩子挑战天性，激起思维的浪花。这样的课堂就会有波澜，有意趣，有警醒力，有新鲜感。

在周益民老师执教的《半截蜡烛》的案例中，有这样的话题设计：“绝密情报终于没有暴露，情报站没有遭到破坏，他们一家也得救了。同学们，是谁保住了秘密，保住了情报站，挽救了一家人？”一开始，学生脱口而出齐答杰奎琳。周老师让学生结合文中母子三人的“不一样表现”中的“一样的品质”再想想。学生默读课文思考后，谈到了杰克的“从容”，谈到了杰奎琳的“娇声”，谈到了母亲轻轻吹灭蜡烛、取出油灯的“镇静”。周老师还并不满足，让学生想得再远一点：两个孩子都还小，在敌人面前为什么能这样镇静呢？像这样的长解答距问题，需要学生综合全文相关内容，由此及彼、由表及里进行思考，从而获得站在高处鸟瞰风景的新鲜体验。

而新解答距的话题，则没有标准答案，更有利于学生的发散思维。教学《隔窗看雀》一课，我出示了蔡志忠的“漫画庄子”，引发了关于蓬间小雀和乘天大鹏的讨论：如果你是鸟，更愿意做那种小雀还是大鹏？你又会用怎样的眼光看待另一种鸟？雀与人，鹏与人，雀与鹏，人与人，人与自然，学生在讨论中碰撞、分叉、交汇、融合，最后聚到一点：大爱——所有的生命，存在就是意义。这样的话题讨论，学生把自己放到文章中去，与雀、与鹏、与作者、与文本、与自己对话，建构了个体的精神世界。这种精神世界的建构，正是“相遇”之后看到的风景。

四、旁逸斜出里的风景

如果让我们每个人回忆一下学习语文的经历，历数我们生命历程中的优秀语文老师，我估计不会是那些一板一眼照本宣科的老师。优秀的老师，往往都是旁征博引的高手，上着上着，就说："我突然想到一本书……"或者"XX曾经说过，……"或者"记得有这样一个故事……"，他们善于由文本的一个点出发，由此及彼，滔滔不绝。

这样的课堂，实际是一种"超链接型课堂"。"超链接"，是因特网上超文本传输协议中的一个资源地址。点击它，就会把你带到另一个资源的所在地，获得想要的相关材料。所谓的"超链接型课堂"就是指教师指导学生，联想并寻找到与主题或文本相关联的资料，进行互文性背景下多角度的阅读。依靠互文性来建构与展示文本的内涵与魅力，既可以让学生把书读厚，又有助于学生把书读透。

在我执教的《月光启蒙》课例中，文章里最后一段集中写"母亲的启蒙"，这种抽象的叙述，对学生来说是理解上的难点。我引入了课外资料，对作者孙友田另一篇散文《黑土地》进行了剪裁，呈现了这样的段落：

白天跟师傅下井劳动，头顶一盏矿灯，像黑色的鹰衔着一粒光芒，在丛林一样的支柱间飞翔。晚上，就把井下的感受变成诗行。

……

我写《大山欢笑》："万年煤层打个滚，／一山乌金往外冒。／黑宝石，往外跑，／满山满谷金光照。／一路大声喊：／我是煤，我要燃烧！"

——孙友田《黑土地》

第一段与课文开头第一段的描写"母亲忙活了一天的活计，洗完澡，换了一件白布褂子，在院中的干草堆旁搂着我，唱起动听的歌谣"，构成比照，学生由此可以深切地感受到，"我"的生活热情和乐观向上的生活态度，与母亲多么相似。而在拍着小手诵读《大山欢笑》的过程中，学生不难理解，作者的诗作中有童谣的影子，并由此体会"月光启蒙"，实际上是说母亲在"我"童年时代，不知不觉中，给我播了一颗爱的种子，一颗诗的种子。这样的链接与展开，紧扣文本，使"母爱之美妙"这一难点得到了突破。

在王文丽老师执教的《风筝》一课中，教者由古诗中的风筝，到贾平凹的"风筝"，到朋友写给她的诗歌"风筝"，再到鲁迅笔下的"风筝"，乡情、友情、亲情，情情相生，并在此基础上引导每个学生写出自己心中"风筝"：

哥哥，你还记得吗？在小时候，风筝一直是我们的最爱。年年一开春，我们就扯着风筝，往田埂上跑。我在一旁叫，你在一边跑，放得那么高！现在，你已经不在我身边，但风筝依然是我俩的最爱，依然是我们互相思念的象征。如今，看着挂在墙上一年的风筝，我就不由地在想：哥哥，等你毕业了，等燕子飞回来了，等花儿重开了，等草儿再绿了，我们再一起扯着风筝放飞，放飞我们的希望，好吗？

学生在十分钟时间内演绎出这样精彩的“风筝”，和王老师精妙的文本链接是分不开的：是课堂上一只只飘起来的“风筝”，丰富了学生的体验，让他们见到了自己心中的那只“风筝”。

而在干国祥老师执教的《斑羚飞渡》(《人民教育》2004年13.14期合刊）课例，则把这种超链接型的课堂演绎到了一种高度。单从教材文本角度看，《斑羚飞渡》很难作为一个很好的例文。但教者从哲学、伦理学的高度，确定了《斑羚飞渡》的主题，即“面临灾难时人类作何种选择”。教者先后链接了一组资料：现存于武当山的“寄死窑”、雨果的《“诺曼底号”遇难记》、新疆克拉玛依友谊宾馆的舞台大火、电影《泰坦尼克号》沉船片断，师生在此基础上探讨在灭顶的灾难中，个体的权利与尊严的话题，最后归结到了“敬畏生命”这一哲学伦理。这样的阅读教学课堂，学生通过打开一个个链接点，在相关的主题材料中，“相遇”并“牵手联欢”，建构出了文本崭新的意义。

钻进去，驶出来

——谈谈文本解读的路径

庄子笔下的庖丁，杀了三年牛，练得“以无厚入有间”的本事，杀起牛来“游刃有余”。庖丁解牛技术如此高超，是因为他“好者道也”，熟谙牛之肌理。我非常向往庖丁解牛的技术，倒不是我要去杀牛，而是希望在解读一个文本时，也能像庖丁一样“动刀甚微，謋然为解”。怎么读文本才算合乎语文教师之“道”呢？二十年的教学，几百个文本读下来，依然困惑。要说经验也有一些，但难免浅薄，写出来求教同行与方家。

钻进去

拿到一个文本，先做什么？和文本亲密接触，来来回回读它个几十遍。一般的阅读者，阅读的目的，大概不外乎提取信息，建构文本的意义。但当一个文本作为教材使用时，语文教师的解读，还应该有更重要的内容。

1.读出文本的内在结构

一堂好课，一定有它的内在的生长逻辑。教学时若能将文本的内在结构，转化为课堂的教学结构，不仅能凸显文本的主干，也能使课堂变得紧密有致。读《秋天的怀念》，读出“好好活”——从母亲的“好好活”，到菊花的“好好活”，再到“我”的“好好活”，一咏三叹，“好好活”的种子，就播撒得开。读《月光启蒙》，读出“童年的夏夜永远是美妙的”的“美妙”，从夏夜的“美妙”，到民歌的“美妙”，再往深层挖掘母爱的“美妙”，逐渐靠近文本，靠近作者，发现月色与母爱的内在关联，感受月色、歌谣与母亲的美丽。读《大江保卫战》，由“战”字读出交战的双方：洪水与战士，读出“洪水的肆虐”与“战士的英勇”，辉映出一支激越雄浑的战斗之歌。读《菩萨兵》，由“菩萨”的“想人所想，急人所急”，读出“找藏胞”“帮春耕”与“菩萨”的联系，达成对“菩萨兵”的理解。读冰心的《只拣儿童多处行》，从“为什么要只拣儿童多处行”出发，读到文本中的“儿童多处”和“海棠开处”，读出“儿童”与“花儿”的旺盛活力，读出“儿童”“花儿”和“春天”的内在关联，理解作者“游人不解春何在，只拣儿童多处行”的用意。就像造房子先要搭框架一样，努力在文本中找出合适的问题、情节或者以某个句子、某个语词作为切入口，辐射全篇，将文本进行适度整合，使内容清晰地呈现出块状的结构，进而使之成为教学的结构，是教师解读文本的一项重要工作。

2.发现文本的语文核心价值

一个文本，隐含了多维的教育价值。当它用来提供给学生学习语文时，就要凸显它的语文核心价值，适当淡化其他的教育价值。简而言之，就是重点训练学生对语言的感受能力、理解能力和表达能力。当然，这样的训练点遍布整个文本，如果“猫头上抓抓，狗头上挠挠”，其结果往往是浮光掠影，学不扎实，或者导致“丢了冬瓜，拣了芝麻”的耗费。这就需要教师从文本的特点、语言学习的规律和学生的年段特征出发，发现文本的最佳学习区域。

（1）包孕丰富情味与理趣的语言

叶圣陶说，“一字未宜忽，语语悟其神”。教师需要“浸入”文本，涵泳体悟，对文本的语词，乃至细小的标点细细咀嚼，品出字里行间所包孕的丰富的情味与理趣。比如，《灰椋鸟》一文，作者写鸟归林是“投入刺槐林”，“投”是向着一定的目标的，此刻，灰椋鸟眼中的目标就是刺槐林，刺槐林是鸟的家，“投”字写出了鸟儿归家的急切。《装满昆虫的衣袋》里写法布尔受到父母斥骂时的表现，“法布尔难过极了，眼泪刷刷地往下掉，很不情愿地把心爱的小宝贝放进了垃圾堆”，“垃圾”我们一般用“丢”或者“扔”，而法布尔却是“放”，说明在法布尔眼里，这些贝壳、石子，绝非没用的东西，他舍不得重重地“扔”，更舍不得“丢”，而是轻轻地“放”。再如，《少年王冕》中有这样两处叙述：“眼看三个年头过去”和“不知不觉三四年过去了”，为什么同样的三四年，第一处用“眼看着”，第二处却是

"不知不觉"呢？"眼看着"的背后是寡母靠针线活养家、供孩子念书的度日如年；"不知不觉"则体现了日子的"快乐"，所谓"快乐"就是"乐"的时候，日子过得就快。当我们发现了这些文本语词背后丰富的潜台词，准确地把握其背后的意蕴，发现它们的精准与生动，并将这份感受与体验带给学生，学生就能在不断的体悟中积淀语感的经验。所以，王崧舟老师幽默地说，教师对文本的语言要有林黛玉进贾府的那种高度的敏感。

文本解读不光要关注用得精准、生动的动词、形容词，还要特别注意副词、连词在句段中的作用。比如，《莫高窟》一文中，"洞里曾藏有我国古代的各种经卷、文书、帛画、刺绣、铜像等六万多件"。一个"曾"字，准确地写出了现在大量文物已被帝国主义者掠走的事实。而在论述说理的文本里，要特别注意连词的运用，注意连词是如何联结句子，恰当地表达句子间的逻辑与层次的。思维力的培养，就是从这样的小处开始的。

（2）文本的修辞

修辞是语言的艺术。现代汉语修辞种类达六七十种，一个文本总会有所运用。教师在解读文本的时候，要特别关注文中如何运用修辞达成表达效果的。常见的修辞，要努力挖掘训练点，使学生掌握有关修辞的工具性知识。不常见的修辞，教学中，不一定要给学生，但教师在解读中能发现它，捕捉它，有助于更好地把握文本，设计教学策略。

苏教版第五册《小露珠》一文，对小露珠有这样的描述：

"早哇，像钻石那么闪亮的小露珠。"蹦到大荷叶上的小青蛙对小露珠说。

"早哇，像水晶那么透明的小露珠。"爬到草秆上的小蟋蟀对小露珠说。

"早哇，像珍珠那么圆润的小露珠。"落在花朵上的小蝴蝶对小露珠说。

小动物们都喜欢小露珠。

这段话连续运用了比喻的修辞方法，写小露珠的闪亮、透明和圆润，正是引导学生认识本体和喻体之间相似之处的良好载体。小露珠与钻石的相似之处是闪亮，与水晶的相似之处是透明，与珍珠的相似之处是圆润，所以，这样作比十分妥帖。把小露珠说成像珍珠那么透明就不可以了——珍珠是不透明的；把小露珠说成像水晶那么圆润同样不可以——水晶的形状并不一定圆润。悟到这一点，对比喻的认识也就更进一层了。

又如，苏教版第十册《鼎湖山听泉》一文，对泉声的描写非常有特色：

那像小提琴一样轻柔的，是在草丛中流淌的小溪的声音；那像琵琶一样清脆的，是在石缝间跌落的涧水的声音；那像大提琴一样厚重回响的，是无数道细流汇聚于空谷的声音；那像铜管齐鸣一样雄浑磅礴的，是飞瀑急流跌入深潭的声音。

这组紧扣“听泉”描写泉声的句子，是文本的眼睛。作者如何写出泉声的美妙呢？一是要把泉声比作各种乐器的声音，以衬美妙的“天籁”；二是多层次的泉声，按照由弱到强、由轻到重的顺序进行描绘，这牵涉到了排比句中“序”的安排；三是“那”字的运用以及将喻体前置，使句子具有音乐美和节奏感，整散交错，带来诗一样的美感。明确地读到并梳理、归纳这些，可以帮助我们教学时更好地运用方法与策略。

“一去二三里，烟村四五家，亭台六七座，八九十枝花。”这首一年级小朋友读的开蒙诗，为什么特别有味道呢？除了简约、有趣以外，还有意境。意境何来？很重要的是此诗使用了“列锦”的修辞手法。所谓“列锦”，就是将几个名词或名词性短语排列起来构成句子的一种修辞手法。诗中，“烟村”“人家”“亭台”“鲜花”，既独立成景，又共同构成一幅田园风光图，创造了淡雅、幽美的意境。苏教版小学语文识字教材中的词串识字，用的也是这个理。

由此可见，关注修辞，体会其表达特点与效果，是我们进入文本的一条有效通道。

（3）典型的表现手法

作者在行文措辞和表达思想感情时所使用的特殊的组织方式，就是文本的表现手法。将之提炼并上升为“类概念”，学生就可以迁移，用于理解同一类文章或者同一种语言现象。

比如，读《三打白骨精》，故事中白骨精的“三变”、悟空的“三打”、唐僧的“三责”就是传统手法中的反复叙事。反复讲述相似却又不同的故事，展示发展变化，其目的是使人物形象更加丰满和真实可信，使创作艺术更加全面完美。认识到了这一点，学生再读《三顾茅庐》《三气周瑜》《三借芭蕉扇》《三打祝家庄》这些故事，就悠然神会了。

又如，在《爱如茉莉》一文中，有这样的一段景物描写：

妈妈睡在病床上，嘴角挂着恬静的微笑；爸爸坐在床前的椅子上，一只手紧握着妈妈的手，头伏在床沿边睡着了。初升的阳光从窗外悄悄地探了进来，轻轻柔柔地笼罩着他们。一切都是那么静谧美好，一切都浸润在生命的芬芳与光泽里。

这段景物描写，创设了静谧美好的境界，爸爸妈妈相濡以沫的真情，使窗外的阳光也动了心——悄悄地“探”了进来，不忍打扰。“境由心造”，作者的心境，与其眼中的景物色彩有很大的关系，我国古代的文论中也非常强调这一点。景语即是情语，这是借景抒情散文的基本图式。懂得了这一点，学生就可以在阅读中迁移运用。“墙上的钟，滴答滴答地走着”——不用往下看，就可以知道这样的景语，表达的是等待的焦灼或者静坐的寂寞。

松下问童子，言师采药去。只在此山中，云深不知处。

这首贾岛的《寻隐者不遇》，通俗晓畅，一读就懂。有人说，历史是煮米成饭，诗歌是酿米为酒。“苦吟诗人”贾岛的这首诗，在使用意象时非常有特色：“松”，高洁的象征；“药”，古代的读书人崇尚“不为良相即为良医”，济世救人是他们的难解的情结；“山”，山不在高，有仙则名；“云”，飘来忽去，踪影不定。这些意象的使用，无一不和“隐者”之“隐”相合。由此可见，诗歌的语词背后有密码。有一些语词，在长期使用过程中，被赋予了特定的含义，这是诗词的艺术。比如，在送别诗中，“柳”与“留”谐音，用以表达依依惜别之情；“红豆”“莲子”经常在爱情诗里出现；“梧桐”“芭蕉”渲染的是一种孤独与愁思；“江水”蕴涵着绵绵的情意；松、竹、菊等植物，常用来抒发清高的情怀……破译这些诗歌中的语言密码，对学生理解诗歌是很有帮助的。

又如，“竹喧归浣女，莲动下渔舟”，是古诗词中常见的倒装，按现在的表述顺序，应该是“浣女归”“渔舟下”。理解了这一点，再读“旧时茅店社林边，路转溪桥忽见”之类的倒装句，就不会犯迷糊——作者把“茅店”前置，把“溪桥”后置，是为了突出发现旧时茅店的惊喜。

（4）容易被学生理解、模仿、运用的语言模块

叶圣陶先生再三指出：文章无非是个例子。语文教学的内容应该是怎样阅读怎样写作的方法，而选文主要是“历练方法”的凭借，凭这个例子去探讨读文作文的方法。俗话说，伤其十指不如断其一指。对于一篇文章而言，我们往往只能关注其中的某些特定方面和特定的点。因此，在文本解读时，要特别注意文本中具有明显特色，容易被学生理解、模仿、运用的语言模块。

比如，苏教版第三册的《云房子》：

云房子造好了：有的像大冬瓜那样傻傻地横着，有的像花儿那样美美地开着。有很高的大楼房，有很宽的大礼堂，也有一点点小的，小得只可以住进一只小麻雀。

作者写云房子的千姿百态，使用的句式有两组：“有的像……有的像……”“有……有……也有……”，这种语言范式，正是二年级学生可以模仿运用的。同时，这样的语言又高于学生的口头语言：不是简单地说“有的像大冬瓜”，而是接着说大冬瓜怎么样，不是简单地说“有的很小”，而是接着说小得怎么样。从模仿中起步，规范并发展学生的语言，这样的语言实践活动，应该在课堂里多作安排。

又如苏教版第十一册《船长》中的这段对话描写：

“洛克机械师在哪儿？”

“船长叫我吗？”

“炉子怎么样了？”

“被海水淹了。”

“火呢?”

“灭了。”

“机器怎样?”

“停了。”

船长喊了一声:“奥克勒福大副!”

大副回答:“到!”

船长问道:“还能坚持多少分钟?”

“20分钟。”

“够了。”船长说,“让每个人都下到小艇上去。奥克勒福大副,你的手枪在吗?”

“在,船长。”

这段对话很特别,在其他的文本里相当少见:极为简短,有的句子仅用一个词表示;分行写人物语言,醒目突出;叙述交代极为简洁,大多数地方只有人物语言。这样的对话描写,可以烘托紧张的气氛,表现船长的沉着与果敢。什么情况下可以运用这样的对话方式呢?学生据此可以进行迁移练习。

3.把握文本的体裁特点

现行小学语文使用的教材,大都是按着主题选择文本组合的。淡化体裁是小学语文教学的主流。但教学中不跟学生讲体裁,并不等于教师在解读文本时不要关注体裁。文本的体裁不同,解读的着力点也不同。读寓言故事,就不可以追究故事的真实性,因为寓言本身就是通过假托故事说明道理的,故事是假的,道理是活的。读童话故事,就要承认梦境美,假如读《去年的树》,觉得大树死了就听不到小鸟的歌声了,就破坏了童话故事的意境。读说理性的文章,要把精力集中在文本说理的过程,关注它的条理性、层次性、逻辑性。读优美的散文,要把精力集中在品词析句、感受语言的节律与精妙上。读小说,要把精力放在人物形象的把握与故事情节的关联上。总之,“顺木之天”,按着文本的自然纹理去解读,就容易到位些。

驶出来

“只见树木,不见森林”的进入,能把文本的“内在肌理”摸个透彻,但难免会有“不识庐山真面目,只缘身在此山中”的局限。如何“跳出庐山看庐山”?既以本为本,又不拘泥于“一本”,运用互文阅读和解构阅读,可以帮助我们建构出作品的深层意义。

1.互文阅读

互文是古代汉语中的一种修辞手法。在古代汉语中，上下两句或一句话中的两个部分，看似各说一件事，实则是互相呼应，互相阐发，互相补充。所谓“互文阅读”，就是联想并寻找到与主题或文本或作者相关联的资料，将其组合，进行多角度的阅读，互相辉映，揭示出作品新的、更深刻的意义。

（1）选择同一作者，不同写作内容的文本进行延伸阅读，可以加深对作者的了解和对文本的把握。我读《月光启蒙》，同时还阅读了孙友田的系列散文，读到了他的《黑土地》，读到了他作为煤炭工人时，白天下井作业、晚上挑灯写诗的生活方式，读到了他的诗歌代表作《大山欢笑》，这些资源，对于理解《月光启蒙》中“母爱的美妙”是十分有益的。又如，读辛弃疾的《村居》，可以和他的另一首词《破阵子》结合起来，把“醉里吴音相媚好”的“醉”，与“醉里挑灯看剑”的“醉”对照，才能更好地理解这位戎马词人的写作背景和意图。

（2）选择同一写作对象，不同体裁、不同角度的文本进行阅读，有助于发展多角度思维的能力。在这里，音乐、电影、图片等都是一种特殊的文本，只要有用，都可以拿来。王文丽老师教《风筝》，不光读贾平凹的《风筝》，还读古诗词中的风筝，民歌中的风筝，鲁迅笔下的《风筝》，每一只风筝上都寄托了作者的真挚感情。情情相生，她的课堂才生成了饱满而曲折有致的情调。周益民老师上《童年的月亮爬上来》，读了多少关于月亮的文本呢？神话中的月亮，现实中的月亮，儿歌童谣中的月亮，甚至连某国际儿童绘画比赛中获奖的儿童画《我上月亮荡秋千》也读到了。

（3）选择同一主题，不同特点的文章进行延伸阅读。比如，同是送别诗，“劝君更尽一杯酒，西出阳关无故人”的送别，与“故人西辞黄鹤楼，烟花三月下扬州”的送别，情谊一样重，情调却完全不一样。为什么呢？“阳关”是什么地方？大西北，沙丘纵横，寂寞而荒凉，朋友要去这样的地方，怎不悲壮？“扬州”又是什么地方？繁华之地，富贵之乡，朋友要去这样的地方，怎不祝愿？这样的对照阅读，有助于教师更好地把握文本的“神韵”。

2.解构阅读

所谓的“解构阅读”，就是说呈现出的文本不能只是被解读成作者在传达一个单一的明显的讯息，而应该被解读为在某个文化或世界观中各种冲突的一种体现。一个被解构的文本会显示出许多同时存在的各种观点,而这些观点通常会彼此冲突。在解读文本时运用“解构阅读”，就是教师不迷信教材，自觉地去发现文本的多元之处，学会有思想的言说和表达。

蒋军晶老师在解读人教版第九册《地震中的父与子》这个文本时，就突破了原文设定的结局，设想了故事的三种不同结局：

第一种结局：这位父亲不顾其他父亲以及警察的劝阻，坚持在地震后的废墟中徒手挖掘38小时，最终拯救了自己的儿子和其他14个孩子。（课文原文）

第二种结局：这位父亲不顾其他父亲以及警察的劝阻，坚持在地震后的废墟中徒手挖掘38小时，最终找到的只是儿子血肉模糊的尸体。

第三种结局：这位父亲不顾其他父亲以及警察的劝阻，坚持在地震后的废墟中徒手挖掘38小时，最终不但没有救出自己的儿子，反而引起爆炸牺牲了自己的生命。

我不能不对这样的阅读方式表示赞赏。文本中的大圆满结局，当然是皆大欢喜，毫无例外地我们都会对这位父亲表示敬佩；而当结局改变时，对父亲的评价就会有所动摇；而当第三种结局残酷地呈现时，对父亲的评价就有大分化了。这是对人生的深层意义作出了多元化的思考，是对我们价值观的提升与重构，而这一切源于教师对文本反“伪圣化”的解构阅读。“大一统”的声音，会扼杀一个人甚至一个民族的创造活力和热情。“不跪着读书”，从这个角度看，一些教材中的文本，确实需要用蒋老师这样的思想方式去解读。

警惕几种倾向

——新课标下小学语文阅读教学操作误区摭谈

语文新课标出台实施后，教学理念教学思想，有了很大的变革。通过各类学习、培训、观摩，大家确实在努力地实践着新课标，渴求通过新的形式新的方法来提升自己的教学行为。然而，剑走偏锋。近来听了不少语文课，也看了一些案例，心里想问一句——

“往哪里去？！”

情境表演为哪般

六年级巴金先生的《鸟的天堂》

学的是描写鸟在大榕树上欢快活动的场面。

匆匆读了几遍以后，就开始了课堂的情境表演——

老师请学生在黑板上画了一棵大榕树。每个学生手里都有一只小鸟（平面图形，复印好的，涂了些颜色。）然后，师拍掌，一生上去，把鸟贴上；再拍掌，又一生上去，再贴一只；师继续拍掌，学生鱼贯而行，一个个上去贴，树上的鸟也一只只多起来了。其间，不知是哪个男孩的嘴里，不时发出一声声的鸟叫声。看来是早就预演过了。

鸟上了树，下课铃声也响了。

如此情境表演，学生收获了什么？

回头来看看文本：“我们继续拍掌，树上变得热闹起来，到处都是鸟声，到处都是鸟影。大的，小的，花的，黑的，有的站在枝上叫，有的飞起来，有的在扑翅膀。”

作者先以“热闹”一句概述，接着从鸟的大小、花色、姿态等方面进行描述，没用一个“多”字，却着着实实地写出了鸟的多，鸟的欢快。文句错落有致，简洁明快，值得品味，值得记诵，值得迁移。可是，教师处理这段教学时，就是让这些六年级的学生上黑板去贴个鸟。这么一贴，把文字的精彩，全给贴没了。

这个案例有点极端。但是，为了课堂活泼一些，情境表演，是很多老师常用的手段。形象的情境表演，可以再现课文的语言情境，自有它的价值所在。但情境表演不是目的，只是手段和形式。我们借助它，是要让学生在情境中多读书，多体会，在读中体验作者情感，在读中获得语感，在读中积累语言，在读中获得自己独特的感受……那种为演而演，为了追求课堂的一时热闹，追求教学形式的多样化而无助于课文语言文字的理解甚至消解课文文字魅力的演，岂不是糟蹋课堂宝贵的时间？！

媚生课堂，经不起推敲的热闹

“媚生”一词用的是仿词修辞格。

为了强调学生的主体地位，体现尊重，我们的课堂，开始“媚生”，开始走向“教师跟着学生走”的倾向——放手（或者说是撒手）让学生读，唯“自主化”“个性化”。课堂上，不管学生答得怎么样，一律都是微笑着用“好的”“很棒”“你说”来搪塞，来应付，甚至是错的，为了保护学生的积极性，老师同样未置可否。缺乏引导的学生，则上天入地，漫天胡扯。老师话语权的缺席，造成了比传统课堂更低质量的课堂教学。

更有甚者，为了调动学生积极性，大搞物质刺激，坐得端正奖一朵红花，回答了一个问题奖一颗五角星，字写得好，奖一块巧克力……好像笑一笑、点一点头不够刺激，只有鼓励的力度越大，学生才会越积极。有时一堂课下来，学生的脸上被贴上好多金星，看起来像唱京剧似的。

过多的廉价表扬，过分的模糊评价而带来的某种活跃的情绪，是啤酒冲起的泡沫。这样的热闹，无法与精彩联系。它的背后，隐藏着学生的浅尝辄止和随意应付，隐藏着学生的急功近利和情绪浮躁，是经不起咀嚼和推敲的。语文课堂真正的精彩，应该建立在层层深入的对话中，在感悟与解读文本时，与教材、与教师、与作者产生情感共鸣后的对语言文字魅力的一种吸引，一种叹服。

《课标》提出，“阅读教学是老师、学生、文本三者之间的对话过程。”所谓对话，而不是问答，那就要求参与对话的双方或多方，彼此走进对方的心灵世界，以智慧开启智慧，用情感激活情感，用心灵碰撞心灵。

课标所说的三者对话，我认为，老师和文本先要“对话”，从而取得与学生对话的发言权。这样，面对学生众说纷纭的答案，教师才能准确地捕捉学生话语中的智慧的火花，及时地将其中的精华拨一拨，使它“亮”起来；或者在学生理解不到位的情况下，能通过自身的感悟，引领学生走向更高层次的感悟，在原我的基础上建立起一个新我，蒸腾出语文课堂的精彩。

这样的精彩，需要教师的底蕴和大气，需要教师的睿智和灵动。因此，作为语文老师，应该努力提高自身的语文素养，犹如树木，把根须伸展到泥土中，汲取养料，直到微量元素。站上讲台，你就是宝贵的课程资源。你就是语文，语文就是你，这样的课堂才有“天光云影共徘徊”的美好境界。

种着别人的地，荒了自家的园

五年级　《黄河的主人》

导入新课：

昨天，老师让大家去上网，上图书馆查阅有关黄河的资料，现在请大家来交流一下。

学生们拿出了或者打印或者抄写的一份东西，很长很长的一份东西，开始念起来——什么黄河的发源地，黄河的长度，黄河的决堤、黄河的治理……

学生读着还没读通更没搞懂的资料。读的，很累；听的，很无趣，也开始在底下做自己喜欢的事了。

10分钟过去了，终于，老师终止了交流，文本《黄河的主人》可以和学生“亲密接触”了。

看着这样的课堂，我很心疼。10分钟哪，这些时间花在读上，早把课文读熟了。

《课标》提出，语文教学中要适当地引进相关的课程资源。于是，为了体现这个新课程理念，上网搜集资料成了老师的一句口头禅，交流搜集的资料也被看成时髦的做法。

我们应该好好地来解读这个“适当”——课前指导学生搜集资料，是为了增加对作品的作者、背景、主人公的认识；课中插入相关链接，也是为了借助补充，帮助学生理解课文的重点难点。可见，文本，教材，始终应该成为课堂的第一要素。

脱离文本，忽视对课文的研读，为了体现人文性与开放性，过多过早的安排那些所谓的“课程资源”，把语文课演变成了“自然课”“常识课”“历史课”“思想品德课”，使语文课堂疏于文字的理解、揣摩、积累、运用，从而使“语文迷失了自身，消失了本体，缺失了本性，异化了本质”（杨再隋语）。语文课，种着别人的地，荒了自家的园（别人的地可能也没种好）。

缺乏思想关照的技术，必然走向死胡同一条。因此，作为语文教学工作者，在解读课标时，应该从语文教学的规律出发，全面把握；在解读名师的课堂时，应该更多关注技术操作背后的思想。

还语文本色，让语文更多些语文味吧。

诗歌教学，我们需要做些什么？

一、为什么要读诗

诗歌有什么用？诗歌应该有什么用？这样的问题困扰着诗人，也影响着读者。

爱尔兰诗人谢默斯·希尼在《舌头的管辖》一文中写到：“在某种意义上，诗歌的功效等于零——从来没有一首诗阻止过一辆坦克。在另一种意义上，它是无限的。”

“零或者一切”——诗歌，这就是诗歌的特质。众所周知，诗到语言止。诗歌，作为语言的最高级形式，是对美的一种极致追求。美有什么用？饥不可以为食，寒不可以为衣，在某种意义上，它是零，然而，它又是一切——人类社会不管如何变迁，从来不曾停止过对美的向往与追求。

在我看来，能够代表一个国度、一个民族最高文学水准的，只有诗歌和小说。诗歌是生命与生存之间形而上的一种哲学追问。诗歌所具有的精神，是人类情感中最鲜亮、最纯粹、最炽热的部分。它能释放出巨大的能量，其隆隆的回声足以透过岁月的迷雾够到我们。曾饱受牢狱之灾的人文学者商友敬先生曾这样回忆自己对新诗的迷恋，他说，“把他们的诗句常常含在嘴里，如橄榄般的甘涩而有余味”，不知不觉中，“在心里播下了诗的种子”——播下种子，并非一定为了写诗或者成为诗人，而是心中有了绿色的“诗意”。困顿中的他真正感悟到了诗的穿透力有多强——它们穿透了水泥墙与铁窗，点缀了他的灰色生涯。

英国大诗人柯立基则认为，诗是“最妥当的字句放在最妥当的地位。”诗是最经济的语言。因此，即便撇开精神层面的不谈，单从选词炼句这个角度看，读诗也是极具价值的语言活动。

二、儿童与诗歌

不知道今天这个时代，还有多少人在读诗。如果说其他年龄层可以凭兴趣爱好决定读不读诗歌的话，在儿童那里，我们给予他们的精神食粮中，却真的不能缺少“诗歌”这一配料。

“诗是人类的母语。”诗歌短小，精炼，朗朗上口，易教便学。几乎每个民族的祖先，都不约而同地选择了诗歌作为最初的母语文学形式。作为诗的前形态——儿歌，更是儿童心灵王国的游戏。好的儿歌，就像蒲公英的种子一样，随风飘荡，随处扎根，具有永恒的魅力。

儿童思维方式是一种以“自我为中心”的“我向思维”。这种思维具有浓厚的自我中心色彩，世界同化在自我中，在儿童稚气的眼里，月亮是张脸，树儿在摇头，星星会眨眼，他所看出来的周围的一切，等同于有生命的“我”。这种思维特性，与诗歌的艺术思维在心理结构上有天然的相通之处。

北京大学教授林庚先生说：“什么是诗？诗的本质就是发现；诗人要永远像婴儿一样，睁大了好奇的眼睛，去看周围的世界，去发现世界新的美。”诗人永远像天真的孩子，不断在熟悉的或者平常的事物中寻找陌生感，寻找新鲜感，寻找属于自己的句子。这跟孩子认识世界的方式又是多么的吻合啊！孩子对周围的世界也是充满了热情，充满了好奇的探索，蒙台梭利称儿童为“上帝的密探”，苏霍姆林斯基也认为，儿童就其天性来讲，是世界的发现者。

培根说，记忆力归于历史，想象力归于诗歌，理解力归于哲学。确实，想象力是诗歌的翅膀。在冯至的笔下，“我的寂寞像一条冰冷的蛇”，顾城可以在“大地上画满窗子”，王宜振的初春里，毛毛雨滋润下的“一些新芽，像鸟嘴，啄得小树发痒”——这些灿灿发亮的句子，无一不是想象力飞扬的结晶。因此，读诗是培养儿童想象力和悟性的极佳途径。

对于一个人来说，童年是一生的根基与核心——如同树木一样，那最初的岁月被记录在年轮的最核心处，后来的岁月则围绕着它一圈圈地生长。童年时代赋予的东西，会永远潜在我们的身心中部，持续影响人的一生。一个经常诵读诗歌的儿童，他的耳中装满了竹笋般活泼泼的生命旋律，他的眼里装满了鸟鸣蝶舞、云开花笑的真趣，他的心中，必然拥有更多的天真、单纯、爱与神圣。他观察周围的世界，他看待自己的生活，都会罩上一层美丽的光晕，葆有这样的“赤子之心”，也意味着生命底色的健康美丽。

从这些意义上说，诗歌是儿童成长时期最有营养价值的“母乳”。然而时下，又有多少老师在坚持用诗歌“喂养”儿童呢？

就笔者所了解的情况看,小学的诗歌教学可以称得上是一块尚未开垦的处女地。别的不说，就说小学语文教材的编写，对诗歌（本文中的诗歌，均指现代诗）的选编没有得到足够的重视。以人教版与苏教版国标本为例，我们发现以下问题：

一是数量明显不足。低段，包括歌谣在内，苏教版安排了 14 首，人教版安排了 20 首，做得相对最好，但在中高段长达四年的语文学习中，仅安排了 8 首诗歌的学习量。人教版教材稍好，但各册教材诗歌的分布情况不稳定，有的在选读教材中出现，有的干脆不选。

二是总体质量有待于提高。两套教材中，都不乏优秀的诗作。但我们也看到，有一些诗歌选择得不够理想：从内容上看，与儿童生活脱节，一厢情愿于思想或者道德的教育；从艺术表现手法来看，钟情于宏大叙事，用很大的语词去唱很高的调，这样的诗句往往是僵硬的，一说“儿童”就“花朵”，一说“教师”就“蜡烛”，无法让人领略诗歌的智慧与灵光；从作者来看，涉及到的面不广，尤其国外的优秀诗歌，两种版本 24 册语文课本，只有人教版在第十一册安排了叶赛宁的《白桦》。

三是编排体系没有充分体现诗歌的体裁样式。两套教材中，只有人教版在高段第十册将诗歌作为独立单元编写，除此，其他的诗歌均是散落在课文里。而从课后的思考练习来看，编者似乎也只是把它们当作了识字与阅读的工具，对诗歌这种体裁的个性化特色，并不给予重视。

三、诗歌教学，我们需要做些什么

一个优秀的语文老师应该自觉成为课程的开发者——即使教材没能很好地引领我们走向诗歌，假如我们认识到了诗歌之于儿童的意义，作为教师，我们完全可以开发儿童课程，选编优秀的诗歌进行教学实验。首先，我们的目光要放开、放远，不能只盯着一本教材。我们需要关注文学领域的诗歌创作，关注儿童文学领域里的诗人，关注《儿童文学》《少年文艺》《儿童诗》《中国儿童文学》等杂志的新诗，关注有关的诗歌评论。有了大量的诗作阅读作根基，淘洗诗歌的眼光，自然会变得精准些、敏锐些。

选择好的诗歌，只是第一步。如何将这些诗歌带给学生，如何按着诗歌的“内在机理”进行教学则是一个更重要的话题。

1. 在诵读中直接感受诗歌的趣味与韵律

诗是用心感悟的。过度的剖析讲解，深挖微言大义，乃诗歌教学之大忌。尤其对于活泼清浅的儿童诗而言，最好的方式就是直接用清脆的朗诵去体验。

着急的锅子

（谢武彰）

吃午饭的时候到了，/菜却没煮好，/弟弟等得好急了，/妹妹等得好急了，/小猫等得好急了。

只有妈妈最辛苦了，/还不停地忙着，/急得脸上都是汗，/我赶紧来帮忙。

打开锅子一看，/呀！锅子也急坏了，/它也满头大汗呢。

类似于这样的诗，简单清浅中又不失童真与情趣，能带给孩子一种自发的快乐。让孩子自己用天真的嗓音去唤醒它，就是最好的解读方式。诗歌中最妙的句子即诗眼，可以让孩子自己去寻找发现。像这首诗中的“呀，锅子也急坏了，它也满头大汗呢”——把锅沿的水蒸气说成“满头大汗”，并且与“急”相对应，简直令人叫绝，相信孩子读到这个地方都会会心一笑。这是智慧的灵光碰撞的结果。

打翻了

（张晓风）

太阳打翻了/金红霞流遍了西天

月亮打翻了/白水银一直淌到我床前

春天打翻了/滚得漫山遍野的花

花儿打翻了/滴得到处都是清香

清香打翻了/散成一队队的风

风儿打翻了/飘入我小小沉沉的梦

必须承认，有一些诗，不能说，不可说，一说就破。比如这首张晓风的《打翻了》，怎么解释都说不好，怎么解释都有画蛇添足之感。这首诗所特有的节奏感与音乐感，需要直接用声音来感觉它，品味它。这样的诗歌教学，教师往往要做群鸟中那只领唱的鸟，直接用自己的声音来带动学生、感染学生。而在此起彼伏的对口接诵或轻轻的吟哦中，这些语词可以很快地化为学生自己的一种难以言说的美妙感觉。

2. 让诗歌中的语词与当下的生命对接

苏霍姆林斯基所说：“我努力做到，使一个词对儿童说，不仅仅是一样东西，对象和现象的标志，而是使它带有情感的色彩——带有它芬芳的香气和丰富多彩的色调。重要的是，要使儿童倾听美妙的旋律一样倾听词，使词的美和这个词所反映的那一部分世界的美，能够激起儿童对于表达人类语言的兴趣。”苏氏的论述，可以给诗歌教学一个很大的启示：如果诗歌对于孩子来说只是一堆完全与他无关的词语的堆砌或记忆，那么，它们是沉睡着的，或者说过不久就会死的。因此，我们需要努力使一首诗对孩子当下的生命直接作用，让孩子的生命因此而激昂、充实、沉静或者丰富。

快乐的思想

（何达）

做每一件事，/都给它一个快乐的思想，/就像把一盏盏灯点亮。

砍柴的时候，/想的是火的诞生。

锄草的时候，/想的是丰收在望。

与你同行，/想着我们有共同的理想，

与你分手，/想到我们会师时候的狂欢。

临考前夕，每门学科往往都要进行一次系统的梳理，作业量也明显要比平时多。我和孩子们一起读何达的《快乐的思想》，告诉他们，我们在“砍柴”，我们在“锄草”，我们等来的将是“火的诞生”与“丰收在望”。也许这首诗会在未来的日子里不断生出新的力量——将来的工作生活中，谁会没有负担而生活？重要的是要学会“做每一件事，都要给它一个快乐的思想”，就像此刻我在写这些东西，也得给它一个“快乐的思想”一样。

跌倒

（牧也）

风，跌倒了/才有了美丽的落叶/云，跌倒了/才有了滋润大地的雨水/太阳，跌倒了/才有了静谧的夜晚

所以，让我们不用害怕跌倒/让我们在跌倒的时候/用最美丽的姿势/站起来

人，总有受挫的时候吧。对于学生来说，最大的受挫莫过于考试发挥不好了。每每这种时候，我和孩子独处，总要一起来吟一吟《跌倒》，并且告诉他们不仅要“站起来”，而且要“用最美丽的姿势”。怎样的姿势才算最美丽呢？每个人都会有自己的方式。

山东金茵小学的常丽华老师在班上孩子生日时，精心选择适合孩子天性的诗歌进行的生日送诗活动，更是将诗教化育到了每一个孩子的生命中：

美丽一万倍

——送给李沂晓

晓晓啊，/比全世界所有的/国王的宫殿加起来，/还要美丽一万倍。——那是繁星点点的夜空。/——那是你明亮的眼睛。

晓晓啊，/比全世界所有的/女王的衣裙加起来，/还要美丽一万倍。/——那是清晨倒映水中的彩虹。/——那是你永远绽放的笑脸。

晓晓啊，/比繁星点点的夜空/和清晨倒映在水中的彩虹，/全部加起来，/还要美丽一万倍。/——那是天外的神的国土。/——那是美丽又智慧的你啊。

熟悉金子美玲的老师一定能看出来，这首《美丽一万倍》直接脱胎于金的《一万倍》，常老师只是稍作增编而已。但是，就是这些增编，让这些诗歌中的语词，在生日这个特殊时刻，把祝福、期待、信任、赞美等诸多情感，编进了孩子生命的网中，这些语词，也必然成为生命的星空中最耀眼的星星。

你的名字

纪弦（台湾）

用了世界上最轻最轻的声音，/轻轻地唤你的名字每夜每夜。/写你的名字，/画你的名字，/而梦见的是你发光的名字：

如日，如星，你的名字。/如灯，如钻石，你的名字。/如缤纷的火花，如闪电，你的名字。/如原始森林的燃烧，你的名字。

刻你的名字！/刻你的名字在树上。/刻你的名字在不凋的生命树上。

当这植物长成了参天古木时，/呵呵，多好，多好，/你的名字也大起来。/大起来了，你的名字。/亮起来了，你的名字。/于是，轻轻轻轻轻轻轻轻地呼唤你的名字。

台湾诗人纪弦的这首爱情诗《你的名字》，常老师是怎么来用的呢？经历了一个寒假（注：寒假里，常老师日不间断地给班上的孩子发消息，打电话），开学第一天，常老师诵起了这首诗，当然“你的名字”置换成了“你们的名字”，于是“轻轻轻轻轻轻轻轻地呼唤你们的名字”：吕克文、崔晨、胡晨薇，聪聪……孩子们或笑，或答，或点头，或轻嗯。一个孩子说，当他听到老师叫他的名字时，他有一种奇怪的感觉。他说，也不知道是激动，还是感动，反正，他第一次感到自己的名字是那么好听。这是一种怎样曼妙的诗境啊？我为之倾倒。

3. 在比较阅读与清晰讲解中，带动学生对诗歌的形式与技巧的感性认识

有人说，诗歌是少数人的艺术，诗歌是不可教的。我想也许应该替换成“诗人是少数人能做成的，但对诗歌的赏析，是大众的事情。”

一首诗，尤其是耐人寻味的好诗，必须要读得认真、仔细。诗的表现往往是间接的，有层次、有深度的，有字外之意和弦外之音的，假如能帮助学生将诗歌这种“压缩的文本”以恰当的方式打开，让它的精微、色彩、情韵、节奏等一一呈现，对于未入诗歌之门的初读者来说是大有补益的。给小学生讲什么，讲到什么程度呢？我想，一个重要的原则是依托具体的诗歌，让诗歌本身来说话。

比如这首《放风筝》：

放风筝

丁芒

把彩色的声音/录进四月的风；/把彩色的笑/嵌进晴朗的天空。

那是你放飞的欢乐，/是你冲向云霄的歌。/两腿，快活地飘动，/两肩，得意地摇耸。

怎么来丈量幻想呢？/从心上扯出的线，/搭上了清风，撩上了彩虹。

看见了飞船在逡巡/看见了星云在流动；/今晚，风筝回来/会这样告诉你的梦。

声音可以录进风里，笑可以嵌进天空，心里的线可以丈量幻想。特定的词语在

特定的语境中使用，产生的一种陌生化效果，是诗歌语言的艺术。在这首诗里，我们可以引导学生体会诗人通过如何拉长（缩短）、嫁接（颠倒）等手段，穿透语言与逻辑之网，使之陌生化，从而更新我们的习惯反应，唤起新鲜奇妙之感，增添审美情趣的。

再如这首《需要什么》：

需要什么

（意大利）贾尼·罗大里

做一张桌子，/需要木头；
要有木头，/需要大树；
要有大树，/需要种子；
要有种子，/需要果实；
要有果实，/需要花朵；
做一张桌子，/需要花一朵。

这是诗歌语言艺术中的顶真。“桌子”“木头”“大树”“花朵”等事物，具有象征意义。象征是诗歌的一种相当重要的手段，我们在理解时，就要引导学生超越语词的现实意义层而走向艺术或者说美学与哲学的意义层：万事重在开头。一切开始看起来总是微不足道的。此外，“做一张桌子，需要花一朵”带给人的陌生感与冲击力，正是诗歌艺术的魅力所在。

我们也可以将一些诗歌组合在一起进行教学，比如，将《我能长成啥》和《筷子》一起组合：

我能长成啥

丁云

妈妈把种子种下地，/没过多久，/种子就发了芽。
爸爸把月季种下地，/没过多久，/月季就开了花。
奶奶把葫芦种下地，/没过多久，/葫芦就长藤啦！
我想把我自己种下地，/真不知道，/我能长成啥？

筷子

（李飞鹏）

爸爸每天去打鱼/爸爸的手/是我们家的筷子/伸到海里去/把鱼虾夹回来

第一首诗在形式上采用了复沓的手法，这是儿童诗中常见的一种形式技巧，一咏三叹，学生易于模仿。在此基础上，再教第二首《筷子》，并让学生模写他人的手，既有形式的示范扶持，又有内容的引领提示，学生可以登着梯子将“诗歌”这朵似乎遥不可及的花采摘，享受成为小诗人的创作乐趣。

我们还可以把一些袖珍型的小诗，编成一个单元，让学生体会小小的诗里大大的意思，比如这组《海带》《蘑菇》和《秋》：

海带

（谢采筏）

我真想看见海的女儿，/但每次都没找到，/今天总算不坏，/捞到了她的飘带。

蘑菇

（林良）

蘑菇是/寂寞的小亭子。/只有雨天/青蛙才来躲雨。/晴天青蛙走了/亭子里冷冷清清。

秋

（沙白）

湖泊上/荡着红叶一片，/如一叶扁舟，/上面坐着秋天。

这组小小的诗，在教学中可让学生寻找诗的眼睛：看诗人如何从寻常的事物看出不寻常来，用奇妙的联想和比喻把平凡化为神奇的。像《海带》一首，可以先不出示诗题，跟学生聊聊安徒生的美丽童话《海的女儿》，想象海的女儿的模样；再猜猜，她的飘带是海里的什么；再想想，关于海带的比方是否棒。《蘑菇》一首，把“蘑菇”比作“小亭子”，可能每个学生都能想到，这首诗新就新在“寂寞”一词，竟然有“寂寞的蘑菇”——其实不是，寂寞的是诗人的心，借此学生可以体会诗歌的“境由心造”。《秋》一首则可以改成“春”——“湖泊上，荡着绿叶一片，如一叶扁舟，上面坐着春天”，让学生在对比中发现原诗与改诗的差别，并由此发现诗人情思的妙处。

有多少好的诗歌，就有多少好的方法。挂一漏万，不再赘述。

在开满诗歌的道路上，让我们与孩子一起同行。

摭谈故事文本的教学取向

现行的小学语文教材中，故事类的文本，占着相当的比例。要把故事种在学生的心田，并且能活下来，不是一件容易的事。老舍先生种花草的经验是，喜阴的别放在太阳底下，喜干的就别多浇水。其实，种故事也一样——按着故事的纹理特点，保护它的“天性”不受伤害，再适度地施肥浇水，是我们进行故事文本教学的重要原则。

按“故事”一词的本义说，故事即旧事，亦即发生过的事件。随着语境的需要，在不断的意义转换之后，“故事”的概念已经泛化了。在这里，我们姑且取用故事的泛化概念，讨论一下小学语文教材中神话、历史与小说、童话和寓言这些特殊的故事样式的教学取向。当然，有些题材有交叉，这样的分类也不可能作精准的界定。但它们之间毕竟还是有所区别。这个区别，理当成为故事文本教学取向之本。

一、神话：在神性中不朽

神话是人类最早的故事。神话起源于人类的童年时期。在原始社会，先民对许多自然和社会现象无法理解，认为是某种无形的神秘力量所致。对于这种神秘力量，先民只能感觉到，但看不见，他们就根据自身的生活经验来构想它的形象及其活动，于是产生了神和神话。神话的情节，一般表现为变化、神力和法术。因此在神话教学中，首先要让学生充分感受故事的“神奇”之处。《开天辟地》中，盘古身体能随着天地的变化而变化；《普罗米修斯盗火》中普罗米修斯的肝脏，能奇迹般地复原；《哪吒闹海》中小哪吒有两件法宝：混天绫和乾坤圈；《嫦娥奔月》中，后羿的神力能射日，西王母的仙药能升天；《九色鹿》中，九色鹿双角洁白如雪、身上有九种鲜艳毛色的传奇美丽；《三打白骨精》中孙悟空的金箍棒和火眼金睛……把这些神奇的人物、神奇的力量、神奇的宝贝的“神奇”之处凸现出来，是神话类文本教学的起点。

神话故事为人类塑造英雄，彰显着力量美。不同的民族塑造着不同的神的形象。在中国的神话里，盘古、女娲、神农、后羿、大禹等神的身上，充盈着一种劳动崇高伟大、勇于创造进发的精神和不求回报的博大爱心。而在古希腊的神话故事谱系里，诸神的神力更多地是为了展示自身的力量。神话文本的教学，要注意挖掘故事中的“神性”。在《普罗米修斯盗火》中，普罗米修斯不怕权威、义无反顾的壮举所体现的“窃天火，煮自己的肉”勇于承担牺牲和不幸的英雄主义色彩；《开天辟地》中，盘古身上的从无到有、勇于创新的精神；《九色鹿》中惩恶扬善、一心向善的宣扬等等，这些神的形象与故事，影响着后世的价值观的形成。从这个意义上说，经典的神话故事的因子里，传承的是一个民族的道德传统、伦理取向、文化认同和精神气质。

神话的想象力是人类理想国的居所。由想象力创造的神话，不仅建立了原始人类的生存意义，也沉淀为人类文化发展的永恒的基因。标志着人类科技壮举的“嫦娥一号”奔月行动，谁又能否认这壮举的最初动力，不是来自那个美丽的神话传说？神话中的仙人腾云驾雾，现代飞机日行千里，神话中的女娲抟土造人，现代科技有了克隆技术……丰富而奇特的想象力，不断引导着人类的科技创新。因此，神话文本的教学，要注意保护学生的想象力，培植学生的想象力，引导学生在无穷广大的未知世界里，书写新的神话。

二、历史与小说：借一双慧眼，看一看故事里的是是非非

在小语教材中，与历史相关的故事也不少。这种相关一般表现为：一是以历史上的真人真事为基础创作的故事，如《大禹治水》《三顾茅庐》《祁黄羊》《司马迁发愤写〈史记〉》等；二是以历史史实为背景创作的小说，如《林冲棒打洪教头》《小英雄雨来》《船长》等。

对于前一类故事，如果我们把它看成单纯讲述历史故事的“普通文章”，那么，我们阅读时除了通过文字理解文章说了什么，感受和理解由文字承载的作者的观点、思想、情感以外，还应该与故事中的人物和事件对话，在相关的听说读写活动中形成自己对历史故事与历史人物的认识与评价。

作为学生来说，与历史故事的对话能力，一个显著的特殊点就是他们的“前理解”相对贫乏。“故事里的事是那昨天的事”，昨天的事，如何与今天的生活、体验对接，如何去粗存精，追寻历史故事文本的根？一个非常重要的方法是将历史人物与故事，置身在相应的时代去考察。比如，《大禹治水》，学生不能理解的是“大禹治水十三年，三过家门而不入”的举动，教师在处理这个话题时，也往往一味地强调克己奉公、舍小家保大家。然而，假如把大禹放在他的那个时代去考察，就会发现，大禹所处的时代是一个尚未开化的蒙昧时代，根据历史语境寻找真相，其结果是家庭的观念还没形成或者部族约定俗成的领导规则强行限制大禹归家。了解了这个史实，我们对大禹的认识评价可能会更准些：大禹治水的功绩，应重在以“疏”治水的智慧，治水的辛劳可强调，但决非是将“三过家门而不入”作为道德高标，将大禹抬到云端。因此，历史故事教学意义的开发，其根本在于重现客观现实，体现历史逻辑的合理性和严肃性——追寻“历史本身”的事实真相，根据时代特征，重构历史知识，赋予历史新的见解，既是对历史的忠实继承，更是对历史的时代性创造。

而第二类，以小说的形式讲故事则属于文学作品的范畴。这类文本，故事性极强，深受学生的喜爱。概括故事梗概，接力复述故事，可以在这类文本的教学中找到用武之地。面对一篇小说，传统的阅读图式往往把阅读的重心放在小说的故事、情节、人物形象和社会、历史的关联上，从而寻找对作品内容的解释，进行批判、揭露、赞美……这种套路化的阅读图式，往往意味着阅读的僵化，也隐匿着阅读的“短路化”问题。文学原本是充满魅力的，每个人在阅读小说的过程中，都有独特的、细微的甚至难以言表的体验和感受。因此，我们在小说文本的教学中，可以寻求一种新的阅读图式：一是悟文品字，品其言，会其意，细细揣摩文字的魅力；二是引导学生从小说的细部描写入手，推求其中的内在关联，体悟小说的艺术魅力。金圣叹评点《水浒》，就是对小说细部的“肌理组织”的“探幽发微”。《林冲棒打洪教头》《小英雄雨来》这些作品，适用于引导学生沿着金圣叹的路径，理出小说在细节中埋下的因果线索，体会作者的匠心独运。小说的情节、人物的形象等，在细究推求中，与学生的语言鉴赏实践血肉相连。这样的教学，学生往往能“得言”且“得意”。而评价故事中的“是是非非”，既可以还原具体的历史语境加以探讨，也可以在类型化的情境中，关注超越历史背景的价值与意义，读出人类的基本境遇，如维克多·雨果的《船长》，就涉及到了人类在灭顶的灾难前如何面对的话题。

三、永恒的魅力：童话世界和童心世界

在童话中，没有任何一个主人公会对鸟能言、兽能语表示惊奇，因为童话的特殊语境已经许诺了这一切。在童话的语境中，真实不再是正常逻辑上的真实，而是心理上的真实、情感上的真实。在童话中，水晶鞋是真实的，巨人的花园里只有冬天是真实的，沉睡一百年的玫瑰公主醒来后依然像从前那样年轻貌美也是真实的。倘若在教学中津津乐道于细究故事情节上的逻辑真实，就是对故事的损伤——破坏了童话特有的叙事风格所带来的魅力。

童话具有鲜亮的底色。它作用于人的情感，从而使一些外在规范成为自觉的向往与追求。童话故事的教学要引导学生走向故事所营造的世界，努力使文本中醇厚的文意，成为学生内心呼之欲出的情思。要着眼于文本情境的创设，要引导学生想象画面，走进角色，体验情感，获得感动。从艺术的表现手法来看，童话往往采用重复叙事、连锁反复的形式。例如：《去年的树》里，鸟儿在树根、门先生、小姑娘的指引下一路追寻。每一次的追寻，都采用了相同的结构：“鸟儿问”——“XX答”——“鸟儿飞”，不但使作品拥有了一种节奏感和旋律美，也表现了鸟儿追寻的决心与毅力。教师可将故事的内在节奏，化为课堂的教学节奏，并据此想象鸟儿苦苦追寻的场景：她的眼睛四处搜寻树的身影，她的嘴巴不停地呼唤着树的名字，一次次地搜寻，一次次地失望，她又累又倦，但她的翅膀却无法停下。她的心头，一定不断地回响着这样的声音：“再见了，小鸟！明年春天请你回来，还唱歌给我听。”“好的，我明年春天一定回来，给你唱歌。请等着我吧。”当这样的对答一次次从学生口中送出的时候，“诺言”“好朋友”这两个词的丰富内涵，就深深印在学生心中了。简约而不简单，应该成为童话文本教学的追求。

童话里的人物，性格特征显著，对比鲜明，好人坏人一眼就能看出。这样写，便于儿童更直观地理解童话的意义，因此，我们教学中不要画蛇添足，对人物去做个性化的解读——多元的越界阅读，其结果往往使童话的“作者死了”“作品也死了。”

四、寓言：故事不仅是故事

寓言是一种寄托着深刻哲理的简短故事。在中国，“寓言”一词最早见于战国时代的《庄子》一书。春秋战国之交，群雄纷争，一些有学问、有才能的知识分子，他们出身不同，立场不同，为了鼓吹和厉行各自的主张，就杜撰小故事，把道理寄寓其中以表达自己的观点。于是，产生了寓言。运用寓言，一是能够引起读者的兴趣，二是把想说的话寄寓在具体的情境、事件中，符合国人讲究“言外之意”“弦外之音”的内隐、含蓄的审美取向。

寓言的情境是杜撰的，缺乏事实根据，所以小学生就能从课文中找到“蚌夹住了鹬的嘴，鹬怎么还能说话”这样有悖于生活事理的逻辑错误。因而，一旦解读方向偏差，便很容易“因文害义”。从寓言的起源我们可知，寓言源于实用性目的——为了更好地表达自己的见解。因此，在对寓言故事文本解读时，我们应该朝向文本蕴涵的哲理，而不能纠缠于对故事本身真实性、逻辑性的探究，有意淡化对故事情节的关注，突出对寓言道理的挖掘与理解。

有所不为，然后有所为。作为寓言文本的教学，该如何作为？我以为寓言的阅读，可以体现这样几个层次：一是故事本身，即知道故事在讲什么；二是作者意，即作者通过这个故事想说什么；三是读者意，即读者通过这个故事，读出了什么。前两个层次，以小学生的学力不难达成。第三个层次“读者意”，不一定有标准答案，种种观点的呈现，有利于培养学生的哲辩意识。在寓言故事中，故事本身只是一个“用件”，用以引发作者或者读者的观点和理据的载体。在寓言故事的教学中，就要努力为学生形成观点提供足够的材料，让他们在多种材料的“参读”中，走向故事所指引的世界。

“读写绘一体化”图画书教学例谈

并不是所有带图画的书都叫做图画书。为了增加图书的趣味添加插图，但主要不用图画来讲故事的，或者一些非故事类图书，比如百科全书，用插图说明物体的外观和功用的，这些都不是图画书。

图画书与一般带插图的书的区别在于：它的叙事功能由图画和文字共同完成，比较起来，图画的功能要更强一些，或者说，图画书中的图画是主体，它具有语言叙述和表情达意的功能。

近年来，随着国外优秀图画书的被引进，有些学校在小学低年段语文课堂将此作为一种课程资源，开始尝试“读写绘一体化”图画书教学。最近，笔者有幸观摩了一些图画书教学课堂，并由此引发了一些教学上的思考。

一、互动参与：听听讲讲，猜猜说说

并不是所有的图画书都适合语文教学，相对来说，那些故事生动，情节紧凑，能引发学生兴趣，难度稍高于全班学生平均阅读能力和理解能力的作品，更适合用于图画书教学。

图画书价格不菲，学生人手一册，可能有困难。教师可以将图画书制作成 PPT 实施课堂教学。教学前，学生未接触到图画书，因此，在教学方式的选择上，可以采用看画面听老师讲故事，在故事的精彩与转折处，请学生猜测、想象，引导学生在互动参与中听故事、共同编故事的方式，进入课堂教学状态。

图画书《爷爷一定有办法》讲述了一个犹太民族的古老故事：约瑟出生后，爷爷用蓝布料做了一条毯子送给他。后来毯子破旧了，爷爷把它缝成了外套；外套破旧了，爷爷把它缝成背心；背心破旧了，爷爷把它缝成领带。最后还分别变成了手帕、纽扣，当最后纽扣也找不到时，约瑟说：“还可以作为一个故事的材料。”

在这个故事的讲述中，教者完全可以把讲述、猜测与印证相结合，把它变成课堂的一种内在节奏：

师：妈妈说：约瑟，扔了它吧。

生：约瑟说：爷爷一定有办法。（生齐答）

师生：爷爷拿起了毯子，翻过来，又翻过去。

“嗯……”爷爷拿起剪刀开始喀吱、喀吱地剪，

再用针飞快地缝进、缝出、缝进、缝出。（师生一边说，一边快乐地做动作）

师：爷爷说：“这块布料还够做……”

（生猜测）

当学生猜测后在画面中找到蓝布料，发现它成为外套、背心、领带、手帕、或者纽扣时，内心会多么惊喜。这是一种从内心深处生发的强烈而旺盛的喜悦。由此可见，听听讲讲，猜猜说说，学生积极能动地参与了故事的建构，有助于学生将故事同化到自己的认知图式中，可以成为图画书教学的最基本手段。

二、图画书教学与常态下的语文阅读教学

常态下的低段语文阅读教学课堂是以“识写”为重点的。但在图画书教学中，教者不大会把识字写字作为目的——这些优秀的图画书，文字常常是“寥寥无几”。

有人说，图画书的教学中，不要有问题，不要有讨论，更不要有训练，就散散漫漫地读，让学生在轻松愉悦中获得快乐就行。但我以为，这如果作为一种个性化

的阅读行为，的确不错。而当阅读成为阅读教学行为时，我们必须考虑：如何使阅读行为增值？我承认快乐阅读之于孩子的意义，但讨论交流，甚至于训练，并不意味着阅读乐趣的丧失。在上一个案例《爷爷一定有办法》的教学中，毯子依次变成了外套、背心、领带、手帕，学生一次又一次地重复着这些话，快乐地做着喀吱喀吱剪、缝进缝出忙的动作。如果从训练的角度看，这就是一个有效的复述训练。因此，以讲述带动学生言语发展完全是可行的。但是它不应该刻意，也不能因此破坏故事的连贯与趣味，要融合在故事的情节推进中，在孩子的快乐参与中实现目的。

图画书《逃家小兔》说的是小兔想逃家，告诉妈妈要变成小鳟鱼、大石头、小花、小鸟、小帆船、空中飞人和小男孩，让妈妈捉不到；妈妈告诉小兔，她会变成捕鱼人、爬山的人、园丁、树、风、走钢丝的人和妈妈，找到小兔的。这是一个十分有趣的爱的游戏。

在教学中，教师出示绘本第一幅画面后，引导学生用这样的句式看图说话：月光洒在（　　），远处是（　　），近处是（　　），洞里是（　　）。接下来，老师安排了分组讨论：小兔变成了什么？妈妈又变成了什么？试着用“如果……就……”的句式说话。教者的出发点是为了让学生观察画面后表达更有序，但因为低段学生的口头表达，以对白语言为主，独白语言还很难组织，要让学生观察画面进行这样的说话训练，并且描述出画面的温馨和美感，难度较大。教学中，教师可以调整为通过兔子妈妈和小兔子对话的方式来进行画面描述。此外，这本故事书叙述语言的最大特色是顶真，并且是大连环的句句顶真，因此，连和顶是重要的，散了就碎了。而分组讨论提供的句式，将故事中的小兔变成了什么一下子呈现，不但没有很好地利用学生的心理期待，也破坏了故事的节奏。在教学中，教师可以让学生用顶真句式复述，这样不仅可以保留故事的原有结构，而且利于学生连贯地思维。

三、理解这些故事，我们能走得多远？

“一个人的阅读史就是一个人的精神发育史”。优秀的图画书，往往以最朴素、最简单的方式传达深刻的真理。而我们的语文教材道德训诫色彩比较落后，训诫的方式也比较直白。如想让儿童讲究卫生，就编一个小猴不讲卫生的童话；想培养孩子的勇敢精神，就编一个捅马蜂窝的儿童故事。对此，周作人先生的见解或许对我们有所启发，“其实艺术里未尝不可寓意，不过须得如做果汁冰酪一样，要把果子味混透在冰酪里，决不可只把一块果子皮放在上面就算了事。”

优秀的图画书，就是周作人先生说的美味的果汁冰酪。阅读这些故事，不仅给孩子带来丰富的生命体验，也将高贵的情感吹进孩童的心灵，滋润着精神之花的美丽绽放。当然，前提是孩子真正融入这个故事，理解这个故事，在故事中受到情绪的感染和精神的启发。因此，在图画书的教学中，教师如何设计问题组织讨论就显得十分重要。

图画书《月亮，生日快乐》说的是小熊给月亮送生日礼物的故事。故事讲完后，教师问学生，你喜欢故事里的小熊么？为什么？一学生答，我觉得小熊很好笑，它把自己的话当成月亮的话，把自己买的帽子当成月亮送给它的帽子。像这个学生一样觉得小熊傻而好笑的学生恐怕不在少数。“小熊到底傻不傻？”这个问题是引导学生理解故事的一个很好的契机，但遗憾的是，课堂上教师轻易地放过了这个话题。倘若教师能抓住“小熊傻不傻”这个话题结合生活中的情境让学生在交流中认识到：当你送出“你好”的时候，就能收获“你好”；当你送出微笑的时候，就能收获微笑；你对别人好，别人对你就好，那么这个故事的意义也就凸显出来了：你是另一个我，我是另一个你。与人交往，我们能接收到的，从某种程度上讲，就是自己的回声。

而在《爷爷一定有办法》的教学里，我们不仅要看到“爱”和“节约”，更要看到故事里的智慧。《爷爷一定有办法》取材于一首犹太民族的民歌，原题为“无中生有”。故事中无论是爷爷将毯子改成外套、背心或者别的什么，还是约瑟将这些材料写成故事，重要的是你能把它变成什么，剪裁、缝制或者书写，这是创造的智慧。这比让学生体会爱、体会节俭更有意义——光有节俭，留一条破毯子何用？只有当破毯子成为一条奇妙的外套时，它才拥有了价值与意义，这个故事也因此获得了新的高度。

理解这些故事，我们能走得多远？这首先取决于教师对故事本身意义的把握：触及故事灵魂的点在哪里？鲜灵灵、活泼泼的文本意义，就像爬山虎那一墙繁茂的肥叶。而支撑、拉动和铺展“意义之绿”的小脚，就是文本与儿童生活的接触点。在不伤害故事的前提下展开教学讨论，使故事包蕴的“意”进一步显现，是图画书教学中较难把握的问题，过与不及，都难以取得好的教学效果。

四、故事创编：拓展教学空间

“读写绘一体化”教学，顾名思义，在阅读图画书的同时，用“写”与“绘”来丰富发展学生的表达能力。众所周知，低段儿童的语言表达能力还十分有限，尤其是书面语言表达，但是，这个年龄阶段的孩子运用线条、图形、色块来表达事物、心情、感受的能力却极富创造的潜力。因此，读写绘一体化的教学策略，可以有效地激发学生的表达热情，拓展图画书教学的空间。

但是，怎样把图画书的阅读与“写和绘”充分结合起来呢？

在图画书的课堂教学中，教师一般把目标定位在阅读、理解故事上。对于画面的欣赏与画面的一些细节的关注，都有不同程度的“淡化”处理。这是十分必要的——如果不懂得取舍，面面俱到去抓一些枝枝节节，往往会破坏故事的口感。但如果有条件，还是提倡人手一本图画书，在老师讲完这个故事之后下发，让孩子们能与图画书“亲密接触”。这样，一则可以将整个故事连贯地再读并讲述，二则，因可以细细地回味品赏图画的形象、色彩、线条、背景，为“写”和“绘”奠定基础。

在图画书教学中，学生创作什么，质量如何，在很大程度上取决于创作点的选择是否接通了图画书的有效空间。无论是续编还是创编，都需要寻找一个能撬出新空间的点。在《爷爷一定有办法》的教学中，教师在教学中有意将“老鼠一家”的活动隐去，而在指导学生进行创作的时候，则进行了这样的设计：神奇的蓝色布料到哪里去了？老鼠一家又会将蓝色布料做成什么？那粒钮扣呢？学生据此创作新的故事，就有话可说，有画可画了。而在《逃家小兔》里，这场“爱的游戏”则完全可以延伸到家庭的“亲子读写绘”：与妈妈一起分享这个故事。如果你是逃家小兔，会变成什么？你妈妈又会变成什么怎样捉你呢？看谁和妈妈变得多，变得有趣。学生在与妈妈合作进行的“亲子读写绘”中，感受爱与智慧，是一件非常有意义的事。

点亮阅读之灯

——师生共读儿童文学作品的实践与思考

一、当前农村小学生阅读现状分析

1. 儿童阅读资源匮乏。

笔者长期任教小学中高年级语文，从每学期的家访情况来看，学生的家庭藏书量很少，部分家庭几乎为零。没有藏书，并不是说家庭没有经济条件。相反，相当一部分家庭经济条件很好——家长能把小洋房装饰得富丽堂皇，却没有为孩子准备一个书房；家用电器件件高档，可孩子却没有一部经典书籍，除了“课课通”“优秀作文精选”之类的教辅材料，就几乎找不到教材以外的书了。从家长的角度看，有的缺乏购书、读书的意识，有的虽然知道要让孩子多读书，但不知道该给孩子读什么样的书。加上相当一部分学校的图书馆藏书质量低，口感差，社区又缺少公用图书馆，农村小学生很难遇到他们此时此刻所需要的读物。

2. 儿童阅读被有声影像排挤。

现代资讯的发达让人眼花缭乱。学生过分地依赖声像材料诸如电视、录象、电脑游戏等媒体获得感官的刺激，纸质阅读的时间无以得到保证。许多学生对课外阅读兴趣不浓，甚至是很淡，一小部分学生可以说根本没有阅读兴趣。虽然已是小学中年级或者高年级的学生，但几乎没有完整地读过一本课外书的也大有人在。除了作业，许多学生把闲暇时光花在电视与电脑的游戏上。孩子愿意看两个小时的电视，却不愿读 20 分钟的书。

电视媒体，可以为人们提供快捷的资讯服务和感官享受，但是它与纸质阅读有着很大的区别。电视给予人信息，都是包装好的，无须个人心智努力，而纸质阅读要求不假任何外助、凭着自己的头脑运作来增进理解、获得自己需要的东西。比如，看电视剧《红楼梦》，陈晓旭一出场，林黛玉的样子就定了型，而读《红楼梦》小说，林黛玉是这个样子的：两弯似蹙非蹙罥烟眉，一双似喜非喜含情目。态生两靥之愁，娇袭一身之病。泪光点点，娇喘微微。闲静时如姣花照水，行动处似弱柳扶风。心较比干多一窍，病如西子胜三分。到底是什么样子呢？就要靠读者凭借文字通过想象来在头脑里塑造。一千个读者的心目中就有一千个林黛玉。所以，纸质阅读，既体现了读者的主动性，又保证了文学作品的丰富性。

此外，通过电视媒介获得的信息，往往是一鳞半爪、肤浅的。因为电视的专业帧频为每秒 24 帧，一些变化极快的游戏的帧频甚至达到每秒 100 帧。因此，孩子根本无从得到细致的影像。从这个意义上说，电视是快餐，能够填饱肚子，却无法从中获得更多的营养。而纸质阅读是文火煲出来的汤，是可以改变精气神的滋养品。

因此，儿童依靠坐在电视机前度过课余时间，不能不说是一种危机。

3. 把一本语文教材看作语文课程的全部，课程标准提出的小学六年不少于 150 万字的课外阅读量无法得到保证。

小学生需要读什么？首先当然是教材中的课文，这些课文的阅读需要通过精确训练，帮助学生掌握语文学科的必备知识和技能；其次就是语文课程下教师指导下的语文性的、文学性的阅读；再者，还有其他课程范围内的阅读，包括百科阅读等。这个阅读框架里第二、第三层次的阅读，虽然不直接指向教材，但实际上是为理解教材提供丰厚智力背景的。

《语文课程标准》在阅读的教学建议中提出："培养学生广泛的阅读兴趣，扩大阅读面，增加阅读量，提倡少做题，多读书，好读书，读好书，读整本的书。"从目前的阅读状况看来，除了教材中的课文阅读是得到保障的，教师指导下的语文性的、文学性的阅读基本属于放任自流的状态，更不要说百科类的阅读。学生的课外阅读缺乏指导，尤其是整本书的阅读指导在语文教育体系中缺乏地位。应试的压力，使得教师更愿意多做题——短期内，读书往往看不出效果，尤其用"分"来作考量单位的时候。关于做题，上海的商友敬先生在他的《语文退思录》里幽默地说："做题目的目的，不过是测量知识掌握的多少，犹如生了病要用温度计量寒热，哪有得病不吃药，一天到晚量寒热的？"

这是目前农村小学生阅读中普遍存在的现状。如何为学生与好书之间搭建一座桥梁？如何把坐在电视机前看肥皂剧的学生吸引到书桌前？如何带领学生读整本书，使每一个学生即使是家庭环境最差的，也能基本完成小学阶段150万字的课外阅读量？几年来，我选择“师生共读整本书”作为解决上述问题的重要手段。应该说，解决农村儿童“阅读洼地”的手段不止一种，但开展“师生共读整本书”活动，无疑是一条有效的途径。

二、关于“师生共读整本书”的说明

（一）师生共读好在哪里

1. 建立最好的阅读环境。

阅读需要时间和环境。所谓“课外阅读”，除了“课余以外”，还有“课本之外”的意思。把课外阅读完全寄托在学生回家以后的自觉阅读上，是无法保证的。不得不承认，学校是惟一能够使学生安静阅读的理想场所。在农村，百分之九十以上学生的家人是没有阅读习惯的。麻将声、扑克声以及电视、电脑等因素的影响，学生要平心静气地面对纸质阅读，需要很大的定力，一般学生往往做不到。

而在教室里就不一样了。“你读，他读，我也读”是一种氛围，尤其是老师在教室里的示范阅读，更有强大的磁力。当学生看到老师手里和他手里读着一样的书的时候，心理上的暗示与接近，会让他读起来更带劲。共读的氛围，是阅读兴趣的最好的催产素。大家还会你追我赶，比着谁读得快。

2. 让阅读成为一种仪式。

什么是仪式？仪式是在指定场合举行的、具有专门程序、规范化的活动。师生共读整本书，也要像仪式一样，有指定的场合（教室）、有固定的时间，而且需要规范化。比如某天的午自修时间是整班共读时间，那么在这个时间段里，默词语、背课文、做练习等语文活动，都需要让步。学生知道，这个时间就是大家一起读书。长此以往，就成了一种仪式，成了像星期一集体晨会必须要升旗一样的行为。这种仪式的最后目的是让读书成为习惯，成为像呼吸一样自由的事情。

3. 拥有共同的生活与密码。

意大利著名童话作家贾尼?罗大里有一篇童话叫《连环画里的小老鼠》，讲一只跳出连环画的小老鼠，来到了现实世界的鼠群中。但是，没有一只老鼠听得懂它连环画里的语言，它也听不懂其他老鼠的吱吱呀呀声。在一系列的误会之后，老鼠们联合起来把它遗弃了。就在这时，它遇到了一只连环画里的猫，也因为相似的原因来到真实的世界里，但因为听不懂现实中的猫语，刚刚被其他的猫赶了出来。于是这两个无依无靠的动物相互拥抱在一起，发誓要永远友好，用它们那种奇怪的连环画语言聊了整整一夜，并决定从此永远地生活在一起。

这个童话，最深刻地揭露了“拥有共同的语言才是真正地生活在一起”这个很简单的道理。话不投机，即便老鼠与老鼠也只能是异类；言语相通，即便是猫和老鼠，也可以是真正的亲人。

如何建立师生之间共同的语言，拥有能够开启彼此心门的密码？和学生一起，读他们的书，是一种行之有效的办法。读他们的书，就拥有了和他们交流的更多话题。“谁能做我的夏洛”——和我一起读过《夏洛的网》的学生心领神会，因为他们明白“夏洛”意味着什么；“姐姐十五我十六，妈生姐姐我煮粥”——当我的学生们大声叫着嚷着这首《草房子》里的颠倒歌的时候，隔壁班没有读过《草房子》的孩子，是无论如何也体会不到我们为什么这么兴奋的；“用你的翅膀担负起黑夜”——只有读过《人鸦》的孩子，才懂得“翅膀担负黑夜”赋予的含义。

（二）从儿童文学作品起步

1. 什么样的作品适合共读呢？

首先应该是儿童的。

儿童的特点是有好奇心、喜欢新鲜事物，活泼而富有想象力。呆板的形象，生硬的道理，童心不堪承受之重。有时大人用心良苦，总想着大部头的名著富有教育意义，但孩子偏偏不吃这一套。“乐”之不存，“教”从何来？从这个角度出发，要让孩子喜欢上阅读，首先要寻找切合他们心理特点的书。解放儿童的心，保护儿童的想象世界，承认游戏是重要的，满足儿童潜意识中的需求……儿童文学作品的这些特性，正切合了小学生的心理特点。

师生共读，尤其要选用以故事、小说为形式的儿童文学作品。小说有冲突，故事与情节有吸引学生一页页看下去的欲望。小说更贴近人的心灵，更能清晰地向孩子展示人生的意义。儿童阅读这些文学作品，可以从他人的思想经历、情感经历、苦难经历、探险经历中获得间接经验，从而提高认识，丰富情感，磨练意志。从某种程度上说，阅读这样的作品，就是在体验成长，或者叫生命的“预演”。

其次应该是优秀的。

儿童喜欢的，并不一定都是优秀的。比如，像《鸡皮疙瘩》之类的流行书或者畅销书。就像发挥药效一定要吃药一样，要提高阅读能力，必须先读大量的文字。能自觉读起来总不是一件坏事。这些书，无须禁止，但不够优秀，就没有共读的价值。什么样的作品是经典的或者优秀的？法国著名文学史家保罗·亚哲尔提出适合儿童阅读的好书的标准若干，其中提到了好书是可以启发儿童知识的书，是可以帮助孩子认识人性和人类心情的书，是可以把人类高贵的感情、高尚的道德吹进儿童心灵的书。

再次是选择有一定的阅读坡度的。

与一般消遣和娱乐性书所不同的是，有一定阅读坡度的书，读起来相对吃力，但吃力也有好处。读半懂的书，对学生来说意义最大——他在动脑子，他在不断的疑惑与探索中，获得豁然开朗的乐趣。比如《西游记》的原著并非儿童语言，对学生来说构成了一定的阅读障碍，但这样的语言，凭借心智的努力是完全可以克服障碍理解故事的。读这样的书，可以帮助学生形成阅读技巧，获得心智的成长。当然，如果把《红楼梦》给五年级学生作共读书，曹雪芹一定会在坟墓中急着翻身起来的。

2. 我和我的学生读过这样一些书

阅读是一辈子的事，阅读也是自己的事。但我相信，在孩子们童年的时候，带他们读一程，总是好的。对大多数同学来说，读与不读，是不一样的。带与不带，也是不一样的。

一个缺乏想象力的人，是一个没有创造力的人；一个缺乏想象力的民族，是一个糟糕的民族。想象力和其他能力一样，如果没有在适当的时候给予适当的刺激，就会退缩，乃至枯竭。最能培养想象力的文学作品，莫过于幻想文学了，我们读《绿野仙踪》，读《爱丽丝漫游奇境记》，读《中国神话故事》，读《永远讲不完的故事》，这些故事中神奇的宝贝、神奇的魔法、神奇的境地，接通了学生从现实世界走向理想世界的管道，可以刺激学生萌生源源不断的想象力。

“爱”是人类永恒的主题。阅读儿童文学作品，要向学生传递永远的普世的价值观。有一种是以友情、关爱为主题的“母爱型”的书：比如《夏洛的网》《苹果树上的外婆》《乌丢丢的奇遇》等，这些书，传达美丽，传达感动，在“真善美”的世界里带给学生光明感、温暖感；还有一种属于直面人生，以现实的深刻的眼光来处理人生难题的“父爱型”书：比如《一百条裙子》《时代广场的蟋蟀》《人鸦》《德国，一群老鼠的童话》，让学生对“漠视”“理想”“自我”“成功”“责任”“专制”等词语的内涵有比较理性的认识。逐渐加深，我们还阅读了表现人生哲学的书，比如《西游记》《小王子》。

儿童是成长中的人，是肉体与精神同步成长中的人。儿童阅读故事，常常会自觉不自觉地把自己当成故事中的主角。选择以成长为主题的故事，可以让学生与故事的主人公一起经历成长的烦恼与困惑，比如《木偶奇遇记》《特别的女生萨哈拉》《草房子》《我要做好孩子》《男生贾里》《女儿的故事》等，孩子可以从中寻找“自我镜像”，像书中的主人公一样，不断超越自我，逐渐变得优秀起来。

高年级的学生，独立自主意识逐渐增强，有开始想到外面去闯一闯的念头。这个时候，就可以让他们阅读冒险故事、探索故事，比如《汤姆·索亚历险记》和《鲁滨逊漂流记》，这类书，是一种具有现实性的故事，阅读它们，学生仿佛也亲身体验到了那种别样的经历，可以锻炼学生的意志，增强他们对生活磨难的抗击力。

到高年级后期，浪漫性的成分逐渐减少，现实性的成分逐渐增加。我们开始阅读《平民总统林肯》《我的一生：安徒生自传》。这些人物传记中的主人公，出身贫寒，但他们坚定的意志，卓越的行动能力和在困境中依然不气馁的勇气，会成为学生仰慕的对象。所谓的“励志”，就可以通过阅读这样的人物传记来达到。

此外，还有以亲近自然、走进科学为主题的书《昆虫记》，这类既有文学性又有科学性的书，不是很多，我们读的也不多。

三、“师生共读整本书”的操作策略

本文主要探讨适合小学中高年段师生共读整本书的操作策略。

（一）阅读的几个层次及操作流程

阅读的目的不一样，阅读的方法也不相同。适合于师生共读的儿童文学经典作品，自然也有反复阅读的价值。在我的教学实践中，主要采取以下程序进行共读：

第一层次：检视阅读。

检视阅读是浏览性阅读。将书下发，学生拿到书后，先读读书名、副标题、目录，然后看看封面题图、内页插图、作者的序言、摘要介绍以及书后的评论等。如果书还有书衣的话，看看出版社的宣传文案。这些都是作者在向你传递讯号，让你知道风朝哪个方向吹。还可以从目录中发现自己感兴趣的章节浏览，东翻翻，西翻翻，念上一两段，或者连读一些段落，但不要太多。

这种阅读，也是粗浅阅读，可以让学生在有限的时间内了解一本书的大致内容。这种阅读，需要培养学生一种快速阅读能力。平时训练的时候，可以让学生将大拇指、食指、中指合并在一起做“指针”，用这个“指针”顺着一行行的字移动下去，速度要比你眼睛感觉的还要快一点，强迫自己的眼睛跟上手部动作的移动。一旦跟上，可以继续增快手的动作。这样训练，可以防止阅读时因“逗留”“倒退”而影响浏览的速度。这种能力，对学生以后查阅、搜集资料十分有用。

第二层次：基础阅读。

基础阅读的任务是通读全书。师生共读的作品，多为故事、小说。对于一本故事书，唯一的建议是：快读。理想上来说，一个故事应该一口气读完。当然很长的故事，几乎是不可能的。但在阅读时，一定要尽力紧凑些，否则，会忘掉一些情节。除了快读，就是全身心投入地读——让自己活在故事的世界里，参与事件的发生，让故事贯穿自己的身心。此时，学生需要做的就是打开心灵，接纳故事。

第三层次：分析阅读

通读全书后，需要对书做一个回顾。此时的阅读，需要带着一定的指向性。教师要体现引领功能，提出书中的一些重要话题，让学生带着话题进行阅读。对于小说、故事来说，故事的大意、主要情节、重要的角色、场景、关键的细节，小说的主旨等，教师要引导学生把手指放在作者的脉搏上，感受他的跳动，并作出自己的评价。这个环节，学生通过读书报告单的形式将自己的初读成果、体验传达给教师。教师在整理读书报告单信息的基础上，设计读书交流会的流程。

第四层次：反刍阅读

在班级读书交流会之后，学生对自己感兴趣的话题及有关章节，再作阅读。含英咀华，可制作摘记卡，也可写读后感。

（二）关于班级读书交流会

1. 读书交流会的目的

班级读书交流会的质量，是衡量“师生共读整本书”活动成效的重要标杆。班级读书交流会不同于一般课文的精讲课。一般阅读精讲课，往往承载着识字、阅读理解、传授语文基础知识、训练基础技能的功能。而班级读书会，我觉得比较理想的状态，是一群人在共同读完一本书后，交流心得，碰撞观念，轻松地聊书的过程。

一本书，一部优秀的文学作品，主题往往也是复调的。面面俱到的话，恐怕一个星期都讨论不过来。这就需要我们教师即读书带领人精心选择讨论的话题。

2. 什么样的话题更有价值

从形式的角度看，话题应该是适合儿童的，有情趣的。读完了吴承恩的《西游记》，让学生来做个西游排行榜，看看谁的功力最高，谁的兵器最厉害，哪场打斗最好看，就顺应了他们的心理特点。而让学生说说“如果让你组建你的西游取经团队，你会让哪些人去，为什么？”则更是精彩。各种各样的答案都冒出来了，有的要七个盘丝洞的女妖精去，因为团结；有的要金翅大鹏雕去，因为武功高强；还有的要青牛怪去，因为它有金刚琢，可以收各种兵器。有的不要唐僧去，有的不要猪八戒去，各有各的理，各种想法在课堂上聚会、碰撞，最后在辩驳中认识到“最优秀的人不一定能组建优秀的团队。最优秀的团队，是有统一的目标，团队中的每一个都能充分发挥自己的作用。”这样的话题，从儿童的角度建构，又指向作品中的“团队”主题，让学生“走了一段路”，又看到了别样的风景。

从内容的角度看，多提诠释性的、有创意的、开放性的话题，这样的话题，能把学生读聪明，读成有思想的人。还有就是要努力让一个故事穿越学生，让学生读出故事中的“我”。

从以上要求出发，以下话题是值得探讨的：

可以检索学生对作品内容整体把握的话题。这类话题，主要帮助学生回顾与复苏故事中重要的情节、人物、场景等。比如：曹文轩的《草房子》中写到了哪些少年？如果要投票评选油麻地的“好孩子”，你把这一票投给谁？为什么？读《鲁滨逊漂流记》，可以让学生画一张鲁滨逊的漂流图——他依次到过哪些地方？呆了几年？干了些什么？

可以引发学生认知冲突的话题。美国怀特的《夏洛的网》写了一只叫夏洛的蜘蛛用网上文字挽救了小猪威尔伯生命的故事。故事中的威尔伯，是前后有明显变化的角色。有变化的角色，往往是值得探讨的重要角色。夏洛为威尔伯织了“了不起”“光彩照人”“王牌猪”等文字，威尔伯是不是配得上这样的网上文字？“落脚猪”与“王牌猪”，这样的矛盾冲突，可以引导学生从整个事件的前后经过中去思量、去评价。

涉及作品主要精神内涵的话题。《一百条裙子》中的穷孩子旺达画下了一百条裙子，实现心中的梦想。假如旺达没有画画的天赋，她该怎么办？她是否还可以拥有她的“一百条裙子”？这个话题的开掘，可以提升“裙子”的意义：尽可能地发现上苍所赋予我们的，每个人都可以在自己的独特里，用灵感和热诚，催开愿望之花。从这个意义上讲，人人都应该成为追寻中的“旺达”，人人都应该拥有自己的“裙子”。在《特别女生萨哈拉》中，同样是特殊学生，同样是波迪小姐教，为什么萨哈拉的变化比德里大得多？这样的话题，就跳出了“爱心牌”教师的旧窠，提出了认识自我、确认自我的重要性。这些话题的设置，触及了作品的灵魂，是值得好好探讨的。

能够链接学生生活和情感世界的话题。读《灰姑娘》的故事，想想：如果你是灰姑娘的后妈，会不会阻止灰姑娘参加王子的舞会？读《丑小鸭》，让学生交流自己眼中的“丑小鸭”与心中的“白天鹅”。读黄蓓佳的《我要做好孩子》，可以说说在书中找到了谁的影子。读圣埃克絮佩里的《小王子》中的“驯养”，让学生发现生活中属于他（她）的“驯养”。这些话题的讨论，可以帮助学生读出故事中的“我”。一旦有了“我”的体认，这些优秀的故事就成功地穿越了个体，在未来的生活里，学生能不断地从中汲取精神的力量。

（三）相关延伸活动的开展

读书交流会结束，并不意味着整本书阅读的结束，还可以开展多种多样的活动去丰富读书生活，深化读书感受。可以看电影，如《草房子》《夏洛的网》《城南旧事》等，在读书交流会之后找来看，别有一番滋味。可以为故事中的人物画肖像、设计造型，还可以排演话剧。可以做读书笔记，或进行延伸的写作活动。比如，读了《亲爱的汉修先生》，模仿书中的作者，用假想收信人的方式倾诉自己的心声。读了《西游记》，写一回属于你的“西游记”：想象一下，师徒四人西行的路上，会遇到什么关口什么精怪？精怪有着怎样的法宝和功力？他们又是怎样过关的？看谁想得奇特，写得精彩，再学着给自己的文章取一个回目。读了《昆虫记》，做个小法布尔，像他一样去观察一种小动物，写出它的生活习性。读了《女儿的故事》，也尝试着写写你的同学、老师，你的家庭、学校生活，做一本属于“你”的书。总之，需要巧妙安排，切不可为了活动而活动，更不可为了活动而把学生好不容易培养起来的对读书、对文学的朦胧的喜欢抹杀。

梅子涵先生说，英文作家史蒂文森写过一首诗，叫《点灯的人》。诗中有个点灯的人，叫李利。那个李利，在每天太阳落下后，就扛着梯子走来，把街灯点亮，于是，那些坐着喝茶的人，就又看见了柔和的光。作为语文教师，我愿意像他说的那样，做一个点灯的人——把一本本有趣的也耐人寻思的书，带到孩子们的面前，让他们兴致勃勃地阅读，朦朦胧胧间，我们也点亮了那盏让人长大、让人优秀的灯。

散文教学

月光里的歌谣

——《月光启蒙》课堂实录

【授课对象】河北省张家口市蒙古营小学五（3）班学生

一、交流谈话，蕴伏话题。

师：第一次见面，咱们聊聊，好么？知道我从哪里来，叫什么名字么？

生：（看着课件投影的扉页念）江苏省吴江市庙港实验小学张学青

师：听说过庙港么？

生：（齐）没有。

师：那我说庙港就在香港边上，你相信么？

生：不相信。因为庙港在江苏，香港在中国的地图上是在很南面的。

师：有道理。那我说庙港比香港还美丽，你信不信？

生：相信。因为"庙港"这个地名好像是乡下农村的感觉，村庄里都是很美的。

师：村子的景色，最原始的自然，所以美，对不？……能够根据已知的情况对未知的事物进行合理的推测和想象，这是智力结构中很重要的部分。没听过庙港，那知道苏州么？

生：知道。苏州是个很有名气的城市。那里桥多，水多，还有苏州园林。

师：听过苏州话么？

生：没有。

师：有个词语叫"吴侬软语"，说的就是苏州话温软、悦耳，想不想听我说几句苏州话？

生：（好奇）想！

师：就给你们说个吴地民谣吧。（板书：民谣）什么是民谣呢？

生：流传在民间的歌谣。

师：那么，民间是通过什么方式流传的呢？——口耳相传。什么叫"口耳相传”？

生：就是说给别人听。

师：（指着俩学生）：我说给你听，你再说给他听，这叫——

生：（齐）口耳相传

师：上一代人讲给这一代人听，这一代人再讲给下一代人听，这也叫——

生：（齐）口耳相传

师：这首童谣，就是我小时候母亲说给我听的。耳朵竖起来，用心听，看谁能听懂。

（师用苏州方言说，生没有听懂并大笑。师投影出示民谣：鹁鸪鸪，要做窠。早上做，露水多；点心做，热勿过；夜里做，蚊子多；想想还是明朝做。师解释：“点心”是“中午”的意思，“热勿过”是“很热”的意思。）

师：民谣中的这种叫“鹁鸪鸪”的鸟，后来有没有做成窠呢？

生：没有。因为到了第二天，它又会觉得早上做露水多，中午做还是热，晚上做蚊子多，就又不想做。

师：如此，它又会等着下一个明天。叫人想起一句诗：“明日——”

生：（接答）明日复明日，明日何其多。我生待明日，万事成蹉跎。

师：这不是《明日歌》的民间版？但这首民谣，有没有直接说了这层意思？

生：没有。

师：就说了这样一种鸟，至于从它身上你能明白些什么，民谣中没有直接说，这就叫“含蓄”（板书：含蓄），又特别好玩，这就叫“风趣”（板书：风趣）

二、揭示课题，理解“启蒙”

师：看老师写一个字（板书：蒙），这个字念什么？

生：méng mēng měng

师：“蒙”字什么头？

生：草字头。

师：在你们的印象中，草字头的字，多数跟什么有关？

生：草，或者植物。

师：对。这个“蒙”，最早的意思，就是一种寄生的藤本植物，缠绕依附在别的植物上，所以，“蒙”字有“覆盖”的意思。注意看，“蒙”字平宝盖下有几横？

生：（齐）两横。

师：对。记住了，以后写“蒙”字，里边有两横，它是一层盖在一层上面，所以是——

生：两横。

师：（板书：启）“启”是什么意思？

生：开启

师：那你想想，“启蒙”连起来是什么意思？

（生一时语塞）

师：打开了，那么，原先遮蔽的东西会怎样？

生：看见了。

师：对。“启蒙”这个词，从字面上讲就是这个意思：打开，使原先遮盖的东西得以看见。

师：（板书：月光。月光启蒙，月光能启蒙么？月光又能启蒙什么呢？这是我们今天要学的课文——

（生齐读课题。）

三、整体感知，自由质疑。

（师要求自由读课文，注意生字和多音字的读音。生读，师巡视）

师：到了高年级，读课文应该不成问题了，但这篇文章中的有些字，不大好读，容易读错，我请同学来读读看。（出示：“篱笆”“时辰”“混沌”“筛大米”“莲花落”。生读“篱笆”“时辰”。）

师：你的朗读和生字表中的注音有什么不同？

生：生字表中，这两个字都有声调。

师：对。这两个字，单个念的时候都有声调。但在“篱笆”“时辰”的词语里，要念轻音。

（生齐读。）

师：听过莲花落么？知道莲花落是什么玩意儿么？（生摇头。）

师：读读课文中的句子，至少可以知道什么？

生：莲花落是可以唱的，像歌曲一样的。

生：莲花落是一种民间曲艺。

师：说得好。“莲花落”又叫“数来宝”，早在宋代的时候就开始流传了。语言通俗易懂，在民间流传，以前叫花子要饭的时候常唱，后来发展成了一种民间曲艺。

（指名朗读课文，在朗读的基础上，引导学生归纳课文主要内容：主要写母亲在“我”童年时代为“我”吟唱民歌童谣，给“我”讲故事、说谜语，为“我”带来了童年夏夜的美妙。师相机板书：吟唱民歌、童谣，讲故事、说谜语。）

师：再读课文，这次要求大家静静地读，边读边想：有哪些字词不懂，哪些句子你感到理解起来有困难？在文中做上记号，一会儿我们交流。

（生默读，边读边做记号，师巡视，并说：“小疑则小进，大疑则大进。有问题是好事。”）

生：什么叫混沌？

师：你把它放在句子里读出来。

生：“母亲用歌谣把故乡的爱，伴着月光给了我，让一颗混沌的童心豁然开朗。”

师：知道“豁然开朗”是什么意思么？

生：就是一下子明白过来。

师：那你推想一下，“混沌”大概是什么意思？

生：就是不明白。

师：糊里糊涂，不明白的样子就叫混沌。在没有字典的情况下，联系上下文推想也是理解新词的一种方法。从混沌到豁然开朗的过程，就叫——（师指课题板书）

生：启蒙。

生：我不知道“黄河的故道”中“故道”是什么意思。

师：知道故友的意思么？

生：故友就是老朋友。

师：对，原来的朋友，旧的朋友。故道就是原来的道路。黄河常常泛滥决堤，常常改道。黄河故道，就是黄河原来走的道路。

生：“黄河留给家乡的故道不长五谷，却长歌谣”，这句话中的“长歌谣”的“长”是什么意思？“歌谣”怎么能“长”呢？

师：这个问题问得好。（出示句子）：这个句子中有两个“长”，第一个“长”是什么意思？

生：生长。

师：对。这个“长”是说他的家乡黄河故道边，土地贫瘠，各种作物难以生长。那么第二个“长”是什么意思呢？

生：出现、发明

师：歌谣，一般地我们不说“发明”，与哪个词搭配更合适？

生：流传。

师：好。产生、流传。这句话是说，生活在那块土地上的人，歌声不断。那么就干脆把这个句子直接说成：黄河留给家乡的故道，不长五谷，却流传歌谣。好不好？

生：不好。好像读着不顺。

生：我觉得用“流传”，感觉浮在表面，应该要有点深意，有点内涵的。

生：我觉得用“长”字有一种韵味。

师：这韵味，又在哪里呢？（生欲言而不得，语塞）“长”让人联想到“根”，你想想，这歌谣的“根”是什么？

生：就是生活在那块土地上的人。

师：棒极了。那根，就是祖祖辈辈一代又一代的人。再来想这个“长”字，我们说，这个人“长大了”“长高了”“长结实了”，“长”给你什么感觉？

生：越来越大的感觉，好像很有生机和活力。

师：对。这就是“长”字的韵味。“歌谣”与“长”字搭配，是一种陌生的搭配，写出了那个地方歌谣的蓬勃生机和活力，也让这个句子带着一种诗性的美。

（生齐读句子。）

生：“小院里立即飘满了芳香的音韵”，怎么说是芳香的音韵？

师：是啊，声音可以是轻的、响的、甜美的、温柔的，怎么会是香的呢？一个有价值的好问题。还有么？

生：母亲不识字，怎么可能有智慧才华启迪我的想象呢？

师：不识字不读书，哪来的智慧呢？呵呵，我也在想。

生：明明是母亲是我的启蒙老师，为什么题目是“月光启蒙”呢？

师：刚才同学们提的问题相当有意思，相信随着课文的深入学习，你们对这些问题会有自己的发现和理解。

四、享受美妙，体会“启蒙”

板块一：夏夜之美妙

师：课文开头第一句就写“童年的夏夜，永远是美妙的”，怎样的美妙呢？（出示句子：童年的夏夜永远是美妙的。暑热散去了，星星出齐了，月亮升起来了，柔和的月色立即洒满了我们的篱笆小院。）

（生自由读）

师：读这段文字，你有怎样的感觉？眼前出现了怎样的画面？

生：很美。

师：美在哪里？

生：很宁静，我感觉眼前出现了月光照着大地的情景。

师：梦幻一样的，很诗意。那么就用我们的眼睛，用心灵来感受这夏夜的美妙。（配乐画面，师诵读后）把这画面映在我们的脑海里，通过我们的朗读把这夏夜的美妙传达。

（生齐读，静美优柔地读。）

师：课文中说，“这是孩子眼中最美的时辰”，仅仅是因为景色的美么？

生：还因为在夏夜里，母亲为我讲故事，吟唱歌谣。

师：母亲给我吟唱的又是什么呢？

板块二：民歌童谣之美妙

出示民谣：

月亮出来亮堂堂，打开楼门洗衣裳，洗得白白的，晒得脆脆的。

月儿弯弯像小船，带俺娘们去云南，飞了千里万里路，凤凰落在梧桐树。凤凰凤凰一摆头，先盖瓦屋后盖楼。东楼西楼都盖上，再盖南楼遮太阳。

（生自由念读）

师：（指名读，读得响亮、铿锵）你来看，母亲是怎么为我吟唱这些歌谣的？

生：用很甜的嗓音深情地为我吟唱，像三月的和风，像小溪的流水。

师："三月的和风"什么感觉？

生：轻柔的，吹在身上很舒服的。

师：吹面不寒杨柳风，很柔，很温暖的感觉。小溪的流水呢？

生：叮叮咚咚，很恬静。

师：那么怎样来表达这种感觉呢？你试着读得轻一些，慢一些。

（师领读一句，给予一定的节奏和速度。生跟读，有进步。）

师：对，生活中的民歌，歌者就是编者，是边想边唱，边唱边想的。读时，要轻要慢，要柔柔的，有一种悠长飘逸、舒缓自由的感觉。

（生齐读，有韵味。）

师：读得已经不错了。你们想不想做童年夏夜里的那个孩子，听母亲来唱一唱？

生：（热烈地）想！

师：那就闭上眼睛。

暑热散去了，星星出齐了，月亮升起来了，母亲的歌声也飘出来了……

（纯粹的无伴奏的甜润歌声响起来了。轻轻的，缓缓的，像月光移过篱笆与屋檐。孩子们闭上了眼睛，沉浸在月夜下的歌声里。此时，不光是学生，整个会场，就连听课老师恐怕也有那么一小会儿的恍惚。歌声戛然而止，学生却还闭着眼睛，似乎在回味。）

师：什么感觉？

生：很亲切。

生：美。

师：美就一个字。就像课文中说的那样——

生：（齐读）她用甜甜的嗓音深情地为我吟唱，轻轻的，像三月的和风，小溪的流水。小院立即飘满了她那芳香的音韵。

师：刚才有同学提出来，声音怎么可能是香的？你是怎么理解的？

生：因为母亲的声音是温柔的，好听的，所以就香了。

师：既然如此，那就干脆说她声音温柔啊。

（生静默思索。）

师：这个问题有点难。请同学们跟着老师一起来想——文中有个句子说，“黄河留给家乡的故道，不长五谷”，那就意味着什么？

生：那个地方长不出东西，很苦。

师：意味着在那个地方生活，需要比别处付出更多的汗水。艰辛的付出，换来的还只是“清苦的日子”。母亲忙完一天的活计，可想而知很劳累。劳累之后干什么？（引生齐读——

母亲忙完了一天的活计，洗完澡，换了一件白布褂子，在院中的干草堆旁搂着我，唱起动听的歌谣。）

师：没有怨言，没有愁苦。洗去劳累，换上一天的好心情唱歌谣。再来看，她唱的是什么？（引生齐读——“月儿弯弯像小船……再盖南楼遮太阳。”）

师：守着一方贫瘠的土地，不能去远方，不要紧，谁带我们去呢？

生：弯弯的月亮像小船，可以带我们去。

师：多么奇特的想象啊。日子清苦，住不上瓦屋新楼，不要紧，谁给我们盖啊？

生：凤凰。

师：传说中的凤凰是一种怎样的鸟？

生：吉祥、太平，一种喜庆的鸟。凤凰到，吉祥到。

师：是啊，喜庆的凤凰帮我们盖了那么多楼——

生：（齐读）凤凰凤凰一摆头，先盖瓦屋后盖楼。东楼西楼都盖上，再盖南楼遮太阳。

师：你觉得这是一位怎样的母亲？

生：勤劳的母亲，任劳任怨。

生：以苦为乐。

生：对生活充满了热情，觉得日子会越过越好。

生：对未来充满了希望。

师：在苦难的日子里，能对未来始终抱着热情，怀着美好的向往，这对一个人来说，是多么重要的精神底子啊！所以，这样的芳香的音韵，不仅香在院子里，也香在我的心里。

我们知道，声音是无形的。作者是怎么来写出母亲声音的美妙呢？三月的和风、小溪的流水、芳香的音韵，什么器官可以感觉到？

生：皮肤可以感觉和风，耳朵可以听到流水的声音，鼻子可以闻到芳香。

师：是啊，不同的器官不同的角度，写出了同样的感觉——母亲声音的美妙。这就是作者的高明之处。（生再读句子。）

师：童年的夏夜，有这芳香的音韵相伴，怎不美妙呢？所以，课文开头就说——

生：（齐）“童年的夏夜永远是美妙的。”

师：美妙的还不仅在那些民歌。你再来读读这些夏夜里的童谣。

出示：

小红孩，上南山，割荆草，编箔篮，筛大米，做干饭。小狗吃，小猫看，急得老鼠啃锅沿。

小老鼠，上灯台，偷油喝，下不来——老鼠老鼠你别急，抱个狸猫来哄你。

毛娃哭，住瓦屋，毛娃笑，坐花轿。毛娃醒，吃油饼。毛娃睡，盖花被。毛娃走，唤花狗，花狗伸着花舌头。

师：三首童谣，自由念，可以拍手，可以跺脚，可以拍桌子，甚至可以叫着喊着读。觉得怎么读畅快你就怎么读。

（生自由读，跺脚的，拍手的，边读边做老鼠啃锅沿动作的，不一而足，气氛活跃。）

师：这些童谣，念着有什么感觉？

生：我觉得有旋律。

师：我知道你是说这些童谣读起来有一种内在的节奏，我们可以合着一定的节拍读。

生：我觉得很有趣，很幽默。

师：有趣在哪儿？我们来看“老鼠老鼠你别急，抱个狸猫来哄你”，老鼠最怕什么呢？

生：猫。

师：让它别急，可抱个狸猫来不是让它更急么？特别好玩。

生：读起来琅琅上口。

师：你知道为什么上口么？

生：因为三首童谣都是押韵的。

师：对。你来看，“小红孩，上南山，割荆草，编箔篮”——“山”“篮”押韵，“小老鼠，上灯台，偷油喝，下不来”——“台”“来”押韵，“毛娃哭，住瓦屋，毛娃笑，坐花轿”——“哭”“屋”押韵，“笑”“轿”也押韵。

喜欢么？喜欢就把它们背下来。

（生自由练背，兴味盎然。指名背。）

师：这些童谣有一定的节奏，你喜欢让这节奏慢点还是快点？

生：快点。

师：对，童谣与民歌不一样。童谣是活泼而明快的，节奏明快些更好。

（师生打起节拍齐背童谣，其乐融融。）

师：这童年的夏夜，有这节奏明快、幽默风趣的童谣相伴，怎不美妙呢，所以，课文开头就说——

生：（齐）“童年的夏夜永远是美妙的。”

板块三：母爱之美妙

师：作者说，母亲不识字，却是我的启蒙老师。她给我的启蒙是什么？

（生齐读最后一段。）

师：读完这一段，请你猜猜，作者是干什么的？

生：诗人，因为他说，“母亲让我展开了想象的翅膀，飞向了诗歌的王国”。

师：这篇文章的作者叫孙友田（板书：孙友田）可是，我要告诉你们，孙友田是个煤矿工人。（生惊讶不已）在你印象中，煤矿的工作是怎样的活儿？

生：在地下挖煤，非常辛苦，很脏，我看到电视中的煤矿工人脸都黑漆漆的。

生：还很危险，因为煤矿中经常有事故发生。

师：说得不错。孙友田怎么会从一个煤矿工人成长为一个诗人的呢？我们来看看他的散文《黑土地》。

（出示《黑土地》片断：

白天跟师傅下井劳动，头顶一盏矿灯，像黑色的鹰衔着一粒光芒，在丛林一样的支柱间飞翔。晚上，就把井下的感受变成诗行。

……

我写《大山欢笑》：“万年煤层打个滚，／一山乌金往外冒。／黑宝石，往外跑，／满山满谷金光照。／一路大声喊：／我是煤，我要燃烧！”

——孙友田《黑土地》）

（生自由读。）

师：这是节选自《黑土地》的两段文字。读第一段文字，再读读课文第一自然段的最后一句，你发现了什么？

生：母亲的工作很辛苦，儿子的工作也很辛苦。但他充满了生活的热情，说自己“像黑色的鹰衔着光芒”，很有豪情。

师：说得好。我是煤，我要燃烧，这是一种怎样的热情啊！

生：我觉得作者特别像他的母亲：母亲忙完了一天的活计，给我唱歌；我白天下井工作，晚上，就把井下的感受变成诗行。

师：真好。你在《黑土地》里看到了母亲的身影。我的生活热情必定是受了母亲的影响。

第二段文字是一首诗《大山欢笑》，是孙友田的代表作，读读它，你又发现了什么？

（生自由读。）

生：很顺口，押韵的。

师：像什么？

生：像母亲给“我”念的那些童谣，琅琅上口，明快，流畅。

师：是的，《大山欢笑》里有童谣的影子。所以说，月光启蒙，实际上是说母亲在“我”童年时代，不知不觉中，给“我”播了一颗爱的种子，一颗诗的种子。这《黑土地》，就是那些种子开出的花朵。

师：刚才有同学说了，明明是母亲的启蒙，课题为什么叫“月光启蒙”呢？你觉得，母亲与月光之间又有什么联系？

生：月光是柔和的，母亲也是很温柔的。

师：月有光。我喜欢看月夜，看月色不分贫富贵贱，分摊给每家每户，照亮了大地。母爱有光么？

生：母爱也有光。母亲在清苦的日子里为我吟唱的那些民歌童谣，让我知道了面对艰难困苦，也要充满热情地生活，永远有追求。

师：说得真好。母爱有光，母亲为“我”点了一盏心灯，照亮了“我”以后的道路。

师：月光无声。母爱呢？

生：母爱也无声。母亲用唱民歌童谣的方式给“我”教育。

师：还有她自己，那份对生活的热情和向往在潜移默化地影响着“我”，就如唐诗中说的，“随风潜入夜，润物细无声。”

谁说不识字的人就不智慧呢？童年的夏夜，有这如水似光的母爱相伴，怎不美妙呢？所以，课文开头就说——

生：（齐）“童年的夏夜永远是美妙的。”

师：这篇文章原先的题目就叫《月光母亲》。作者在写这篇文章的时候，母亲年纪大了，患了老年痴呆症。他在《月光母亲》里是这样写的：

（师伴乐诵读，母亲苍老的形象与年轻时为“我”唱歌谣的画面同现：

我回老家去看她时，她安详地坐在藤椅里，依然那么慈祥、和蔼，但却不知我从哪里来，不知我来干什么，甚至不知道我是谁。不再谈她的往事，不再谈我的童年，只是对着我笑，笑得我泪流满面。

在《母亲》的音乐中，全场宁静。有晶莹的东西，在一些同学和老师的眼里滑淌。）

师：岁月如尘。多少往事如轻烟，被微风吹散了，如薄雾，被初阳蒸融了。然而，母亲在月夜里为“我”吟唱的民歌童谣，却依然鲜活在“我”的记忆里，一声声啊一句句……

（歌声再度响起。师轻轻吟唱，全场师生跟着轻和……）

师：在岁月的流里，有些东西会消失，比如母亲会老去，“我”也会老去。但有些东西，在岁月里沉淀，比如，像母亲这样的歌声。

五、拓展延伸，亲近民间文学

师：母亲不识字，却有智慧和才华。母亲的魅力，来自民间文学的魅力。民歌童谣是民间文学中一颗璀璨明珠。上课开始时我给大家说的是一个吴地的民谣，那么，在张家口的土地上，一定也有这样的民歌童谣。课后搜集一些，与同学们交流。请班长将同学们搜集到的制成小报，寄给我一份。我相信，张家口的土地上，既长莜麦与口蘑，也长智慧和才华。我期待和你们一起来分享。下课。

拿什么来吸引孩子

——我教《月光启蒙》的思考

《月光启蒙》是五年级下学期的课文，作者是诗人孙友田。它主要讲母亲在“我”童年时代为“我”吟唱民歌童谣，给“我”讲故事、说谜语，为“我”带来了童年夏夜的美妙。

基于对文本的理解，笔者从“启蒙”入手，紧扣开篇第一句“童年的夏夜永远是美妙的”，从“夏夜的美妙”“民歌童谣的美妙”到“母爱的美妙”，逐渐靠近作者，逐渐走进文本深处，发现“月光”与“母亲”的内在联系，感受月色、歌谣以及母亲的美丽。

“上出了语文味儿”“润泽的课堂”“无法预约的精彩”——有的老师听后如此说。这也引发了笔者对语文教学的一些思考。

让文字有灵性

“本色”一词在词典里解释为：本来面貌；原有的性质或品质。语文如何彰显自己的本色呢?就是要充分发挥汉语言文字本身的魅力，深入理解语言文字所承载的情和意，使一个个文字符号成为有呼吸、有脉搏、有翅膀的灵性之物，叩击学生的语言敏感点，达成正确地理解和运用语言文字的目的。

在课题的导入中，笔者从汉字的本义出发理解“启蒙”，由形及义，形中通义，字中藏理，感性而富有意味。中国的汉字，是音、形、义的统一体，在它自身的结构中就蕴含着丰富的文化因素。如“斩”字，可以证明古代有一种车裂的酷刑；如“国”字，“口”与“戈”合成，“口”为人口，“戈”为武器，合起来便是用武力管理、保卫人口，这正是国家的职能。如果我们在字词教学时能够多一点对汉字文化内涵的理解，让学生感悟字词的意象、意蕴、意趣，感受祖国语言的博大精深，学生就会对语文产生一种由衷的敬畏和热爱。

又如“长”字的教学，要求学生联系上下文和自己的积累，推想句子中“长”字的内涵，体会其表达效果。著名心理学家加德纳认为，当代青少年的智能应包括七种彼此相互独立的能力，其中第一种就是“语言能力：对文字意义和搭配的敏感性”。这一理论是否合理姑且不论，但从中可以看出语言能力的重要性。而语言能力的获得，有赖于对教材范文中的典范语言进行揣摩、评点、推敲、赏析甚至质疑，对标题、标点、词语、句式等种种实例增、删、调、改，在对照中展开对话，从而识别文字的“通”与“好”，“好”与“妙”。由言及意，由言悟神，以“语文的方式”练就学生的“眼力”，这将有助于学生获得良好阅读的技能，自主建构语文的能力。

素描淡抹又何妨

“清水出芙蓉，天然去雕饰。”素面朝天，干干净净，不蔓不枝。一支粉笔一本书，演绎最本真的语文常态，是为境界。

面对多种媒体声色光影的“入侵”而影响学生“拥抱”文字的现象，目前有这样一种导向：语文要走一条回归路，要学会勇敢地拒绝外来的“干涉”。一位参加全国小语阅读大赛的选手执教《月光曲》，为是否播放乐曲而犹豫不决：语文的五彩缤纷已承受了较多的争议，播与不播，都是问题。

语文课堂唱起了歌谣，是不是喧宾夺主、哗众取宠?

课文中出现了民歌、童谣。关于童谣，那些天真烂漫、贴紧儿童的童谣，在学生拍手、跺脚、打桌子的节律，在一遍遍的朗读甚至叫喊中被唤醒，从而让学生体会到它们的明快、流畅、含蓄和幽默。

但是，民歌不行。如果不能让这美妙的民歌复活，如果不能感受这些文字背后民间文学的精彩，学生怎么去体会母亲声音的美妙，感受月光下母亲的美丽? 1 分 28 秒的无伴奏吟唱，改变了现场的温度。宁静的歌声所带来的心的潮润，对课文重点的理解、难点的突破起着举足轻重的作用。

外来的“营养”，从某种程度上讲，可以使语文更为健康红润而诱人。譬如，音乐与文学，本身就有着千丝万缕的联系。音乐让人有灵性。合适的音乐非但不会伤害语言，而且会让语言自身的意味保持得更长久。

量体裁衣——具体情况具体分析，素描淡抹又何妨!

语文应让学生更智慧

心理学上把从问题的提出到解决的过程，称为“解答距”。根据解答距的长短和深浅，可以把问题分为四个等级：微解答距、短解答距、长解答距和新解答距。诸如“音韵为什么是芳香的”“月光与母亲之间有哪些联系”这样的问题，引发了学生认知上的冲突和不协调，属于长解答距的问题。此类问题的解答，需要综合全文相关内容，由此及彼、由表及里进行思考。这种思考，有助于学生思考力的形成和提高。

语文教学的核心是语言和思维的训练。优秀的表达，必是思想锤炼的结果。如果忽视了思维的训练，就会：读，有口无心；看，浮光掠影；说，鹦鹉学舌；写，词不达意。

语文教学在重视传统的语文学习经验，强调诵读、积累的同时，也绝不能轻视学生思维能力的训练。在刻板、被动、缺乏问题情境的情况下进行语言训练，学生成了语言的工具。而一个好的问题，往往能刺激学生对精神世界的好奇，主动地交流并兴奋起来，产生表达的欲望，在老师的带领和自己的探索中发现原先不曾看到的风景。

应该说，我们的语文课堂多“微解答距”和“短解答距”的问题：“外貌怎样?”——可以照本宣科；“从外貌可以看出他是怎样一个人?”——略作概括即可。但是，一堂课如果没有一个“长解答距”和“新解答距”的问题，学生在思考力上的训练明显是不足的。思考力的不足，会直接影响学生学习语文的热情和效益。

智从问中来。语文教学应该让学生变得更智慧。

“从月亮那里回来”

曾经有过这样的情形，当然是公开课，为了体现对语文课程资源的充分发掘，课堂的拓展远离文本，天马行空地任意发挥，盲目地扩大课堂的容量，结果弄丢了课文这个“本”。

由是，前不久又闻听某校有一大型的公开课活动，为了确保课堂的质量，教研员与年轻的老师约法三章，其中第一条便是“不要拓展”。因噎废食。

“忘本”固然不好，但画地为牢的“本本主义”也是可怕的。语文课堂教学，如果没有源头活水引入，必将是一潭毫无生机的死水。

课堂的教学时间是个定数。用在这里多了，那里必然少了。在本课体会“母爱之美妙”一环，笔者引入了课外资料，对孙友田的《黑土地》进行了大胆的剪裁，取我所用，舍我不用。呈现的段落，可以更好地让学生体会“月光下的启蒙”以及母爱润物细无声的美妙。这样的引申和展开，紧扣文本，使课堂更为充盈饱满。

在绘本《猜猜我有多爱你》中，小兔子与大兔子比谁爱谁更多，最后大兔子有一句极其经典的回答：“我爱你一直远到月亮那里，再从月亮上回到这里来。”

“从月亮那里回来”——这句话读来颇有意味。语文课堂教学如何拓展，拓展何为?“从文本这里到月亮那里”，一种“放”的旷达；“从月亮那里再回到文本这里”，一种“收”的充盈。两相结合，收放自如，方为本色语文课堂应达成的美妙境界。

爱？爱。爱！爱……

——《爱如茉莉》课堂实录

【授课对象】苏州平直小学五年级（4）班

（学生已经在老师的指导下，初步疏通了课文的字词，读通读顺了课文）

一、“这也叫爱”之问号

师：让我们一起来走进那个飘浮着桔黄色光影的美丽黄昏。我就是在一旁修剪茉莉花枝的妈妈，谁愿意做我的女儿和我一起进行文中的对话？（指名）

师：我在一旁剪茉莉花枝，你忽然问：

生：妈妈，你爱爸爸吗？

师：死丫头，问些什么莫名其妙的问题！

生：妈，那你说，真爱像什么？

师：嗯，就像茉莉吧。其实，女儿心里还有一句话，因为看着妈妈一本正经的样子，给咽了回去，是不是？请你把它“吐”出来——

生：这也叫爱。

（板书：这也叫爱）

师：请同学们看课文的叙述，女儿说这句话的时候是什么心情？

生：差点儿笑出声来。（板书：笑）

师：那就请你大胆地笑出来，把笑声送进这个句子来说。

生：（笑着）哼哼（从鼻子里出，语调上扬），这也就叫爱？

师：你的笑声里含着什么意思？

生：觉得很奇怪，不可思议，好像这种不能叫作爱。

师：这句话如果后面加标点的话，可以加什么标点？

生：应该加问号。

师：反问。（板书：？）为什么说“像茉莉那样的爱”不叫爱？女儿的心目中的茉莉有什么特点？

生：茉莉是平淡无奇的。

师：（板书：平淡无奇）请你结合课文中的描述和投影来说说，这茉莉花，平在哪儿，又淡在哪儿？

生：茉莉花的颜色是白色的，不绚丽，而其他的花有很多种颜色。茉莉的花香也是不浓烈的。

师：你说得真好。前些天我去常熟的牡丹园看牡丹，那些花真是姹紫嫣红，什么颜色都有，很吸引人。而茉莉呢？只有一种颜色——你们看到过其他颜色的茉莉吗？

生：没有。只有白色。

师：你还说茉莉的花香不浓，书上有一个词语叫——

生：缕缕幽香。

师：淡淡的，若有若无的。再来看它的花形。国色天香的牡丹，硕大的花冠，层层叠叠，富丽堂皇。而茉莉呢？

生：茉莉花很小，很不惹人注意。

师：女儿心目中的茉莉，不艳，不香，又那么小，这样平淡无奇，怎么可以说它像爱呢？换一句话也就是说，爱怎么可以是这样的平淡无奇？那么作者的心目中爱应该是什么样子的，你能用学过的词语或成语来说说她心目中的爱吗？

生：轰轰烈烈的。

生：像火一样的。

生：非常浪漫的。

（众笑）

生：荡气回肠的。

师：请大家来看这样一组词，请你们一起来念一念：

文字投影，出示词组群：

花前月下　　缠绵悱恻

卿卿我我　　浓浓烈烈

海誓山盟　　生死与共

荡气回肠　　刻骨铭心

（生齐读。）

师：在你们读这组词的时候，我的眼前浮现了一些曾经打动我的故事——

出示投影：

王子与美人鱼　　（童话故事）

梁山伯与祝英台　（民间故事）

项羽与虞姬　　（历史小说）

师：你了解这些故事么，如果你也了解这些故事，这些故事也曾打动过你，请你来说说故事最打动你的地方。

学生简要叙述故事，师点评：“为了心爱的王子和他的幸福，美人鱼化作了海上的一片泡沫。”“不能同生，但愿共死。化蝶一幕最感人。”“前面是刘邦的军队，后面是乌江水。虞姬不肯逃生，那一道血剑红光，是‘我心中你最重’的冲天豪情。”

回读词组群。

二、“这也叫爱”之句号

师：生活中的日子常常平淡如水。而母亲的生病住院，如同一颗小石子投进了平静的水中，荡出了爱的涟漪。让我们一起走进课文的第二部分。作者因为哪些事而感受到了父母之间的爱呢？请你概括地来说。

生：第一件事，妈妈生病住院，让女儿买饺子给爸爸吃，可爸爸没有听女儿花尽心思编的谎，没有吃饺子而是直接去了医院。第二件事，夜里爸爸怕自己睡得深，妈妈有事又不肯叫他，就睡在妈妈的床边，只要妈妈动一动，他就会醒了。

师：如果第一件事可以用“吃不下”三个字来概括的话，那么第二件事，你准备用哪三个字来概括？

生：睡不好。

师：爱，往往在细节，在一颦一笑中，在一个动作，一个表情里。接下来我请大家细读课文6—17小节，哪些细节打动了你，哪些字词让你感受到了爱的温度？请你在底下加点或者打圈。

师：（巡视）这些爱，像茉莉花一样星星点点地散在文字里，要有爱心和慧眼才能品读出来。

下面我们来交流。

生："然而爸爸没有吃我买的饺子，也没听我花尽心思编的谎话，便直奔医院。"这个"直奔"，告诉我爸爸知道妈妈病了，是马上跑到医院去的。

师：这个奔字，你读出了爸爸的什么心情？

生：急。

师：为什么而急？

生：为妈妈的病。

师：奔，念第四声的时候，是说心中有目标。此时，爸爸心里的目标，便是——

（众答）：医院。

师：一个"奔"字写出了父亲的急，急着想见到妈妈，急着想知道妈妈的病情。你从"奔"字上读出了爸爸的焦心。非常好，这才叫会读书。

生："爸爸坐在床前的椅子上，一只手紧握着妈妈的手，头伏在床沿边睡着了。"这里的"紧握着妈妈的手"表示了爸爸的紧张。

师：如果会读书，你联系下文，还可以知道爸爸为什么要紧握妈妈的手？

生：因为他害怕夜里睡得沉，妈妈有事又不肯叫醒他。这样睡，妈妈一动他就惊醒了。

师：我想，这个地方作者是不是写错了呢？要知道一个人睡着的状态，应该是完全放松的。为什么此处写的爸爸却是"紧握"着妈妈的手呢？

生：爸爸很担心妈妈，他不想松开手，如果松开手就感觉不到妈妈了，所以，在睡梦中还是迷迷糊糊地紧握着妈妈的手。

师：我懂了。你是说爸爸人睡了，但心并没有睡。睡得不沉，对么？这样看来，这个"紧握"握出了爸爸的一番苦心。

生："你爸爸伏到床边睡着了。我怕惊动他不敢动。不知不觉，手脚都麻木了。"

师：这是妈妈对女儿说的话。在这里，我请大家关注这样一个细节：妈妈说这话时，爸爸听到了么？

生：没有。因为爸爸在洗漱。

师：好的。我查了原文，原文是说爸爸上街去买早点了，我不知道教材为什么要这样改，买早点，是根本不可能听到的。实际上，关于"睡不好"，爸爸也有一番表白，说自己为什么不在陪床上睡，这些话，妈妈听到了么？

生：妈妈也没有听到。

师：何以见得？

生：爸爸跟我说这些话的时候，怕惊动妈妈，是"轻轻放下妈妈的手，然后蹑手蹑脚地走到门边，把我拉了出去”以后才说的。

师：真好。两处细节，我们一品，品出了味道。爸爸妈妈之间为对方的付出，是一份心甘情愿的默默承担。

生：“一天清晨，我按照爸爸特别的叮嘱，剪了一大把茉莉花带到医院去。”这里的“特别的嘱咐”，是说爸爸知道妈妈喜爱茉莉花，所以要让我把茉莉花带过去。

师：什么叫叮嘱？

生：就是让某人去做一件事情，说了好多次。

师：对，再三地交待，我们叫它“叮嘱”，爸爸为什么要再三地交待我让我带茉莉花去，你说了一层意思，还有同学想到其他的意思了么？

生：茉莉花的花香能让妈妈的病很快好起来。

师：是啊，病房里插一束花，生机盎然，在花香中，欣欣然睁开双眼，该多么诗意啊。

生：因为妈妈觉得真爱像茉莉，所以爸爸要把茉莉花带到病房里去。

师：（有点意外）呵呵，或许妈妈并没有亲口对爸爸说过真爱像茉莉，但他们是心——

（众答）：心有灵犀

师：如此种种，足以说明爸爸的一番苦心啊。

我们刚才透过文字里的一些细节，感受到了父母之间的那一份焦心，一份细心，一份甘心，一份苦心。让我们来看这样一个画面——

投影出示：妈妈睡在病床上，嘴角挂着恬静的微笑；爸爸坐在床前的椅子上，一只手紧握着妈妈的手，头伏在床沿边睡着了。初升的阳光从窗外悄悄地探了进来，轻轻柔柔地笼罩着他们。一切都是那么静谧美好，一切都浸润在生命的芬芳与光泽里。

（配乐：第一缕光线）

（师范读）

师：请你也来念一念，自由地念。（生自由读）

师：这个画面，给你留下了怎样的印象？

生：美好。爸爸和妈妈都睡着了，但还是带着笑。阳光也照着他们，感觉很温暖。

师：温馨而美好。我们来看这样一个字——点击“探”。阳光我们一般地来说，用什么词和它搭配？

（众生答）：照，射，照射。

师：对。“照”或者“射”，而这里却用了一个“探”字，这“探”字，你又能“探”出些什么？

生：阳光不愿意惊醒爸爸和妈妈，所以悄悄地探了进来。

师：这叫“景语”。人有情啊景有语，这样的画面，谁都不忍心去破坏它，包括窗外的阳光。

让我们一起来有感情地念这段话。

生齐读。

师：面对这样一幅画面，作为女儿的我，又是怎样的心情呢？

生：也很感动。

师：请大家注意看，这小节有一个词，表达我的心情的——

生：怔住了。（板书：怔住了）

师：为什么而怔？

生：她没想到爸爸会紧握着妈妈的手睡的。

师：是啊，她没有想到她的爸爸妈妈竟是这样在病房里度过夜晚的。这个动人的画面轻轻弹拨着作者的心弦，她惊讶，她心疼，她感动。她没有想到，原来，有这样一种爱，可以心甘情愿地为了对方“吃不下”“睡不好”，她没有想到，这种平平淡淡的爱，却是那么回味无穷。所以作者在文末情不自禁地发出了这样的感叹——

文字投影：哦，爱如茉莉，爱如茉莉。

指名读。生读得干脆而响亮。

师：怎样来念好这句话呢？我们来看这样一个句子：

投影出示：病房里，那簇茉莉更加洁白纯净。它送来缕缕幽香，袅袅地钻到我们的心中。

生齐读。

师：（点击“钻”字），茉莉花香是钻到心中的，那么此时，这个“哦”是从哪儿发出的？

生：内心深处。

师：好。我们一起来吸一口气，就当它是淡淡的茉莉花香，然后，把它徐徐送出。

学生吸气，再念：哦——（念得很到位）

师：再来看，两个“爱如茉莉”，你觉得应该怎么念？

一生念，平淡。一生念，渐强，很用力。

师：请大家来看，这后面的标点是什么？

生：句号。

师：对啊，那是淡淡的茉莉花香，不是玫瑰。怎么念呢？我们把第一个“爱如茉莉”送出来之后，那么第二个“爱如茉莉”就把它送回心里吧。那两个爱如茉莉更是作者的喃喃自语啊……怎么念？

生读。

师评价并示范：渐缓渐慢，慢慢地就入心了。

师：看着眼前茉莉，此时作者的心情，课文中又有一个“笑”字，（板书）这“笑”与开头的笑，有什么不一样？

生：开头的“笑”，是觉得好笑，是觉得妈妈说得离谱，这里的笑，是会心的笑。

师：此时的茉莉，已经是爸爸妈妈爱的象征了。让我们带着微笑，一起再来念这句话——

学生齐读。

师：至此，作者从妈妈生病住院的那些细节里，感受到像茉莉花那样平淡无奇的爱——也叫爱。（师擦去“？”，写上“。”）

三、“这也叫爱”之叹号

师：作者的疑问消失了。张老师的疑问却产生了——妈妈说，像茉莉这样平淡的，琐琐碎碎的，细细小小的爱，叫真爱。那是否意味着，我们刚才交流的那些小说故事里的那些浓浓烈烈叫人荡气回肠的爱就不是“真爱”呢？（出示投影）对此，你有些什么想法？

生静默。

生：每个人对爱的感觉都不一样，有的人觉得，轰轰烈烈的爱才叫爱。有的人觉得平淡无奇的爱，才是真爱。

师：一千个读者心目里，就有一千个哈姆莱特。在妈妈的心中，真爱如茉莉，其他人，可能会有不同的感觉。还有其他想法吗？

生静默。

师：点击投影，请你来看：“小说故事”字体变成红色。

生：轰轰烈烈的爱，在小说故事里出现，是写给人看的，生活中没有的。

（众笑。）

师：不要笑，她答得非常好。小说故事里的爱，常常是浓浓烈烈，叫人荡气回肠，而生活中的爱，常常表现为平淡无奇。但正是这些艺术作品中忠贞的爱的信仰和感召，才有了生活中的相濡以沫与患难中的真情。所以，这样一种爱，也叫爱！（师擦去“。”改为“！”）

四、“这也叫爱”之省略号。

师：爱是一道多解的题目，不同的人会有不同的答案。我们办公室的吴老师说，爱是星期天的早晨。（众大笑。）爱在他眼里，是慵懒而舒适的。教英语的于老师说，爱如趵突泉的泉水，是不停地冒冒冒，冒出来的。在她的眼里，爱是蓬勃而新鲜的。

就算同一个人，在不同的时期，对爱的感受体验，也是不一样的。在张老师眼里，爱是什么呢？

投影出示：《爱是什么》，教师朗读。（配乐班德瑞《仙境》）——

爱是什么

小时候
爱，是一柄大伞
撑起小小的世界
给我一方温暖的天

长大后
爱，是一粒誓言
镶嵌在银色的圆环里
闪着熠熠的光焰

而将来呵
爱，该是一把摇椅
摇着过往的岁月
皱纹悄悄爬上了我们的容颜

师：同学们，爱在你眼里，又是什么呢？爱在你的家里，又有怎样的表现呢？今天回去，请你把这个《爱如茉莉》的故事，讲给你们的爸爸妈妈听，并和爸爸妈妈一起来完成一道爱的作业：爱是什么，请你们也来打比方。可以写句子、写段落，或者写成诗歌。

我想，作业中爱的比方，一定是丰富多彩的，因为爱，就是这样丰富多彩。（师擦去“！”号，改成“……”）老师期待着你们的精彩。

智慧、简洁、本色、丰满

朱学坤

《爱如茉莉》这篇文章，实在质朴而意味绵远。要上好这样的课文是十分不容易的。而张老师的这堂课，智慧、丰满、简洁、本色，宛如课文描写的散发着茉莉般的缕缕幽香。这堂课的教学，充溢着语文课程之灵气，荟萃着人类情感之神韵，凝聚着世界人文之奇观，不仅给学生开设了一场关于爱情的思想盛宴，而且使他们感受到了语文课的真正魅力，达到了语文教学的理想境界。

张老师准确把握了这篇课文的“爱”的灵魂，从“这也是爱”切入——这一教学主题的设置，使教学有了灵魂，有了生命。“？”——→“。”——→“！”——→“……”，这条主线则充满了灵性和灵气！有了这个主题和这条主线，教学开阖自如，收放有度，有了内涵和张力。第一板块的“问号”，给学生造成巨大的认识冲突和心灵震撼。认识论告诉我们，没有经过认识冲突和心灵震撼的认识，往往是肤浅、短暂和动摇的。第二板块的“句号”，通过体会点点滴滴的细节，紧扣语言文字，让学生在情感和语言里走了个来回，从而真切地体验：像茉莉花那样的不艳、不浓、不显眼的爱情是真爱。第三板块的“叹号”，基于前一个板块的内容——可能使生活经验不多的学生肯定平淡无奇的爱情而否定荡气回肠的爱情，走入另一个非此即彼的圈子。而这“叹号”的处理，使学生有了一个全面的认识：爱的表现形式多姿多态。“正是这些艺术作品中忠贞的爱的信仰和感召，才有了生活中的相濡以沫与患难中的真情。”这样的升华，学生不断受到冲击并获得新的认识和体验。教学至此，却并没有结束，第四板块的“省略号”，又给课堂一个意趣浓厚余味无穷的结尾：优美的诗句，幽雅的音乐，美好的意境，把教学推向最高潮，老师并适时做了收束，提出爱是一道多解的题目，巧妙地将“爱的作业”延伸到课外，延伸到家庭，留下了一个让人期待的省略号。

近期，有专家提出语文教学要“倡简”——“简简单单教语文”。这无疑是有意义的。可是，怎样“简”？“简”到什么程度为好？“简”怎样包孕语文的广大和繁富？怎样蕴涵信念的宏远与强悍、意志的硬朗和坚韧、情感的浓烈与细腻？怎样在“简”中将人文的种子如自由、民主、爱、科学等撒播进学生的心田？……这些都是值得深思和探讨的。

“简单”可以而且应该蕴涵博大和丰富。“简简单单教语文”，不应是那种“寻求思考和练习正确答案”的作业者取向，不应是那种“以分析课文形式方面为主”的语文教师职业性阅读取向，也不应是以“诵读”（笔者理解为“读读、议议、背背”）为主要形式的鉴赏者取向，而应该是“感受性阅读”取向。（王荣生）这种“感受性阅读”取向，基于学生的阅读感受，基于文本中那些饱含着情意的诗性言语和诗性思想，找准一个突破口，形成一条包含文本并超越文本的包孕博大和丰富的主线，不断地让学生进入一个他们从来没有见过的崭新世界，不断地让学生有新鲜的感受和认识，从而使他们的生命和人生进入一个全新的境界。

“简简单单教语文”，不是让“简单”束住教师的手脚，让教师浅化、窄化、庸化、僵化语文。教师应该大胆引进必要的教学资源，敢于超越文本。张老师巧妙借助“荡气回肠”等词组群和一组小说故事，引进了现实生活中老师们对爱的感受，并以诗歌的形式展示了自己的爱的体验，不仅丰富了教学内容，不断地给学生制造惊奇，而且使得课堂充盈着浓厚的文化意味和现实色彩，增添了教学的思想意蕴。应该明白，“简单”的只是形式，而不应是内容。思想内容永远高于言语形式，如果“意不至”，那么所有的“言”只能是空壳。“倡简”的语文课程，绝不能使决定形式的内容，使主宰“言”的“意”，也“简”下来。对此，张老师的教学正是一个很好的范例。

（作者单位系江苏省邳州市教师进修学校）

看雀也是看人

——《隔窗看雀》课堂实录

【授课对象】吴江市庙港实验小学六（1）班学生

一、谈话导入，铺垫揭题。

（师生问好。）

师：（板书“小”字）这个字，念——

生：“小”

师：（擦去“小”的钩，用红色粉笔，在“小”字底下，添写“隹”）：用红粉笔写的这个字，读什么？

（生念不出，师注音：zhuī）

师：这个“隹”字，指的是“短尾巴的鸟”。“小”和“隹”俩字合起来，念——

生：雀。

师：雀字，从“小”，从“隹”，可见，雀是一种怎样的鸟？

生：小鸟。

生：一种短尾巴的小鸟。

师：对。这个“雀”，我们一般指的就是“麻雀”。麻雀，我们大家都看到过吧。在你的印象里，麻雀是一种怎样的鸟？（师在黑板上添“看”字）

生：它嘴巴很馋，要偷吃粮食的。稻田里有很多麻雀的。

师：所以，农民就在稻田里扎个稻草人，让它摇个扇子，或者扯个塑料袋，悉悉唆唆弄出点声响来赶它们。

生：它们很傻的，连个稻草人也怕。

生：麻雀胆小。

师：小到什么程度？

生：一见到人，就飞了。

师：一有风吹草动，就吓得四处飞散。我们这里也称胆小的人“麻雀心”。

生：它，它……（语塞），它很热闹，叫起来。它喜欢在地上找食，我们弄开来的食物，它就要飞过来吃。

师：嗯，我们家的空调洞里，住着几只麻雀，每天早上起得很早，叫着，像我的闹钟。麻雀的叫声，我们经常用什么词来描摹的？

生：唧唧喳喳。

师：呵，唧唧喳喳，热闹。

生：冬天的时候，我和爸爸曾经用一个东西，罩过麻雀，麻雀很多。我们那里的麻雀，死多死多的。

（众笑。）

师：哦。冬天来了，其他鸟儿我们很少见到了，而麻雀，好像总在我们身旁的。寒冷的冬天里，它们出来觅食，呵，就被你们逮住了。

师：刚才大家交流对麻雀这种鸟的印象，谈得很好。有一个人，他也看雀，还为麻雀写了篇文章，题目叫“隔窗看雀”（师板书：隔窗），麻雀在他的眼里，又是什么样的呢？今天我们就来学习这篇——

（生齐读：隔窗看雀）

二、读通课文，初步感知。

师：下面请组长将文章发下来。请大家自由读课文，注意读准生字的字音，把课文读通顺、读流畅。

（学生自由读课文，圈划课文中的生字新词。指名分节读课文，疏通文字，随课文正字，理解“俯瞰”“育雏”等词语。）

师：（板书“瞰”）什么叫“瞰”？

生：就是看见的“看”。

师：添加“俯”字，从“俯”这个字，你再想想，“俯瞰”的“瞰”是什么意思？

生：向下看。

师：从高处向下看，叫“俯瞰”，也叫“鸟瞰”。那往高处看，叫什么？

生：仰望。

师："雏"，幼小的鸟，刚出生不久的鸟。所以，刚出生不久的鹰，叫——

生：雏鹰。

师：再考考大家：刚出生不久的马，就什么？

（一生喊"雏马"，众生笑。）

师：雏，只指鸟。刚出生不久的马，叫——（边板书，学生边读——马驹儿）

刚出生不久的牛呢？（边板书，学生边读——牛犊儿）刚出生不久的羊呢？（边板书，学生边读——羊羔儿）

师：所以说，中国的汉字，是很有趣的。

师：刚才我们请同学分节读通了课文，这次请你再把课文小声地读一遍，边读边想：作者笔下的麻雀，有什么特点？

（学生自由轻声读课文。）

师：交流一下，你初读课文的想法或者疑问。初读的感受，原生态的，是非常宝贵的。

生：我觉得课文写得很美，有些句子读上去感觉很好。

师：告诉你，这篇文章的作者是诗人，所以这篇《隔窗看雀》写得也有诗意。

生：这篇文章不写"麻雀"，而一直写"它"。

师：你的眼光真敏锐，你已经注意到了文章的写作特点了。同学们发现没有，文章前七个小节，每一小节都是用"它"来开头的，把"它"换成"麻雀"，是否可以呢？

生：不可以。因为，课文最后说"人们给它们起的名字是麻雀"，如果前面写了"麻雀"，后面再这样写，就显得啰唆了。

师：明白你的意思了，如果前面"它"都改成了"麻雀"，最后一节就是多余了。但作者为什么不直接告诉我们"麻雀"，而用"它"呢？咱们来比较一下：

"麻雀不知道累"

"它不知道累"

什么感觉？（师朗读有暗示）

生：用它，感觉很亲切。

师：用它，感觉麻雀就像多年的老朋友，很亲切。

生：我不明白，作者为什么把麻雀写得那么好。

师：是啊，麻雀有什么好呢，又偷食又胆小，为什么写得那么好呢？好问题！

三、读悟结合，走进"麻雀"的生活。

板块一：体会麻雀的"忙碌"和"普通"。

师：是的。麻雀很平常，课文说它的生活是“忙碌”而“普通”的（板书：“忙碌”“普通”，并在词语下面加红点），从哪些地方你读出了麻雀的“普通”和“忙碌”呢？请你读读课文，在相关的句子下面做上记号。

（生轻读课文，并做记号）

师：好，请同学们放下笔，我们一起来交流。在交流的时候，先把你划的句子读出来，然后再来谈谈你的感受，行吗？从哪些地方你感受到了麻雀的忙碌和普通？

生：“它总是落在那些最细的枝上，而且不停地跳，仿佛一个冻脚的人在不停地跺脚，也好像每一根刚落上的细枝都不是它要找的那枝，它跳来跳去，总在找，不知丢了什么。”

师：能谈谈你的感受吗？

生：从“不停”，还有“总在找”，我感觉到了麻雀的忙碌和普通。

（投影：并加红重点词）

师：你看到了两个“总”，又看到了一个“不停地跳”“跳来跳去”，从中体会到麻雀的“忙”，我发现这位同学有非常好的阅读习惯，她在划这些句子的时候，在一些重点的词下面又打了圈，非常不错。为什么说这种忙碌很“普通”呢？

生：它的不停地跳，就是从这枝跳到那枝，又从那枝跳到这枝，就是在那些细的枝条上跳。

师：是啊，重复得有些单调，普通的忙碌。

师：就这一个句子，其他同学还有想法吗？你还读出了什么感受？

生：我觉得麻雀很辛苦，因为它总是不停地跳。

生：麻雀很喜欢这样跳，它很活泼。

师：说得真好。能把你的感受送到句子里念出来么，读出它的忙碌和活泼。

（生读句子。）

师：再来交流，还有别处体会到它的忙碌或者普通了吗？

生：它的普通：“它不会翱翔，也不会盘旋，它不能像那些大的禽类那样借助气流，直上高空，作大俯瞰或大航行。”因为别的大鸟可以翱翔，而且能盘旋，而它不能。

师：非常好。借助这个句子，请你来说说大禽类的鸟是怎么飞的。

生：大禽类的鸟能直上白云苍穹，作大俯瞰或大航行。

师：（出示投影）它翱翔，也盘旋。它善于捉住气流，直上白云苍穹，作大俯瞰或大航行。这是大禽类的鸟的飞行姿态，请你来念念。

（生读句子，小心翼翼的，不够味）

师：越来越轻了，那是大俯瞰吗？谁再来试试，把翱翔天宇的雄姿，念出来。

（指名再读，齐读，有气势）

师：而麻雀呢？（出示投影）它不会翱翔，也不会盘旋，它不能像那些大的禽类那样借助气流，直上高空，作大俯瞰或大航行。

（生齐读，语调明显有变化）

师：同样的词语用在不同的语境里，语调把握得不一样，这是真正的会“读”书。

师：这个句子是把麻雀与大禽进行比较，从飞行的姿态和气势来说它的普通。还有吗？

生：“看起来，它们长得一模一样，像复制的。”

师：说说你的感受。

生：像复制的，说明它们长得都差不多的，样子都一样的，说明麻雀长得没有特点。

师：说得真好。有些鸟有艳丽的羽毛，非常好看，而麻雀呢，灰不溜秋的，长得并不好看，你是从这一点上感受到了麻雀的普通，非常好。它不光长得不好看，飞得也不漂亮。请你读——

师：（出示投影）它们从这棵树飞往另一棵树的时候，样子是非常可爱的，仿佛不是飞，而是从空中滚过去的浅灰色绒团。

一个“滚”，说明什么？

（生沉默）

师：以前，我们学过燕子，说燕子的飞行，“唧的一声，已经由这边的稻田上，飞到了那边的高柳之下”。多么轻盈漂亮，而文中的麻雀呢——（生齐读句子）

生：麻雀飞得不轻快。

师：长得不好看，飞得不轻盈，叫得也幼稚，看来，麻雀实在很普通啊。我们再来看，它都在为什么而忙？

出示投影：低飞，跳跃，啄食，梳理羽毛，发出永远幼稚的鸣叫，在季节的变化中有责任感地孵蛋和育雏……

（学生答，相继出现一组词：低飞跳跃啄食梳理羽毛发出鸣叫孵蛋育雏）

师：读这组词，你想说点什么？

生：这些事情，其他鸟类也都会做的。而其他鸟类会做的事，麻雀不一定会做。

师：（笑）是啊，不做这些事，就没法活下去了。所以，它的忙碌，都是为了生活与生存的需要，琐碎而平凡。

板块二：理解麻雀的“不羞愧”“不自卑”

师：刚才我们通过读句子，抓住句子中的重点词去感受麻雀的忙碌和普通，这是感悟课文的非常重要的方法。麻雀就是这样的忙碌和普通，因此在人们的眼里，

麻雀容易被人忽略，被人看不起，但是在作者眼里，麻雀却是——（板书：不羞愧，不自卑）

师：课文哪些地方可以读出麻雀的“不羞愧，不自卑”呢？咱们还是用那种方法，透过句子感悟。这个问题，比上个问题难些，需要你自己的理解，建议和你的同桌一起交流交流。

生读课文，做记号，与同桌交流。

师：为什么要交流呢？智慧需要碰撞，碰撞就能产生火花。下面我们一起来交流，把你刚才跟同桌交流的大胆地说出来。

生：（读句子）“……仿佛从空中滚过去的浅灰色绒团……”，我觉得它虽然飞得不好看，但还是不羞愧，经常在飞。

师：从哪儿感受到它经常在飞？

生：“它常常毫无缘由地“扑棱”一声就飞走了，忽然又毫无原因地飞回来。”

师：常常在飞。好，飞得不轻盈，样子也不好看，但不是躲在家里不出门，不停地飞，乐此不疲。

师：这是你的理解和发现，非常不错。谁还愿意来交流你的想法？

生：（受上位学生启发，顺着这个意思谈）：它叫得不好听，但一直在叫，这也说明它不自卑。

师：从哪儿读出来的？

生：“发出永远幼稚的鸣叫”

师：（出示投影）低飞，跳跃，啄食，梳理羽毛，发出永远幼稚的鸣叫，在季节的变化中有责任感地孵蛋和育雏……

师：（点击“永远”）麻雀的叫声，很一般，就是——

生：唧唧喳喳

师：有些鸟叫起来，婉转动听，有的鸟不鸣则已，一鸣惊人，而它，只会唧唧喳喳，唧唧喳喳，但是它并不感到羞愧，还是在用它的唧唧喳喳来表达它的欢快。有一个成语与它有关，说欢快的，哪一个——

生：欢呼雀跃。

师：是啊，叫得再难听，也是自己的声音啊，没什么好羞愧的，就像答问题，就算答错了，也是自己的想法，开动了脑筋，怎么说都是宝贵的。

生：它还很爱干净，它常常梳理羽毛。

师：呵，你的发现老师也没想到呢。羽毛不艳丽，但至少可以弄得干净些。你让我想起了一句名言：爱惜自己的羽毛。

师：还有吗？它是可以不羞愧不自卑的？

（生沉默静思。）

师：（点击“有责任感”）卑微，但还记得自己的责任：孵蛋，育雏……

师：（点击“坚忍”）什么叫坚忍？

生：坚强地忍耐

师：“在季节的变化中坚忍”，一年四季里，我想最难熬的是——冬天。在冬天里，麻雀要忍的是什么呢？

生：寒冷

生：狂风的袭击

生：如果冬天的话，就没有食物了。

师：饥饿，是吧？

生：如果下雨的话，它的窝就危险了。

师：是啊，在冬天的时候，树叶凋零了，这时候就没有什么遮挡了，它还要忍受——（做射击的手势）

生：有人打鸟，会打死它的。

师：人对它的伤害。

师：正如同学们所说的，冬天里，麻雀，要忍受大自然和人类或者其他动物对它的伤害。很多鸟不能够留下来，要飞到南方去。而麻雀，不管春秋还是冬夏，不管城市还是乡村，我们一直都可以听到它——（引读）“发出永远幼稚的鸣叫”，它用这样的鸣叫点缀着我们的生活，给我们增添——欢快和热闹。我们一起来念这个句子，把我们刚才体会到的这些感受送到这句子里。

（生齐读。）

师：现在，你是否明白，作者为什么要把麻雀写得那么好了吗？

生：（刚才质疑的学生回答）：因为它忙碌而不羞愧，普通而不自卑。（师板书：而）

四、品读涵泳，赏析精彩语段

师：刚才我们走进课文的语言文字，走进麻雀的生活世界，感受了麻雀——“忙碌而不羞愧，普通而不自卑”的生活情趣。这篇课文的作者是著名的诗人、散文家——周涛。他是第一届鲁迅文学奖散文奖的获得者。因为他曾是诗人，所以他的文字有诗的种子——有奇特的想象，有新妙的比喻，值得大家好好品味。你觉得哪些语段写得精彩、鲜活，自己再读读。

（生自由读）

师：同桌可以相互交流一下。好，咱们一起来看一看，课文里面有哪些奇妙的想象？

生：“它总是落在那些最细的枝上，而且不停地跳，仿佛一个冻脚的人在不停地跺脚，也好像每一根刚落上的细枝都不是它要找的那枝，它跳来跳去，总在找，不知丢了什么。”

师：说说看，妙在哪里。

（生沉默）

师：知道它妙，却不知道妙在哪。谁也觉得这句话写得好呢？

生：“仿佛一个冻脚的人在不停地跺脚”（师点击句子）把麻雀写活了

师：呵呵，麻雀本来就是活的呀。活在哪呢？

生：把它写成人了。

师：这是一个比喻，是吧？那我也可以把它比喻成：仿佛一个舞女，穿着漂亮的鞋子不停地在跳。你觉得好不好？

生：不好。因为它很朴素，麻雀长得不好看，怎么说它像漂亮的舞女呢？

师：呵呵，好。我那句子说得太华丽。再来看，冻脚的人不停地跺脚，为的是什么？

生：给自己温暖。

师：对啊，给自己温暖，是自我取暖。而麻雀不停地跳跃，为的是什么呢？也冷吗？

生：锻炼

生：快乐

师：嗯，是给自己快乐，那就是自我取乐。多贴切的比喻啊，只有诗人才想得出来啊。我们一起来念一念，把它的普通，它的忙碌，它的快乐，它的活泼，都送到这个句子里，念——

（生齐读“它总是拣……丢了什么。”）

师：还有吗？

生：“它是点缀在人类生活过程当中的活标点：落在冬季枯枝上时，是逗号；落在某一面墙上时，是句号；好几只一起落在电线上时，是省略号；追逐翻飞的一对儿，累了落在上下枝时，就是分号。”

师：妙在哪？

生：妙在它落在某一个地方的时候，都会变成标点符号。

师：也就说它把麻雀比成了标点。标点有什么特点？

生：各种各样的。

师：哎，各种各样的，特别的——小。还有，咱们说，标点用在句子里边有什么作用啊？你说。

生：标点就是一段话很长的时候可以隔开。

师：没有标点，一段话没完没了，我们读的时候，气就喘不过来，就受不了。用了标点，我们就可以——

生：停顿，休息。

师：麻雀也是这样，它给人类的生活带来了闲趣。再看，这段话，有几个分句？

生：四个

师：三个分号，四个分句，很整齐，为我们描述了麻雀停落时候的四组画面，写得富有诗情画意。我们在读这样的句子的时候，一边读一边要想象，想象这样的画面。请大家试着读一读。开始

（生自由读。）

师：（出示课件）引读："它是点缀在生活……分号"。看着这些画面，能不能浮现那些文字呢？我们再一起来试试看。

（生看画面，练习背诵。）

五、拓展延伸，领悟不同的人生意趣和姿态。

师：作者周涛看麻雀的生活，写得那样情趣盎然，那是因为麻雀的生活触动了他心里的那根弦。我们说"一花一世界，一叶一菩提"，那么，作者看的仅仅是雀吗？

生：不是

师：那看的是什么？

生：麻雀的生活

生：生活里的自己

师：作者他是在透过雀看着人，看雀的生活就是在看像雀一样生活的人。像雀一样生活的人，过得是怎样一种生活呢？

生：很活跃的人，很忙碌的生活。

生：无忧无虑，自由自在。

师：无忧无虑？麻雀真的无忧无虑吗？

生：它有忧虑的。

师：是啊，只不过它懂得坚忍，懂得快乐地面对。

生：忙碌勤劳的生活

生：乐于奉献的

师：奉献的是什么呀？如果要真拿出来的话，也并不高尚或者伟大，只是做了自己的本分的事情，像雀一样——引说"低飞，啄食，跳跃……"，如此而已。

最后，我想以一个有趣的话题来结束今天的课堂：在庄子《逍遥游》里，说了两种鸟，一种是大鹏，一种是小雀。（课件出示）这就是扶摇直上的乘天大鹏，这就是决起而飞的蓬间小雀。如果你是鸟，愿意做哪一种呢？

学生颇感兴趣。

生：我想做大鹏

师：为什么？

生：因为它飞得很高，看得远，可以作大俯瞰或大航行。

师：真好。飞得高，需要大的翅膀，而且这翅膀必须要有力。是啊，如果你有那么大的翅膀，又有足够大的力，可以飞上苍穹，你为什么不飞上苍穹呢？那里可以作大俯瞰或大航行，看到无限风光啊。如果留恋在蓬麻之间，那不是对大翅膀的一种糟蹋吗？那你说，当你飞上苍穹的话，你会笑那些蓬间小雀吗？

生：有的时候会的。

师：还有的同学想做大鹏吗？哦，你，你会笑麻雀吗？

（生点头）

师：也要笑的啊？你说，你会笑麻雀吗？

生：会的。我飞得那样高，它却那么小。

师：也要笑的。你呢？

生：不会

师：为什么呢？

生：假如麻雀跟我一样大的话，它也能飞得那么高。而且，麻雀也很不简单，它忙碌而不羞愧，普通而不自卑。

师：（摸摸该生脑袋）：真不容易。既看到了自己的优势，又能看到别人的长处。有愿意做蓬间小雀的吗？

生：我愿意做麻雀，因为麻雀是非常快乐的。

师：嗯，蓬间小雀，如果说你的翅膀不够大，或者说飞上苍穹力不从心，那做蓬间小雀，有责任地做好自己的事情，同样也会获得快乐。那你说，你做个蓬间小雀会笑大鹏吗，笑它花那么大的力气飞上苍穹干嘛呀？会吗？

生：不会。我很佩服它的。

师：呵呵。仰望它。其实，不管你能做什么，你能够做成什么，如果能以理解、欣赏的目光去看周围的事物，那么，这个世界，即便是一只麻雀，也变得非常可爱。今天的课就上到这里。下课。

隔“窗”看课

窦桂梅

麻雀已经有一千万至两千万年的历史，且遍布世界各地。除了极寒地区，麻雀几乎无所不在。小时候，在田野、在枝头，常常见到它蹦蹦跳跳的欢快身影。“它们从这棵树飞往另一棵树的时候，样子非常可笑，仿佛不是飞，而是从空中滚过去的浅灰色绒团。”想想，这一个个绒团就像打着的一朵朵花骨朵。

现在生活在城市，我也经常会看到它们。“从一个楼檐到另一个楼檐，与人共存。生存于市井，忙碌而不羞惭，普通而不自卑。”它们与人比邻而居，把巢筑在檐边缝隙或墙洞或街道两旁的树上。甚至可以说，它们如同我们一样，过着属于它们的日子。

过去，老人家把麻雀归为四害之一。现在人们已经给它昭雪，并对那个屠格涅夫笔下的《麻雀》敬佩三分。尤其是，读周涛先生的《隔窗看雀》，体会到的更是对麻雀的“看不见”的喜爱。简单朴素而饶有诗意的文字，触碰着我们心灵深处最柔软的地方——大爱无痕，真正艺术作品的本源在于此。作者对人生世相独到新鲜的观感，融合在这小小的麻雀里。他哪是在看雀，分明在看着雀一样的人，人一样的雀，仿佛作者就是其中的一雀。读文，仿佛我们都是那“看起来，它们长得一模一样，像复制的”麻雀。

的确，在我们周围的许多事物，都是我们生活的一部分，生命的一部分。一株草，一棵树，一片云，一只小虫……它替匆忙的我们在土里扎根，在空中驻足，在风里吟唱……任何一株草的死亡都是人的死亡；任何一粒虫的鸣叫也是人的鸣叫。人与自然是共时性的存在。所谓人文精神，它的内核，就是对一切万物生灵的由衷热爱。

现代科技发展一日千里。电视与飞机、卫星等构成了一个庞大的网络连通全球，使得世界的任何一个角落都可以在瞬时彼此相连或者触摸。没有了距离便没有了向往与约束。然而与此相对应的，则是人与人，人与自身的环境之间渐生隔阂。于是，作者呢，要隔“窗”看雀，隔的是透明的窗，打开的窗，不是一堵墙，不是一扇死窗户。敞亮开来，却没有走进惊扰麻雀的原滋原味，而是偎依窗前细细地瞧，静静地看。

如何将阅读到的，转化为阅读的“教学”，这也需要“一扇窗”。阅读与阅读教学中的“阅读”是有明显区别的。阅读教学的这扇窗就是：遵循儿童认识事物的学习规律，遵循语文阅读的规律，采取有效的办法，从而，让学生看明白文章要表达的意思，感受到作品深处的东西。

就是通过这扇窗，对于《隔窗看雀》这个文本，教者把个人教学目标定位于：读、悟结合，感受麻雀“忙碌而不羞惭，普通而不自卑”的生活；品评课文的精彩语段，体会作者对麻雀喜爱和欣赏；由雀看人，引领学生感悟不同的人生姿态和意趣。

教学从题目“麻雀”开始。单是教者不经意的板书“雀”字，在巧妙解析字的蕴意的时候，就奠定了通常人眼里“小”麻雀里含着的基调，与文中作者的笔调形成共鸣或者落差，以期形成因“情理之中”或“情理之外”而萌发的阅读动力，并进一步产生深度的阅读实践与思考。

麻雀的“忙碌和普通”是教学的重点，理解麻雀的“不羞愧不自卑”是教学的难点。如何突出重点，突破难点？这一部分的教学，教者采用读悟结合的办法抓住重点字词，即文中有声、有色、有情感、有力度与质感的字词，引导学生细心体味、沉吟、把玩，从言语的表层走向言语的深层，并从中感受到一种语言的趣味。

细读教学这一重点和难点环节，理解麻雀的“忙碌和普通”“不羞愧不自卑”——意在探索人完全可以这样活着的意义，打破我们固守的“英雄”“伟大”的价值与信仰，努力够及人类情感最本真的质地，从而解构我们内心思维的定式，乃至深入到人类心灵深处。这种探索，无疑对以往文化观念、生存意义乃至自我认识，都提出了严格的质疑和冲击。也许，这是我们主观臆想，因为从头到尾，作者都是写雀，别无其他。可这种“揣度”，却让我们“驰骋纵横”。

但，教者并没有把这张窗户纸捅破，也是隔“窗”教学。如课堂最后有一拓展环节。教者想起了庄子的《逍遥游》，借来了蔡志忠的漫画《庄子》，互文链接，以“蓬间小雀”和“乘天大鹏”的讨论结束课堂——你愿意做哪种鸟？你会怎样看待另一种鸟？雀与鹏，雀与人，鹏与人，人与人，人与自然，在课堂的讨论里碰撞、融合、分岔、交汇，聚到最后一点：大爱——所有的生命，存在便是意义。

透过窗口，我们还看到了另一种风景。文章的不少文字，赋予了诗人特别的眼光与想象，平实而奇特，生动而鲜活，可以称得上神来之笔，因此，教者特别设了一个板块，品读课文的语言，借此初步培养学生鉴赏文字的爱好与敏感。也许有人对这样“寻章摘句”“咬文嚼字”的做法不以为然。对此，教者有自己的想法：一些故事，一些情境，一些思想，由一个心灵出发，去感动和启发无数心灵，这感动启发的力量的大小与久暂，就看语言文字运用得好坏。文学起于实用，要把自己的所知所感的说给旁人听，但它又超出实用，要找好话说，要把话说得好，使旁人在话的内容和形式上同时得到愉快——这就是文学的高贵之处啊。

目前，也有人提出，小学阶段语文应该教得简单，没有必要去追究怎么说怎么写，把课文读通读顺读得有感情就很不容易了。在和教者交流后，我们还有这样的想法：简单语文应该是深入后的浅出，是教师把握语言本质以后的一种轻车熟路的引领。如果什么都不讲一味地让学生反复读，缺乏情趣与智慧的冲浪，必然会让学生衍生单调乏味的感觉。“不求甚解”是境界，求得甚解，又何尝不是一种精神的享受与愉悦呢？教师要通过创设情景将学生引向文本的语言，使学生“喜欢去读，读了之后还是喜欢”（朱自清）；借助自己的“眼力”，帮助学生去发现作品的“好处”“传染语感与学生”（夏丏尊），从而获得阅读技能，自觉建构语文能力，这才是真正的有魅力的“语文”。

当然，今天的有些白话非同过去的文本，我们大可不必“精粮细做”。有些是可以略读，所谓“浪漫阅读”的。但，周先生的这篇文章确要“怡养”文字。文字的咀嚼和着学生的性情才是怡养。因此，教者的魅力又体现在，透过文字的窗口要让学生看到文字里的“宝贝”。这就要“品”。唯有“品”，才有滋味；唯有“品”，才生情感；唯有“品”，才养精神。总之，唯有“品”，才可以拥有“绕梁三日”的余味。可是，我们的有些阅读教学，要么走马观花，甚至跑马观花；要么金秋割麦，放倒一片。更多的时候，是为写而读，为抄而读，为读而读，不是养“气”的涵泳。

当然，精处绣花，疏处走马，或许都是怡养的方式，两相调和，则处佳境，如果再疏密有致一些，此课境界可再跃然而上。

看课的，也努力隔着“窗”。感觉甜丝丝的，心润润的。不知不觉，这个看课的，也跟着作者看了一回雀，跟着教者上了一回课。笔者和教者，还有学生，分享“雀”的“自由”与“幸福”，感受作为人类的我们——普通中的自然，忙碌中的从容。

课没有亲眼所见，而实录往往是静态的，因此总觉得少一些“动”感，此动或是情感的强烈震撼，或是思想的深度撞击，这或许不是课堂的问题，而是隔窗看课所致。但我确信，此课至少如文中之窗：透明而敞亮。

（作者单位系清华大学附属小学）

在语词的丛林寻找美的声音

——《灰椋鸟》课堂实录

【授课对象】江苏省吴江市盛泽二中心五（2）班

一谈话导入，言说“美”。

师：在你见过的大大小小的鸟中，你觉得什么鸟最好看？我所说的见过，可以是在生活中、或动物园里见过，也可以是电视或书的画页中看到。

生：孔雀

（师等待，示意继续往下说）

生：孔雀的羽毛颜色很漂亮，而且还会开屏。

师：是的，像一把扇子。

生：鹦鹉，因为它的颜色也很漂亮，而且还会学人说话。

师：我见过的鹦鹉，绿的似玉，红的像火，特别好看。《红楼梦》里贾府的鹦鹉会说“林姑娘来了”。

生：我喜欢丹顶鹤，它的头上有一块东西，像红宝石一样。羽毛洁白，也很漂亮。

师：丹顶鹤又叫仙鹤。它的叫声洪亮，诗经里就有“鹤鸣于九皋，声闻于野”的说法。人们把它叫做神仙的伴侣。

生：我喜欢天鹅，因为天鹅的羽毛洁白无瑕，看上去很高贵。

师：天鹅，古书中叫它大鹄，羽毛白得发亮，脖子也长，它是鸟类飞翔最高纪录的保持者，可以越过世界的屋脊珠穆朗玛。有句谚语叫“癞蛤蟆——

生：（齐）“想吃天鹅肉”

师：天鹅飞得那么高，癞蛤蟆想吃，简直是异想天开啊。

生：我喜欢鹰——因为它飞得也很高，有“飞行之王”的美称。

师：嗯，鹰飞翔时，在高空时的姿态刚劲有力，

师：大千世界，鸟类众多。今天老师给大家介绍一种鸟：（板书：灰椋鸟），谁来叫出鸟的名字？

（生念。）

师：很好。中间这个字念“liáng”，这个字呢，有百分之八十以上的受过教育的成年人都念不准。你能念对，不容易。见过灰椋鸟么？

（生摇头）

师：想象中的灰椋鸟是什么样子？

生：羽毛是灰的。

师：要不然，怎么叫“灰椋鸟”呢？灰椋鸟到底是怎样一种鸟呢？老师给大家带来了一张灰椋鸟的资料卡，请你们自由读。

出示资料卡：

灰椋鸟

别名：假画眉、竹雀等。

属雀形目，椋鸟科。体长约21厘米。通体主要为灰褐色，头部上黑而两侧白，尾部亦白色。常结群栖息于树上，或旋翔于空中，整群飞动，叫声低微而单调。

灰椋鸟虽与八哥、鹩哥同属一个科，但羽色晦暗、其貌不扬，故饲养的人较少。）

（生自由读。）

师：这类资料卡的文字很简洁，往往抓住动物的外表或者生活习性的最重要的特征来介绍。通过这张资料卡，你获得了哪些有关灰椋鸟的重要信息？

生：我知道灰椋鸟还叫假画眉，竹雀，身体长21厘米。

师：21厘米有多长？你比划一下。

（生比划。）

师：差不多一把学生尺那么长，看起来灰椋鸟的体型要比麻雀稍微大一点。

生：我知道灰椋鸟身上有灰黑两种颜色。

师：这张资料卡中有一个词叫“羽色晦暗”，你知道什么叫“晦暗”么？

生：指颜色不鲜明。

师：黑得发亮的颜色，也是好看的。但灰椋鸟的羽毛，灰黑无光，所以，不好看。资料卡中有一个词说它“其貌不扬”，你知道其貌不扬什么意思么？

生：就是说长得不好看，但实力很强。

师：有“实力不强”的意思么？

（生笑着摇了摇头。）

师：人们不爱养灰椋鸟，不仅是因为它长得不好看，还因为——

生：灰椋鸟叫得也不好听，资料卡里说它的叫声单调而低微。

师：这样一种鸟，长得不好看，叫得不好听，会有什么看头呢？有个叫徐秀娟的姑娘，去看了灰椋鸟以后，写下了一篇文章《灰椋鸟》，今天老师就和大家一起学习这篇文章。

二、初读感知，发现“美”。

师：课文都预习过了，我想看看同学们能不能把这几个字的字音读准，注意加点字。（出示：翘首　应和　扑棱棱）

生：qiáo shǒu

师：非常好。你知道什么叫翘首吗？

生：就是把头往上仰。

师：同学们做个动作，告诉我什么是翘首。（学生抬头）真好。请坐。第二个，你来念，可以吗？看不清楚？上来念。

生：yìnghè

师：好的，都是第四声，再念“yìnghè”

生：yìnghè

师：什么是“应和”？

（生语塞）

师：假如我说“喂——”，你会怎么答？

生：“哎——”

师：对，这就是应和。跟着别人唱，叫做“和”。第三个，谁来读？

生：pūlēnglēng

师：这个“棱”，单独念时读“léng”“棱长”的“棱”。在这个词中它要变调，变成平声。这种ABB式的叠词，有一部分词后面叠的部分要变成第一声来念，有一部分是不变的，也没什么规律，它主要是和北方人说话的习惯有关。在不能确定的情况下，你可以查现代汉语词典。这个词咱们要变调了。大家一起来念：pūlēnglēng

（生连读三个词语，巩固）

师：课文一共有几个自然段？

生：6个。

师：都标好了吗？谁愿意读第一自然段？

（生读第一自然段）

师：很不错。每个字都读准了，而且读得很流利。这一段中有这么一句话：

（出示）：我想，灰椋鸟尖尖的嘴，灰灰的背，远远望去黑乎乎的，有什么好看的呢？

（生齐读）

师：这个句子是什么意思呀？

生：就是灰椋鸟尖尖的嘴，灰灰的背，远远望去黑乎乎的，没什么好看的。

师：就是啊！灰椋鸟尖尖的嘴，灰灰的背，远远望去黑乎乎的，不好看，对吧？（板书：不好看）这就是第一段的主要意思，谁来读第二段？

（生读）

师：从这一段中“便在那儿等候灰椋鸟归来”一句可以知道，灰椋鸟有没有来？

生：没有。

师：灰椋鸟没有来，作者写什么呢？

生：写周围的环境。

师：非常好！写周围的环境，那么周围的环境可以写的很多，比如，蓝蓝的天，白白的云，或者湖水啊，草啊什么的。作者都没写，注意看作者写什么？

生：她写水杉落叶

师：为什么要写水杉？

生：因为水杉是国家的保护树木，是难得一见的。

师：哦！因为稀奇所以她要写。是不是？还有其他想法吗？

生：可能是灰椋鸟喜欢水杉。

师：作者写了一片林，对不对？那么为什么要写林呢？你想鸟儿住在哪儿呢？

生：（齐）林子里。

师：鸟住在林子里。所以作者写周围的环境，不是随便写的，是要为好的环境描写可以把人带到那个场里。这样的环境，给你什么感觉？

生：很舒服，很宁静。

师：很静谧的感觉。在这样的环境里，不要说鸟了，就是人，也觉得喜欢。第三自然段，谁愿意读？

（生朗读第三自然段）

师：我注意到你在读的时候把“灰椋鸟”读得特别响，为什么呢？（生思索）你注意看，这是写同伴忽然“喊”到。因此你要把它读的有点响，对不对？因为是“忽然”，你再把它读得快一点更好。（师引）：同伴忽然喊到——

生：（语速较快）灰椋鸟！

师：再快一点！大家一起来（师引）：同伴忽然喊到——

（生齐喊，又快又响亮）

师：对，就是这样。咱再在来看这个自然段，课文有一个句子说：“果然有许多黑点向这边移动。”这个句子中的“黑点”指什么？

生：灰椋鸟。

师：灰椋鸟为什么会成黑点了呢？

生：因为它离我们很远，所以看起来…（语塞）

师：看起来怎么样？

生：看起来很小。

师：其实灰椋鸟是在飞过来，这个句中为什么说它在“移动”呢？用“移动”来写鸟的飞翔，是不是恰当？

生：我觉得，灰椋鸟资料卡上说它是成群飞翔，然后迁移回来的，所以我觉得用移动比较恰当。

师：为什么成群的飞要用移动呀？

生：因为各自飞的话就不整齐了。

师：你知道移动的速度怎么样？

生：很慢。

师：作者为什么会觉得灰椋鸟飞得慢？

生：因为它成群飞，所以比较慢一点。

师：成群就慢了？

生：因为灰椋鸟从很远的地方飞过来，所以看起来就慢了。

师：鸟远远地飞过来，她能看得清鸟的翅膀吗？（生：不能）能看得清鸟的样子吗？（生：不能）她看到的只是一个黑点，又因为远，辽阔的天空作背景，所以看起来就飞得慢。咱们再来看这一段最后一句话，大家一起来念一下。

生：（齐读）灰椋鸟开始归林了。

生：写灰椋鸟怎样归林。

师：那么是不是这样呢？咱们看第四自然段，谁来读？

（指名读，边朗读边带领学生咀嚼文字）

师：你注意看这段话中第一句"一开始还是一小群一小群地飞过来，盘旋着，陆续投入刺槐林。"你觉得我能不能够用"飞人"这个词？

生：应该行的。

师：那么作者为什么要用"投入"呢？这个"投"和"飞"有什么不一样的感觉？

生："投"很焦急地想回家，"飞"是慢慢地，慢慢地⋯..

师："飞"的速度应该是快的啊，我们说"像飞一样"就是说速度快的。当然，你从"投"字上体会到鸟儿很急切的心情，非常不错。那其他同学的理解呢？

生：我觉得"投"是它飞到上空然后俯冲下去的。

师：你是说它下落的速度快？（生点头）。好的，我们说"投"（做动作），一般说投什么？

生：投篮球。

师：好，如果是投篮的话，那么手中的篮球，就有一个目标，是什么？（生答：篮筐）那么灰椋鸟的"投"，目标在哪里？

生：刺槐林。

师：真好，它的家园刺槐林。有目标的降落，那才是"投"。"投"字写出了下落速度快，鸟儿的心情急切，也写出了灰椋鸟对刺槐林的感情——"投入妈妈的怀抱，幸福享不了。"第四自然段是不是在写灰椋鸟归林以后的情景啊？

生：是。

师：很好。所以同学们以后在读课文的时候要特别注意承上启下的句子。（板书：归林）。这些句子，传递了课文中的一些非常重要的信息，关注了这些句子，就能很快地把握文章的主要内容。接下来，作者写什么呢？第五自然段最长，谁愿意读？

（生朗读，师指出错漏之处）

师：很不容易了，那么长的课文都能把它读下来了，而且读的声音很好听。这一段在说什么？如果第四段在写归林时的情景的话，那么这一段在写什么？

生：灰椋鸟归林后。

师：灰椋鸟归林后怎么样啊？（生静默思索。）在林当中怎样？

生：呼朋引伴。

师：在树林里喧腾热闹的情形（板书：闹林）最后一段谁愿意读？

（指名读）

师：同学们注意看这一段中一个词“观赏”，你知道什么叫“观赏”吗？

生：就是观看。

师：就是观看？比如说，我观看什么什么，就是我观赏什么什么吗？

生：不一定。

师：能赏的东西是怎么样的？我们经常说赏月、赏花，能够赏的东西是怎样的啊？

生：美丽的。

师：一定是好看的、漂亮的、美丽的，对不对？一定是美好的事物，让人享受其中，沉醉其间。由此可见，此时此刻，灰椋鸟在作者的眼里应该是？

生：美好的。

师：应该是好看的，对不对？（板书：好看）要不然的话，作者怎么会用“观赏”这个词呢？请同学看黑板。这篇课文题目是灰椋鸟，课文一开始就说灰椋鸟灰背尖嘴，没什么好看，后来看了一段有关灰椋鸟的电视录像，作者产生了想去看它的念头。到了林场，作者亲眼目睹了灰椋鸟归林和闹林的场景之后，忍不住改变了对灰椋鸟的看法，她觉得灰椋鸟好看起来了。这样的写作手法，我们叫它——（板书：欲扬先抑）跟老师念。

（生齐读）

师：什么叫欲扬先抑呢？就是想赞扬它的，先批评它；想说喜欢的，先说不喜欢，或者说讨厌。想赞成它的，先——（生答）反对。这样写，往往使文章有波折，有变化，也有看头。

三、精读入境，感受“美”。

师：同学们，鸟还是原来的鸟，为什么它会从不好看，变到那么好看呢？接下来，就让我们走进刺槐林，靠近灰椋鸟。到课文里去发现。请同学们用心读课文第四、第五自然段，在作者笔下，灰椋鸟的哪些表现让你感受到美了呢？哪些场面让你觉得还真是好看？请你在书上作个记号，等等我们来交流好吗？

（生自由读，做批注，教师巡视。）

师：把笔放下，我们来交流一下你刚才找到的那些场面好吗？灰椋鸟的哪些表现让你感受到了美？或者说有哪些地方感受到的场面好看的？你选一个地方跟大家交流一下。

生：看，这几只刚刚落在枝头上，那几只又马上扑棱棱地飞起。它们的羽毛全变成金红色的了，多么像穿上盛装的少女在翩翩起舞哇！

师：（出示句子）你找到了这个句子，说说你的感受。

生：我觉得它们刚刚落在枝头上，又马上飞起，像它们在跳舞。

师：哦！你说好象是在跳舞，但是书上不是说它们在跳舞，而是在——

生：翩翩起舞

师：说明它们跳得很好看，这是灰椋鸟起舞时的姿态好看。还有好看的地方么？

生：它们的羽毛全变成金红色的了。

师：这是说颜色美。这么美的颜色，是大自然给它们镀上去的。你再注意看这个句子，看作者把灰椋鸟比成了什么？

生：她把灰椋鸟比成穿上盛装的少女。

师：她把灰椋鸟比成了女子，而且这女子又是一个少女。同学们，少女就是女子一生中最美的年龄对不对？想想，"少""女"两个字，合起来是一个什么字？

生：妙——

师：真是妙。作者通过这样的比喻说明什么呢？

生：说明现在的灰椋鸟很好看。

师：不是好看，简直就是好看极了！你用了一个"妙"字来说，是不是啊？它是大自然给它镀上的颜色。是大自然给它的装扮。大家一起来读一读，酝酿好情绪，把灰椋鸟起舞时的那种轻盈的美念出来。（师领读"看——"）

师：这个地方美，还有地方好看吗？

生：没有几分钟，"大部队"便排空而至，老远就听到它们的叫声。它们大都是整群整群地列队飞行。有的排成数百米长的长队，有的围成一个巨大的椭圆形，一批一批，浩浩荡荡地从我们头顶飞过。

师：你为什么说这个地方好看呢？

生：这个场面应该是很壮观的。

师：这个词用的好！"壮观"，为什么场面会是壮观呢？我们说"人多势众"，鸟多势也众。

但是在这句话中没有出现一个鸟多的字呀，你从哪些地方读出了"鸟多"？

生：一批一批、浩浩荡荡。

师：哦，你注意看到了这个词"一批一批"。"一批"比较多，再来"一批"，就更多了。叠词有增强语义的功能，还有这样的叠词么？

生：浩浩荡荡

生：整群整群

师：真好！（出示）“整群”很多了，再加一个“整群”，那就更多了。这是灰椋鸟归林时的壮观场景。见过这么多鸟归林的情形么？

（生摇头齐答没有）

那么，同学们能够通过文字在眼前展现这样的画面吗？来，把眼睛闭上，心神合一，看你能不能在脑海里造画面。

（师范读此句）

哪些同学眼前有画面的？（约一半学生举手）

眼前有画面说明了什么呢？你读书又进入了一个新的境界。你一边读，一边出现画面，而且这个画面是有条理的，有层次的。非常好！请你把眼前有画面通过朗读表现出来。

（生朗读）

师：不错！我注意到，你在读的时候把体现鸟多的或者气势壮观的那些词放慢了速度，或者加重了语调，鸟儿的恢宏气势就出来了。是不是啊？一只灰椋鸟声音力度还不够，我们大家都来变成归林的灰椋鸟，一起来读。

（生齐读）

师：是啊，鸟归林的场面的确好看，这是一种气势上的壮美。除此之外，还有哪些场面让你觉得好看？

生：树林内外，百鸟争鸣，呼朋引伴，叽叽啾啾，似飞瀑落入深涧，如惊涛拍打岸滩，整个刺槐林和竹林成了一个天然的俱乐部。

师：说说你的感受。

生：这个场面是很热闹的。

师：热闹在哪呢？

生：似飞瀑落入深涧，如惊涛拍打岸滩

师：也就是说那声音？

生：很响。

师：很响，很大，是不是？（生点头）那是怎样一种声音呢？（播放鸟归林的叫声）同学们，听后有什么感受？（生塞耳，惊讶）

生：吓了一跳

师：哈哈，声音太大了。我每次播课件的时候，也吓一跳。

生：这种声音如雷灌耳。

师：你的感觉呢？

生：太响了！

生：震耳欲聋。

师：作者怎样来写这样的声音呢？

生：（齐）似飞瀑落入深涧，如惊涛拍打岸滩

师：（板书似…如…）作者连用了两个比喻，用得好不好？

生：好！（生笑）

师：好在哪里？（生思索，语塞）

师：只是觉得好，不知道好在哪？（生点头）其他同学觉得呢？

生：因为飞瀑落入深涧惊涛拍打岸滩的时候声音都很洪亮，所以她把鸟的声音比做了“似飞瀑落入深涧，如惊涛拍打岸滩”很好。

师：（点头）哦！你是这样理解的，你觉得飞瀑落入深涧，惊涛拍打岸滩的声音都很有气势，很壮美，所以作者要这么比喻。那我也来造一个表现声音的响，你听听好不好——“似机器轰隆作鸣”，请你们来做老师，评价一下我的造句。

生：不好。

师：为什么不好？

生：因为作者喜欢灰椋鸟的叫声，所以这么写，而你的造句让人觉得叫声很难听。

师：机器轰隆作鸣，那是噪声。我的句子有美感么？（生摇头。）看作者如何写的？读——

生：（齐）似飞瀑落入深涧，如惊涛拍打岸滩

师：飞瀑惊涛，这声音哪怕再响，也不会刺耳，作者听在耳朵里是舒服的，所以她写出来的比喻也要让人舒服。所以，好的比喻不但要像，而且要贴切地写出心中的那种感觉。老师把这个句子这样一排，你发现了什么？

出示：

树林内外，
百鸟争鸣，
呼朋引伴，
叽叽啾啾，
似飞瀑落入深涧，
如惊涛拍打岸滩，
整个刺槐林和竹林
成了一个天然的俱乐部。

生：很整齐，像诗歌一样了。

师：前边四个句子很整齐，后边接的两句也很整齐，错落有致，在排列上很美。

咱们一起来读一下。（生有感情地读）这是鸟儿们在刺槐林里的场景，这个场景除了感觉到气势上壮美之外，你注意看，此时已经是一天中的什么时候？

生：傍晚时候。

师：黄昏的时候，那鸟儿应该是——

生：睡觉了。

师：但是鸟儿有没有休息？

生：没有。

师：是的，它们的身上充满了活力。还有什么美，能够比得上富有朝气的活力美呢？看着这样的鸟，自己身上也会迸发出活力的。还有地方感受到美吗？还有哪些场面让你觉得好看？

生：先回来的鸟在林内不停地鸣叫，好像互相倾诉着一天的见闻和收获，又像在呼唤未归的同伴和儿女；后到的鸟与林中的鸟互相应和，边飞边鸣，很快找到自己栖息的处所，与熟悉的伙伴汇合。

师：说说你的感受好吗？你读这句话最大的感受是什么？

生：作者把鸟比作人一样，互相倾诉着一天的见闻和收获。

师：你注意到了这个词“倾诉”，知道什么叫“倾诉”吗？

生：就是告诉。

师：就是告诉？那我告诉你这个问题的答案，就是说我在倾诉？不是。倾诉要说怎样的话？（师用手势暗示）

生：心里话。

师：真好，心里话，而且把心里话全部都说出来，那叫“倾诉”。你看鸟儿也有心里话，鸟儿像你们一样也会找父母、朋友说心里话呢！我们再来看这组词。（出示：呼唤应和）念。（生读）现在，张老师想做先回来的鸟，你们做后回来的鸟，我来呼，你来应，好不好啊？

师呼“喂——”生和：“哎——”（适当表扬：“和得真好”。）

师呼：“好朋友，我在这儿哪，快来，快来——”生和：“来了，来了——”

师呼：“这儿有条大虫子，你来跟我一起吃——”生和：“太好了，太好了——”

师呼：“天黑了，快回家吧——”，生和：马上就回来了！（众生大笑）

师：这鸟儿呀，就像张老师和你们一样也是在呼唤着、应和着，像人一样，多么有情趣呀，你们说是不是？

师：咱们再来看这一句子中有这样一个标点，你认识它吗？

生：（齐）分号。

师：用在什么地方？

生：排比句。

师：有的排比句中有分号，有的没有。你注意看分号前在说什么？分号之后在说什么？

生：分号前说先回来的鸟在林中干什么，分号后在说后回来的鸟在林中干什么。

师：它们都是在说回来后的鸟在干什么，所以它们之间是并列的，并列的句子中间，如果每个分句内已经有了逗号，那么在分句间我们就用分号隔开来。咱们来分角色读一读，好不好啊？

生：好。

师：我想请我们班的女同学做先飞回来的鸟，男同学来做后到的鸟。注意力要集中，你不能读得不男不女的喔。（生大笑）女同学念分号前面的，男同学念分号后面的，那就开始吧！

（分角色朗读）。

师：同学们读得很有情趣。但张老师心里有点疑惑，不知你们能不能帮我解决。刚才张老师带来了一张资料卡，资料卡中明明说这个灰椋鸟的叫声是低微而单调的，这会儿灰椋鸟的叫声怎么那么丰富多彩了呢？一会儿倾诉了，一会儿呼唤了，一会儿应和了？

生：因为作者觉得灰椋鸟好看，然后把它的声音想成各种各样的叫声。

师：（板书：好像……又像……），这个不是比喻句，是说底下写的是作者的想象，是作者的情思，因为她眼中的鸟像人一样，所以她听出来的声音也丰富多彩；而我们资料卡中的介绍是不带着任何感情色彩的，对吗？

师：鸟儿们归林以后它们凑在一块儿那么温馨又和美地说着话，这个场面好看不好看？当然好看，这是一种温馨的和美。同学们，刚才我们透过课文当中的语言文字找出了灰椋鸟那么多好看的地方来，这就应了一句名言“这个世界上从来都不缺少美——（生齐答：而是缺少发现美的眼睛。）同学们的眼睛很亮，发现了灰椋鸟那么多好看的地方。那么，在回来的路上，作者的心里在想些什么？

四、注重勾连，创生“美”。

（生齐读最后一段）

师：刚才我们说这一小节有个词叫“观赏”，我们理解它的意思了是吧？我们再来看第三自然段，一起念。

（生齐读第三自然段）

师：第三段有一个词语叫“观察”，“观察”和“观赏”能调换位置吗？为什么？

生：不能，因为观察时作者还没有见到灰椋鸟。

师：也不知道好不好看，只是想细细地去看看，所以这个时候要用“观察”，而底下这一段呢？

生：作者已经看到过欣赏过了。

师：欣赏到了灰椋鸟归林的壮美气势，和美氛围，优美姿态，所以她用了一个——

生：观赏

师：真好。所以这两个词不能换。

师：同学们，最后一段其实它说了“鸟、人、林”三者之间的关系，谁来说说她们三者之间有着怎样的关系？

生：如果没了树林，人就没了鸟这个朋友。如果没有鸟，人类就听不到好听的声音了。如果没有人，就没有了树林。

师：呵呵，像链条一样。是林养了鸟，是人种了林。树林是鸟的家园，人类是鸟的朋友。这就是美，这是一种大美，一种和谐之美。学到这儿，我想问问同学们，这个叫徐秀娟的姑娘她为什么能够把灰椋鸟写得这么有看头呢？

生：因为徐秀娟是发自内心的在写。

师：你是说她是在用心地欣赏着，所以会写得好看。

生：因为她觉得灰椋鸟好看。

师：她之所以把它写得那么好看，还有一个原因是她亲自去看了，她观察了，她看到了那么多的鸟才能写下那么壮观的气势来，是不是？但是最重要的一点：作者是个爱鸟的人。请同学们静静地看大屏幕——

（大屏幕推移出示作者的资料）

徐秀娟（1964—1987），出身于养鹤世家，原籍黑龙江省齐齐哈尔市扎龙自然保护区。17 岁开始在扎龙国家自然保护区跟随父母驯养丹顶鹤。1986 年，徐秀娟在东北林业大学进修结束后应聘去盐城自然保护区工作。她爱鹤如命，整天为鹤避暑、降温、驱蚊而忙碌，并成功地进行了越冬丹顶鹤孵化、饲养、驯养试验。1987 年 9 月 16 日，饲养场里的一只丹顶鹤飞散，徐秀娟为寻找这只飞散的丹顶鹤，不顾自然环境的恶劣，在夜色笼罩的茫茫滩涂上寻找失散的丹顶鹤，不慎陷入沼泽地，献出了年仅 23 岁的年轻生命……

师：同学们，只要真正爱鸟的人，才能走进鸟的内心。徐秀娟，她心中有爱，她眼里有情，她的笔下，才能写出像灰椋鸟这样的生命的赞歌。我们在她身上，又看到了一种美。

这节课就到这里。

散文该怎么教

——以《灰椋鸟》为例

小学语文教材，可谓散文的天下。散文应该教什么？散文可以怎么教？我想就《灰椋鸟》这篇课文，谈谈我的思考。

众所周知，“形散而神不散”是散文的主要特色，因此，在散文教学中，要善于抓住散文的“神”。提领而顿，百毛皆顺。我以为《灰椋鸟》一文中“好看”一词，是课文的“神”，作者从灰椋鸟的不好看，写到好看。写好看，又是从气势美，写到氛围美，写到姿态美，写到活力美，层层铺排。因此，抓住了“好看”这根线，文中的场面、细节，就像是串在线上的珠子一样，拎起来就是一串。也就是说，抓住了散文的“神”，不但有利于我们“射中靶心”，还有利于我们把文本的结构，巧妙地转化为教学的结构，使教学具有结构美和节奏美。

对于散文来说，入其情境，得其滋味是关键。在本课的教学中，我试图通过哪些手段来复现文本情境呢？一、素读。所谓“素读”，就是不借助媒体，只通过文字和声音，让学生通过想象展现画面。如文中灰椋鸟归林的场面，其声势的浩大与形状的规整，借助媒体往往也无法达成这样的效果。不恰当的媒体运用，会产生负效应，破坏了文字所描述的情境，而想象中的美，却因为不真切而更显一种朦胧的韵致。二、情境表演。为了帮助学生感受灰椋鸟归林后与伙伴、与亲人相聚的热闹与情趣，师生以一呼一应的方式来走近鸟儿。“喂——”“嗳——”“天黑了，快回家吧——”“来了，来了，我就回家了——”“好朋友，这儿有个大虫子，一块儿来吃吧”“好的，好的，谢谢你——”……声声呼唤，每个人的心头荡漾的是亲情与温情。在这样的境界里，人是鸟，鸟是人，这就是化境——化身为鸟，在刺槐林里欢腾。学生的呼吸，也跟着课文的脉搏一起跳动。

散文，也叫美文。语文课，自然要学习好的语言。课文中语言的表达方式、修辞的表达效果、用词的精准等，都是需要停下来想一想，品一品的。作者为什么要这样写而不是那样写？这个词用在这里，有什么用意？如鱼在水，冷暖自知。长此以往，学生才能长一双会读的眼睛——一只眼睛看到字面意思，一只眼睛能看到字背面的意思。在《灰椋鸟》一课的教学中，对于文中的拟人、比喻等手法，我不是简单地在知识点层面的关注，而是走进这些手法，通过不同的手段，努力使学生得其韵味。一字一词皆关情。对于“投”“观赏”等词，自然也不能放过。经常这样训练，能逐步培养起学生对语言的敏感。

一直觉得，教材中的文章没有出处、不列作者是很不地道的，特别是散文。且不说对作者的尊重，单从教学方面讲，也很不利。“一沙一世界，一花一天堂”。散文是什么？写人、写事、写景，都是表面现象，归根到底，散文写的是作者的情感体验。文章后面，站着的是一个怎样的人？知人才能更好地论文。对于作者的介绍，，仅仅让学生知道这样一个名字，就是为了介绍而介绍，我们需要考虑如何让作者的资料更好地为理解她写的文章服务。因此，要选择合适的资料、合适的时机、合适的手段。我在介绍灰椋鸟的作者徐秀娟的时候，就是努力想这样做的。

陶钧文思　贵在虚静

肖琼

从看小青（张学青）的文字，到听小青的声音，再观小青的课堂，给人的感觉始终还是一个字——静。不喧嚣，不强势，不造作，娓娓道来，温婉润泽。

对她似乎很熟悉，其实相当的陌生。坐在科学会堂里，其实本来是有带着节目单准备看心仪已久的经典名剧之感的，有些憧憬，有些拘束，然而随着主持人诙谐而真实的介绍，随着小青纯净课堂的徐徐展开，心就突然静下来，明白了这是一节“从来没人敢上的”原味课，没有噱头，没有调料，没有桥段，没有任何添加物。于是，索性抛开了心中虚拟的节目单上闪动着光环的名师的介绍,沉浸在和谐自然的语文课堂里。

可以说，这两堂课小青是带着孩子一起用语言来对文本进行了彻底的观察、深入的体会、得体的鉴赏，重视了学生读者意识的培养，引导学生（包括教师们）顺着文思体会自然的灵性美，而没有技术化的去巧妙牵引学生被动学习和被动吸收。这对学生今后的阅读将会产生一定的影响。虽然，这样的处理，可能使课堂显得平静（但绝不平淡），但是，套用小青的入题导语，你觉得什么鸟最好看？为什么？也很有必要再问一声：你觉得什么课最好看？为什么？好看在“人——文——课”的关系，一如小青出示归纳的“人——鸟——林”的关系。

其一，从最简单的“认”字入手。我不说识字。你看不到小青音、形、义的拆招还招，不管是自己说还是所谓的学生自我交流师生互动，她就是那么自然地说字，教学生认字，平实，好记。但细细品来，心中有人，口中有言，才是“认”字做的真正文章。真的没人敢这样上——其实，小青对汉字有很深的研究，能说出很多字的道理，能解出很多字的妙趣，还能生发出很多故事。比如，“女子”两字合起来就是“好”，这女子又是少女，“少女”两字合起来就是“妙”。

其二，全程保持对于词语的高度敏锐。什么叫“翘首”？不轻易放过，但是简单处理——注意读音，做个动作。什么叫观赏？看似简单，却紧扣文本，随即追问——什么东西能赏？为下文好看不好看埋下伏笔。那个“投”字，真是掷地有声，学生下意识的回答“速度快”——仅仅还停留在浅阅读上，教师的“有目标”马上让学生开始学会“咬文嚼字”。而最让人折服的是“呼应”，呼应着前文的“倾诉”，小青用她那有感染力的声音，开始一声声的“呼”，于是此起彼伏的“应”，自然地“应韵而生”。教师语言的韵味，课堂节奏的韵味，情景创设的韵味，学生想象的韵味——从叫声单调变成那么多声音，从学生言语枯涩，到逐渐生动，课堂境界由此升华——不是为彰显教师的技术，而是凸现学生的习得。

其三，见语也见人。应该说，这班的学生状态不是很好。双休日“加班”，又已经连续作战，甚至还有学生在课前开火闹矛盾，影响情绪。学生的语言表述也比较单调，直白，口语化。但是，即使在这样的课堂上，小青也始终注意倾听学生的声音，细致的为学生的语言把脉。整堂课上没有咄咄逼人的强势，也没有循循善诱的煽情。最后出示的一组资料是作者徐秀娟的简介，我知道有一首相关的很好听的歌，听得懂的人甚至会潸然泪下。但是善听音乐的小青，对于这样一支歌却只字不提，也不让悲伤的旋律为她的课堂服务，为她的技术镀金。小青不煽情。她喜欢酝酿文思，她贵在虚心和宁静。

于是，再套用小青的结语：不好看的鸟，为什么写得美？

再问自己：不好看的课，为什么上得美？

答案仍然套用小青的归纳语：灵性，温馨的美。

（作者单位系上海福山外国语学校）

从你美丽的流域

吴锡

饭局上，我和肖老师几乎同时喊出小青老师很久之前在小学教育论坛的一个帖子的主题——《从你美丽的流域》。那是她读书笔记的备份，很喜欢这个名字。

后来，走进了她的博客。她的那些方块字，不经意间触动了我，尽管好多与教育无关，尽管花花草草、猫猫狗狗，尽管是些生活琐事的俏皮记录。但，喜欢，有时真没有理由。

上海之行，全在预料之外，但是却真真切切地来过。听小青老师的课，是此行的关键之处。可惜的是，第一天状态极好的自己，在关键的第二天，处在了很尴尬的境地。可能是中药与螃蟹的冲突，第二天的自己，时时在为肠胃担忧。中场，进进出出不知几回。午饭期间最为恶劣，粒米未进，真有视地为床的冲动。认识的校友建议我回房休息，但还是坚持了下来。那只“灰椋鸟”还没飞到台前，我怎可归林中栖息？

课，开始了。

我真有些担心，那些孩子在台上已经呆了两节课，而且，态度不是很好。从上堂课的发言来看，平时的积累也是少之又少，五年级的孩子连最起码的秋风怎样也答不上来，而且这并不是个例。于是，小青老师的声音有些高，但高而不粗，缓缓而来，刚好适合那些孩子。台上的手林立起来了，师生的交流也渐近丰润。

我低头轻轻问旁边的老师："那人给你的感觉怎样？"

"tián 美。"

"甜美"还是"恬美"？我这笨拙之人怎能搞清这其中的意味。但是，要是我来回答，我喜欢用"恬美"这词，不腻，更适合小青老师，拥有一颗恬静的心，更容易发现洒落在文字角角落落里的美。

平时自己从不敢听课不记笔记，怕回家忘记等于没听——无论好坏与否都是可惜呀，而这次期盼好久的课却破天荒一字未记。奇怪，记住的东西反而却更多了。

"你一定见过许多鸟，在你所见的鸟中哪种鸟最好看？为什么？"看似简单的开场白，却有更大意义的不简单。为什么孩子们举手多了？对美好事物的渴望，对美好事物的怀念，应该是人与生俱来的情愫。也许就是那"美"字漾起他们对鸟的美好回忆与向往的阵阵涟漪。接着她板书了"灰椋鸟"，关于"椋"字，我也是看到课题后第一次遇见，查了字典读出了字音。正应了小青老师课堂里的那句话："这个'椋'字百分之八十以上受过教育的成人也不会读。孩子们，你能读出来吗？"于是，孩子渐渐走进了小青老师带来的场中。

喜欢初读这一环节的设计，看似例行检查，却是无痕的融入——融文，融境，融情。最后好像是第六自然段里的"观赏"一词，让孩子轻松到达了此课的彼岸——好看。于是，课文的结构清晰地出现在大家的眼前：不好看——归林、闹林——好看。

然后再走进静态的文字里边去感受美——从听觉上、视觉上，更为重要的是从心灵上带给读者的冲击。

"灰椋鸟的哪些表现让作者感受到了美？哪些场面让作者觉得好看了？"

"为什么会壮观呢？鸟多。但是这段话里没有一个多字，你从哪些词上感受到鸟很多？"

"透过文字，在脑海里能出现清晰的画面，这画面还能动起来，这是读书的一种本领，说明你已读得入境了。"

"把鸟比作女子，'女子'两字合起来就是——"（好）

"这女子又是少女，'少女'两字合起来就是——"（妙）

妙！这简单的比喻因为两个独体字相结合成"妙"字的引导更为让人神往之。于是，灰椋鸟的"灰"，灰还是那个灰，但灰已不再是那个灰。

"我呼：喂——你怎么和？"

"我呼：天黑了，快回来——你怎么和？"

我想这就是入境吧。尽管，现场谁也不会变成那一只只的灰椋鸟，但我们的情愫随着那一声声的呼唤而荡漾。

"听了这段话，老师有个疑问，资料卡里明明说灰椋鸟叫声低微而单调，这儿作者为什么会听出那么多的声音来？"

"'好像……又像……'，在这里不是比喻句，"倾诉""应和"只是作者的想象和情思…"这个环节的处理，我尤为惊喜。丑、美对立是一种残忍，但是在这里因作者的情思和想象，学生感受到了由丑及美的生长。这样的设计可谓细腻，就如小青老师所说的那样："这个世上从来不缺少美，而是缺少发现美的眼睛。"

是的，本文作者徐秀娟正是拥有一颗爱鸟的心，一双发现美的眼睛，所以，不是从事专业写作的她也写出这样的美文。我想，小青老师也正因为有了一双发现美的眼睛，才能把这篇文章的文眼定位在"好看"上。

两节课的时间真可谓匆匆，一晃而过。从她美丽的流域里，我终将走回自己的家。我是那流域里的匆匆过客，但这些美丽的点滴，回忆起来，让我再次微笑。

（作者单位系宁波戎徐小学）

行走在匆匆与从容之间

——《匆匆》教学设计谈

朱自清的《匆匆》是脍炙人口的名篇，朴实清淡，细腻隽永，有着浓郁的诗意。作者凭借着深厚的语言功力，将时间这一极难把握的飘然之物，以具体可感栩栩如生的形象立在人们面前，传递着"流光容易把人抛，红了樱桃绿了芭蕉"的匆促和沧桑，同时作品更是对生命本身之意义的一种追问——"我赤裸裸地来到这个世界，转眼也将赤裸裸的回去罢，但不能平的，为什么偏要白白走这一遭啊"。

从这个意义上说，要小学生理解体会，有点难。即便我们这些谙晓世事的成人，也何曾停止过这样的困惑和追问呢？有的老师以为，小学生盼望着长大，总觉得时间过得太慢，这样的文本是脱离学生实际的，学生根本无法感受的。而我认为，恰恰因为我们的学生过于缺少这样的体验而更需要注入这样的思考。从某种意义上讲，世界的推动力不是善或恶，而是匮乏。

怎样才能让学生走入文心从而受到美的感染情的熏陶理的启迪呢？我教《匆

匆》，分以下几步走：

一、走出《童年》，走进《匆匆》

播放《童年》一歌，由“等待着下课，等待着放学，等待游戏的童年”一句聊起，你对于时间有什么感觉呢？在学生的“盼望着假期盼望着明天盼望着长大”而“嫌时间总是过得很慢”以及部分孩子对时间感觉的迟钝忽略中进入课文——“时间在24岁的朱自清的眼里，又是一种什么感觉呢？”

由此，学生初步感知课文把握文章的情感基调——作者眼里的时光有如白驹过隙，飞逝而过。作者面对时光的“匆匆”，是头涔涔泪潸潸，是惋惜，是感叹，是彷徨，是惆怅，是痛苦，是焦灼。

从歌曲《童年》开始，承认孩子对时间的正常情感体验进入文本，两两对照，领会时间在不同年龄的人心目里是截然不同的感觉。在此基础上带领学生一起寻找文本中的“匆匆”，寻找生活中的“匆匆”，以引发学生情感的振鸣，突破本课的难点——学生读到六年级，珍惜时间的名言警句，能背的不下几十条，但往往是“水过地不湿”“嘴动心不动”。

二、感悟时光易逝，体会文字之味

作者是用怎样细腻的笔触描写无影无形的时间的“逃去如飞”呢？这个环节，既要体会时光的易逝，又要感受作者眼光的细腻入微和语言的文字之美。

重点把握两处地方：一处是开篇第一句，借物起兴，从燕子的来去、杨柳的荣枯、桃花的开谢来渲染时间来去匆匆，造成一种紧迫的氛围。教师引导他们体会，实际上燕非旧燕柳非旧柳花非旧花，在时间里的万事万物，都永远不会回来了。

第二处，作者从自己亲身经历的日常事物着手，浓墨重彩地来描绘时光：日子是在“饭碗里”，在“水盆里”，在“凝然的双眼”里过的，是“伶伶俐俐跨过的”，是“飞去的”，是“闪过的”。

赏读这些细腻的文字，再引导学生试着仿照课文中的写法写几句话，从自己身边的零零星星、琐琐碎碎中体会日子的“逃去如飞”。

“读书的时候，日子在书页里翻过。”

“写字的时候，日子在笔尖上滑过”

“走路的时候，日子在脚步间穿过。”

“聊天的时候，日子在嘴皮子里溜过”

“喝茶的时候，日子在茶香里飘过。”

“高兴的时候，日子在笑容里掠过。”

“哭泣的时候，日子在泪水里淌过。”

“唱歌的时候，日子在歌声中荡过。”

“弹琴的时候，日子在指缝里跳过。”

……

指尖上的智慧，不容忽视。写一写，炼一炼，品一品，当学生表达出这样的句子，它不仅仅是言语技法的迁移，更重要的是学生关注了自己的生活，真真切切地感受到，时间存在在于我们每一声叹息，每一个吐出的字眼，每一滴咽下的水和每一块吞下的面包之中。

三、追寻问的意义，介绍作者生平

短短的小文，声声句句，11 个问号，包裹着作者的文心，是不容忽视的标点。

文章中几处用了问号？这些问题有答案吗？哪个问题最能撞击你的心？作者为什么要写下这样的文字？

在对话交流中引导学生通过“我赤裸裸地来到这个世界，转眼也将赤裸裸地回去罢，但不能平的，为什么偏要白白走这一遭啊”一句，体会此文的积极意义——24 岁的年轻的诗人不只在浩叹时间的飞逝，而是激励自己不要虚掷光阴，要坚持自己的执着追求，要做点什么留点什么。

在此基础上，介绍作者的生平与优秀作品——内容无需繁杂缠绕，但必须告诉学生的是，朱自清只活了 50 岁，他短暂的一生，却留下了 190 万字的作品，从而引导学生领悟不停追问自我追问生活的意义与价值。

四、扩展对话，升华“匆匆”

出示阿尔卑斯山路路上插着的一个广告标语牌：“慢慢走，欣赏啊！”

“慢慢走，欣赏啊”体现了一种怎样的人生态度？与我们今天学的《匆匆》一文是否有矛盾？你怎样看待这个问题？

这个问题，没有现成的答案，体会“匆匆”，而不止于“匆匆”，是具有挑战性的引领学生思维爬坡的问题。在与学生对话交流中，学生对《匆匆》一文有更为丰富、深刻的体验——我们既要有人生苦短、时光匆匆的紧迫感，珍惜时间，也不能因此心浮气躁（这是现代人现代节奏现代生活的通病），还是要沉下心来，从容而稳健地走好脚下的每一步，以“慢慢走，欣赏啊”的心态，走进这个喧嚣热闹的尘世，便能有更多风景映照在我们的生命底片上。

桂子月中落，天香云外飘
——《桂花雨》文本赏析

“江南忆，最忆是杭州，山中月寺寻桂子，郡亭枕上听潮头，何日更重游？”

“谁把杭州曲子讴，荷花十里桂三秋。”

因了诗词的氤氲，桂子与江南，似乎有了某种千丝万缕的牵连。

而这《桂花雨》的作者，又是何许人呢？台湾女作家琦君。导演李少红把她的中篇小说《橘子红了》搬上了电视屏幕后，她在大陆的知名度似乎也渐渐长高。琦君在台湾作家圈子里，是以古典文学的根基深厚而闻名海内外。她的作品颇为丰厚，尤其是散文。

琦君，生于浙江永嘉县，父亲久历戎行，身为师长，却酷爱中国古典文学。琦君幼年饱读诗书，十二岁随父迁居杭州，念中学、大学。1949 年又随父去了台湾。和渡海到台的一批大陆作家一样，思乡怀旧成为她主要的写作题材。林海音写活了老北京的“城南旧事”，而琦君笔下的杭州，则处处洋溢着“三秋桂子，十里荷花”的情调。在她的专辑《桂花雨》中，《桂花雨》《两只辫子》《一对金手镯》《喜宴》《阿荣伯伯》等篇什，无一不是以真挚、深沉、执著和热烈的情感书写家乡的景、事、人。在她的《家乡味》一文中，她写道：“我们从大陆移植来此，匆匆将三十年。生活上尽管早已适应，而心灵上又何尝一日忘怀于故乡的一事一物。水果蔬菜是家乡的好，鸡鱼鸭肉是家乡的美。当然，风景是家乡的美，月是故乡明。”

了解了《桂花雨》一文的写作背景，就不难读懂作者文字里的情感和思想了。

在《桂花雨》里，作者用怀旧的笔法，抒情的笔调，追忆了童年的欢乐，表达对故乡的怀恋之情。桂花开在中秋前后，以桂花作为引子，发思乡之幽情也是顺理成章的事。

“桂花雨”，这个题目以“雨”来展现桂花落英缤纷的美丽景象，烘托人和年丰的生活情调。人行桂树下，桂子洒落，沐雨披香，别有一番诗意和情趣。

文章一开头就写“小时候，我最喜欢桂花”。接下来却是宕开一笔，写了桂花姿态的笨拙和花形的细小，都不足以成为喜欢的理由。在段末才点明喜欢的理由：香味迷人。这种写法在修辞上，就是衬跌——就像把水闸住，让水位提高了再跌落下来，就显得更有力了。如果联系下文考虑，作者最喜欢桂花的理由，不仅仅因为香味迷人——香味迷人的花，也不仅仅是桂花。作者为什么对桂花情有独钟呢？除了香味迷人外，更重要的是“摇花之乐”与“吃花之趣”。

“桂花开得最茂盛的时候，不说香飘十里，至少前后左右十几家邻居，没有不浸在桂花香里的。”“不说……至少……”，作者去掉夸饰成分，实写桂花之香，诚实得可爱。“浸”本意是指泡在液体里或者被液体渗入。“泡”或者“渗”，都有“透”的意思，由此可见，此句又是极言花香之浓郁。

接着作者交待为什么要摇桂花：为了保持桂花的新鲜、完整和香味，在桂花成熟的时候，就应当“摇”。

童年的“摇花乐”则是全文的重点。先是写了作者小小的心灵的期盼。“‘摇桂花’对我是件大事，所以老是缠着母亲问：‘妈，怎么还不摇桂花嘛！’”“大事”“老是缠着”，透露出孩子的焦急、兴奋与期待，把孩童的心态刻画得淋漓尽致。至摇起桂花，桂花落得满头满身，我就喊：“啊!真像下雨，好香的雨啊！”这是全文的点睛之笔，借着孩童之嘴，把美妙神奇的想象喊出口，借雨比喻桂花飘落的情形，既写出了花之盛多，又表达了作者兴奋、愉悦之情。此段写景叙事，情景交融，物我共生，那缤纷洒落的桂花，仿佛一场甘霖滋润了作者永生难忘的童年。

接着写摇花之后的雅事：母亲用桂花去供佛，父亲则口占一绝：“细细香风淡淡烟，竞收桂子庆丰年。儿童解得摇花乐，花雨缤纷入梦甜。”父亲即兴创作的这首七言绝句，韵脚是烟、年、甜。其中“细细香风”是指桂花香及檀香，“淡淡烟”指檀香的炉烟。整首诗从丰收的角度歌颂了花季的概况，尤其末两句，最能看出生活的安逸和幸福。下文写桂花摇落后，晒干，收入罐中，又是“全家动员”的花香与温情。因此，从某种角度上讲，与其说作者喜欢桂花，不如说作者对这种充满温暖、馨香的生活的感恩与怀念。

“我”从外地回家，总要带桂花回家。母亲却说：“外地的桂花再香，还是比不得家乡旧宅院子里的金桂。”一种孺慕之情，并藉母亲之口道出故乡桂花的香味，永远是无法取代的，犹如既已认定的感情、经验，无法因时、因地、因人改变。在平淡中含蓄至理，在朴素中见出秀美。作者负笈在外，仍是钟爱桂花。字里行间流露的醇厚温煦的情感，教人沉浸其中，细细追寻。读她的另一篇散文《水是故乡甜》，不难看出在母亲的浸润与濡染下，作者的脐带，始终粘连着那一片故土。

童年时代的“摇花乐”永远不会再回来了。然而，这段情感一直积蓄在作者的心头，慢慢地酝酿成了瓣瓣月中桂子，在梦里飘落。

比死和死的恐惧更强大

——《麻雀》文本赏析

“雀”，从“小”，从“隹”，一种短尾巴的小鸟。一般而言，指麻雀。麻雀这种鸟，生存的历史也算悠久了。两千多年前，它就已经“跳”进了庄子的《逍遥游》。似乎也因此，世人眼里的麻雀，“小”得可笑。也有人喜欢它，比如老舍，比如周涛。但因一只麻雀而产生由衷敬意的，大概只有屠格涅夫了。

很多人接触屠格涅夫这个名字，是从读他的《麻雀》开始的。《麻雀》一文最早是巴金翻译的。名作名译，直到今天，这只麻雀还拥有着蓬勃的生命。

有人说《麻雀》是一篇散文诗，但它看起来更像一个小说或者故事。它有一个故事所该拥有的全部结构：先交待事情发生的背景，打猎归来的林阴路上。接着写故事的起因，风摇撼梧桐，小麻雀落地，被猎狗发现。猎狗欲吞吃小麻雀，老麻雀从树上飞下来掩护小麻雀，这是故事的高潮部分。最后点明事情的结果，“我”深受感染，唤回猎狗，把它带走。

屠格涅夫的文字是极富表现力的。在他的笔下，可怜的小麻雀，可怕的大猎狗，可敬的老麻雀，一个个形象呼之欲出。

我们来看文章重点部分的叙写。

先写在猎狗欲吃小麻雀的千钧一发的时刻，老麻雀挺身而出。作者在写猎狗欲吃小麻雀时，像是放了一组慢镜头，一个动作一个动作地勾画。在猎狗看来，小麻雀肯定是它的口中食物了，它无需追赶、猛扑，而是“慢慢地走近”，然后“嗅了嗅”，张开大嘴，露出锋利的牙齿，造成了一个“大嘴利牙欲吞小鸟”的紧张气氛，读来令人为小麻雀担心。

下面是老麻雀的出场，特点是果断、迅速。“突然”写出了老麻雀来势之猛；“飞”写出了下来之快；“像一块石头似的”写出了落得坚决，毫不犹豫；“落在猎狗面前”表现了它舍身救子的精神；“扎煞起全身的羽毛”写出了它御敌的本领——“扎煞”是方言词，译者避熟就生，用“扎煞”来表现老麻雀羽毛张开的力度，给人钢针般的坚硬感；“绝望地尖叫着”表现了它的抱定必死的决心欲与猎狗一拼。这“大狗利牙逼小雀，老雀舍身迎强敌”的场面，一幕幕展现在读者面前，给人以身临其境之感。

尽管老麻雀那小小的身躯起不到掩护“幼儿”的作用，但它还是“掩护”了，这足以表现其爱子胜于生命。老麻雀自知同猎狗相比在力量上有着悬殊的差别，拼死也很难救下幼子，所以它“紧张”“发抖”，然而它还是“呆立着不动，准备着一场搏斗”。这“呆立着不动”一语，表现了它决心之大，救子之心切。后面两句是补叙，它所以“紧张”，在于自己同庞大的猎狗有着悬殊的差别；它所以准备一搏，是有“一种强大的力量”在推动着它。这强大的力量便是“爱”，是对幼子之爱。在我们的认知中，历来是“耗子见猫麻了爪”，弱者在强敌面前常常是束手就擒，而老麻雀的举动大大出乎猎犬的意料，使它“愣住了”，这“愣住了”是它在反常情况下弄不清原委的一种反应，正是在这种反应之下，它“慢慢地，慢慢地向后退”。作者连用两个“慢慢地”，表现它“后退之慢”。这一段中老麻雀的举动，猎狗的反应，作者的议论都那么自然、合理，给人以真实的感觉。

故事的结局，由猎人出场，唤回猎狗，解决了矛盾。“急忙”一词，说明了“我”被老麻雀舍身护子的义举所触动，并感触倍深，所以，带着猎狗走开。

读完这个故事，不少人会感慨于老麻雀的“爱”之伟大，如老舍说的“一个母亲必定是一位英雄”。爱的力量使弱小的老麻雀无所畏惧，抗拒着看起来它无法抗拒的运命。

“是的，请不要见笑，对那只小小的、英勇的鸟，我是怀着虔敬之情的，我想，爱比死，比死的恐怖还要强大——只有她，只有爱才紧系着生命，并使它充满活力。”

要真正讲好《麻雀》，不能不读屠格涅夫。

屠格涅夫出生于俄国的一个农奴主家庭，贵族血统。母亲独断专横，他从小就目睹母亲对农奴的迫害。在他的《木木》《猎人笔记》《父与子》等小说里，都写到了农奴制对被压迫者的残酷的精神虐待，也可以读到庄园主之子出身的屠格涅夫对受压迫者的无限同情。他为了保护逃亡的农奴，曾经执枪面对母亲派来的追捕者——对弱者的同情，对抗暴精神的崇敬，亦由此可见。他的散文诗《门槛》里的俄罗斯姑娘，那种万劫不复的圣徒精神，与文中的老麻雀有一脉相承之处。

而文中的“我”最后唤回猎狗离开，从某种程度上讲，也在表达着作者心目中的理想境界：尊重每一个生命个体，人与人之间努力达成谅解。这无疑是给现实世界营造日常生活里的幻梦。但屠格涅夫的高明在于，他的梦，引人入胜，但不惊人，是每一个寻常人都可以理解、容易共鸣的幻梦。

为人为文，皆是干净而高贵。屠格涅夫是值得读的。

我读《燕子》

一身乌黑光亮的羽毛，一对俊俏轻快的翅膀，加上剪刀似的尾巴，这就是活泼机灵的小燕子。

这一段只有一句话，抓住燕子“羽毛”“翅膀”“尾巴”的特点来写它的外形。作者为什么要写这些？“剪刀似的尾巴”是燕子最显著的特征，所谓“燕尾”就是像燕子尾巴那样的分叉。背部羽毛的“黑”也是燕子的特点，古人把燕子叫做“玄鸟”，取的就是背黑之意。单是“黑”，就不算好看，黑而亮，才是漂亮。记得我第一次用海飞丝洗发，我妈就说我的头发像“燕子毛”，可见，在人们的眼里，“燕子毛”成了“乌黑”“光滑”的代名词了。翅膀呢？有俊俏轻快的翅膀的鸟儿决不止燕子一种，这里为什么要写呢？联系下文可见，燕子飞行姿态的轻快敏捷，和它长的这对翅膀大有关联。“这就是活泼机灵的小燕子”，查郑振铎原文，用的是“凑成”，我理解作者用“凑成”，是因为当时作者在去法国的海上在船里回忆故乡的燕子，在脑海中把燕子的影像提取，一点点聚起，最后形成了“燕子”，这和燕子就在眼前的状态当然是不一样。

原文中这一句的句式是长短参差，曲折有致的：“乌黑的一身羽毛，光滑漂亮，积伶积俐（郑振铎说的也是吴方言么），加上一双剪刀似的尾巴，一对劲俊轻快的翅膀，凑成了那样可爱的活泼的一只小燕子。”我感觉改编的文字，句式过于齐整，呆板，给人四平八稳的感觉。也许编者以为这样说话才叫简洁，但我觉得不是，文学的语言与语言的“经济”，不是一回事。絮叨得好，是可以出境界的。

二三月间，微风轻轻地吹拂着，毛毛细雨从天上洒落下来。千万条柔柳展开了鹅黄色的嫩叶，青的草，绿的芽，各色鲜艳的花，都像赶集似的聚拢来，形成了烂漫无比的春天。小燕子从南方赶来，为春光增添了许多生趣。

这段话用烂漫无比的春光作背景，为燕子的出场营造出温秀的氛围。写春光，通过“风”“雨”“柳”“草”“芽”“花”等事物在春天里的特征写。风是微风，雨是细雨，柳展叶，草泛青，花含苞，一切都是欣欣向荣的景象。作者用了“赶集似的”一词，将春天里的事物拟人化，写出它们争前恐后为春光增美添丽的蓬勃生机。柳也好，草也罢，终究是静态的植物，小燕子的出现，则化静为动，“生趣”顿现。怎样的“生趣”呢？此处不说，下文有表。

这段话描写春光，写得非常有序。风来了，雨来了，所谓“风雨”，总是风在前，雨在后。因风雨的滋润，柳发芽了——柳在春天里是发芽相对较早。然后，才是草显青，花含苞。作者这样安排事物的顺序，与春天里万物的生长秩序是相关的。

非常遗憾的是，原文中“千条万条的柔柳，齐舒了他们的黄绿的眼”，变成了“千万条柔柳展开了鹅黄色的嫩叶”。“齐舒了他们的黄绿的眼”，不仅仅交代柳树在发芽长叶，也写出了柳的心情——欢愉之情尽在“舒”里展开。改过以后，这些意思没了，“眉眼”中所带的诗的韵味，也被浅白直陋所替代。是怕四年级学生读不懂“眼”呢，还是编者缺乏审美的“眼”？再有原文中“绿的叶”，却改成了“绿的芽”，地球人都知道，芽是黄绿色的。

在微风中，在阳光下，燕子斜着身子在天空中掠过，“唧”的一声，已由这边的稻田上，飞到那边的柳树下了；还有几只横掠过湖面，剪尾或翼尖偶尔沾了一下水面，那小圆晕便一圈一圈地荡漾开去。

这段话写燕子的飞行姿态，不著“快”字，却尽得“快”意。作者写了两种情况的飞行，一是从稻田到柳树的“斜掠”，二是湖面上的“横掠”。所谓“掠”，是轻轻地擦过，燕子的轻快敏捷在“掠”里展开，第一句中“唧”的叫声，自然是响亮而短促的，唯有短促，才见其快；第二句中的“沾”字用得也巧，不是“碰”，而是“沾”，是稍微碰上或者挨上。假如是“碰”，那就难免会有跌落下水的情形发生。“沾”字写出了燕子贴着水面飞行的敏捷与轻盈。

这一段的描写，让燕子拥有了“生趣”：不但有“唧”的声音，也有轻快飞行的身影。燕子飞行的姿态，与麻雀之类的鸟，有很大的区别。麻雀飞得很勉强，看上去随时都有往下跌落的危险，因为麻雀的翅膀过于短小。燕子能飞得轻盈，与它翅膀的造型有关系，所以开篇就是“一对俊俏轻快的翅膀”。其他的鸟，也许也有飞得轻盈的，但绝对没有燕子这么忙这么快地飞——垒巢，捉虫，育雏，在我的印象里，没有哪一只鸟能赶得上燕子。

几对小燕子飞倦了，落在电线上休息。在蓝天的映衬下，电线杆之间连着的几痕细线，多么像五线谱哇。停着的燕子成了音符，谱出一支春天的歌。

“燕子双双归画栋，玉楼深锁多情种”，“对”这个量词，写出了燕子双宿双飞的习性。“几痕细线”，“痕”是因远望而看得模糊。在这里，蓝天作纸，电杆为节，燕子幻化为五线谱上的音符，这曲谱唱的是一支春天的赞歌。这是“生趣”的另一层意思。

本来，燕子就是春的使者。“几处早莺争暖处，谁家新燕啄春泥”“三月残花落更来，小檐日日燕飞来”“花退残红青杏小，燕子飞时，绿水人家绕”等等，“莺歌燕舞”，很多诗词里，作者是把“燕”作为“春”的代码的。“燕燕于飞，差池其羽”，《诗经》里的“燕”，又成了爱情的代码，所谓“泥融飞燕子，沙暖睡鸳鸯”，杜甫的《绝句》里也有这个意思，汉乐府里则用“东飞伯劳西飞燕”来寓指分离。燕子是候鸟，每年都有秋南飞春北归的习性，并且它们会认得去年的家。“归燕”的这种特性，吻合了“游子”的心性，本文的作者郑振铎就是借燕子抒乡愁的。因此，燕子还是乡愁的代码。当然，课文经过改编，“乡愁”之痕已淡，但文章还是抒情散文，抒发爱燕、爱春之情。因此，我不认同有些人将这个文本认定为“说明性文体”的说法。课文介绍说明什么了？燕有哪些种类？用什么垒巢？一窝生几个蛋？孵多久？有着怎样的迁徙习性？什么也没有，算是说明性的文章么？

故事教学

走进瑰丽的神话世界

——《开天辟地》课堂实录

【授课对象】镇江市实验小学四（6）班学生

一、课前谈话，玩玩对子。

师：今天，我们先来玩一个文字游戏，叫“对对子”。知道对对子么？

（学生大喊知道，也有个别喊不知道。）

师：对对子是古人喜欢玩的文字游戏。比如，我出“天”，你可以对——（板书：天）

生：地（板书：地）

师：我出“天高”，你可以对——

生：地厚

师：有个成语就叫——

生：天高地厚

师：我们说一个人不知天高地厚，就是说他不知道事情的复杂性。

那么假如我出“开天”，你可以对——（板书：开）

生：辟地（板书：辟）

师：看来这个对对子的游戏没能难倒你们啊。平时我们娱乐时不妨也来玩玩对子，这种游戏可以帮助我们更好地感受汉语言文字的对称美、音律美。

二、导入新课，认识对偶。

师：今天，我们不玩对子，我们继续学习课文《开天辟地》。

出示：左手持凿，右手握斧。

师：这是课文《开天辟地》里的一个句子，请你观察一下这个句子，再轻轻读一读：这个句子前后两部分有什么特点？

生：我觉得它们的前后有点像对对子的。

师：那你来说说看前后是怎么对的。

生："左"对"右"，"持"对"握"，"凿"对"斧"。

师：你再来看看，上句下句各有几个字？

生：四个。

师：像这样，把结构相同或相似，字数相等，意义相关的两个短语或句子成对地排列起来，我们叫它对偶。

（出示：对偶。生跟读。）

师：再来看课文里的这个句子，你发现了什么？

出示：轻而清的东西冉冉上升，变成了天；

重而浊的东西慢慢下沉，变成了地。

生：这个句子也用了对偶的手法。

师：你看看，上句下句字数相等么？

生：相等。

师：它们整齐地排列着，不用数就知道两个句子字数相等。那这两个句子结构也相似，再看看，它们怎么对？

生："轻而清"对"重而浊"，"冉冉上升"对"慢慢下沉"，"天"对"地"。

师：找得真准。我想请男女生对读这个句子，女生读上句的"天"，男生读下句的"地"。

（生朗读）

师：对偶句句子整齐，读起来琅琅上口，我们今天的课文中像这样的句子还有好几处，等会儿读的时候大家要注意了。

三、导读"开辟天地"，感受盘古的"神力"。

师：读书有一种本领，那就是把一篇课文读成一两句话，这个本领叫概括。《开天辟地》这篇课文，你能把它读成哪句话？课文中可有这样的句子，可以概括整篇课文的主要内容？

生：最后一段"就这样，盘古以他的神力和身躯开辟了天地，化生出世间万物。"

师：你的眼睛真是火眼金睛，找得很准。但我问你哪句话概括课文的主要内容，需要“就这样”么？

生：不需要。

师：对，这个“就这样”在课文中是用来承接上文的，这里没有上文，就不能再用“就这样”。大家一起来读这个句子“盘古以他的——”

（板书：神力：开辟天地身躯：化生万物）

师：什么是神力？

生：超乎人想象的力。

生：神奇的力量。

师：盘古这个大神，有着怎样神奇的力量呢？自由读 2-6 自然段，在你感受到盘古有神奇的力量的那些句子或者词语底下做上记号，等会儿我们交流。

（生自由读课文，边读边思，在书上圈点摘划，四分多钟）

师：选一处，和大家来交流一下吧。

生：他一使劲翻身坐了起来，只听“咔嚓”一声，“大鸡蛋”裂开了一条缝，一丝微光透了进来。

（出示句子）

师：这位同学，我想问你，这个“咔嚓”一声，是什么声音？

生：是盘古翻身坐起来“大鸡蛋”裂开一条缝的声音。

师：这个大鸡蛋是老母鸡生的蛋吗？

生：不是。

师：那是什么？

生：是混沌一团的宇宙。

师：所以，“大鸡蛋”上加了双引号。这是宇宙开裂的声音，你觉得“咔嚓”声应该是怎样的？

生：很响亮的。

师：那你再来读这个句子，让我可以听到那一声清晰而响亮的咔嚓声。

（生读句子。）

师：盘古只一使劲翻身坐起来，这个混沌一团的“大鸡蛋”竟然裂开了一条缝，你说他的力量大不大？神不神？

（生齐读。）

师：除了“大鸡蛋”的咔嚓声，你还从哪些地方感受了盘古的神力？

生：大神见身边有一把板斧，一把凿子，他随手拿来，左手持凿，右手握斧，对着眼前的黑暗混沌，一阵猛劈猛凿，只见巨石崩裂，“大鸡蛋”破碎了。

（出示句子）

师：注意“猛劈猛凿”，连用了两个“猛”字，足见勇猛，你想象一下此刻的盘古，可能他的头发——

生：竖起

师：他的眼睛——

生：瞪得大大的。

师：他的肌肉——

生：绷紧。

师：他全身的力量都集聚在双臂了，让我们一起来想想画面，读好这个句子。

（生齐读。）

师：盘古的猛劈猛凿，能让“大鸡蛋”崩裂而破碎，天地从此诞生，真是太神奇了。还有地方么？

生：我找到第三节“天和地分开后，盘古就头顶天，脚踏地，站在天地当中，随着它们的变化而变化。”我认为这句体现了盘古的神力，因为普通人是不可能头顶天脚踏地的。

出示段落：

天和地分开后，盘古就头顶天，脚踏地，站在天地当中，随着它们的变化而变化。

天每天升高一丈，地每天加厚一丈，盘古的身体也跟着长高。这样又经过一万八千年，天升得极高了，地变得极厚了，盘古的身体也长得极长了。

这个巍峨的巨人，就像根长柱子似的，撑在天和地之间，不让它们重新合拢。）

师：这几段都是在写盘古的身体随着天地的变化而发生变化。自由读读，看看盘古的身体是怎么变化的。

（生自由读。）

师：你读懂了没有？天和地是怎么变化，盘古又是怎么长高的？请以双手一手做天，一手做地，做做动作来演示盘古的身体如何长高的。

（生演示，出现两种情况：一种是天和地跟着往上升，另一种是天往上升，地往下沉。师反馈了演示学生的动作。）

师：你以为盘古是怎么长高的，哪一种？

生：我认为第一种不对的，地往上加厚，那么盘古的身体一直没有长高，地的加厚应该往下才对。

师：假如是地在底下加厚的话，那么盘古每天长几丈？

生：一丈。

师：谁能把课文中的“加厚”改一个词，让盘古每天长两丈？

生（大喊）：下沉

师：好！每天长两丈，那种感觉就更神异，而且改成“下沉”，表达的意思也更明确。盘古的身高就是这样随着天地的变化而变化。

师（引接）：一百天过去了，天升高了——

生：一百丈

师：地下沉了——

生：一百丈

师：盘古的身体长高了——

生：两百丈（个别学生还说一百丈，看着老师伸出两个手指，不好意思地笑了。）

师：一千天过去了，天升高了——

生：一千丈

师：地下沉了——

生：一千丈

师：盘古的身体长高了——

生：两千丈（这次众口一词了）

师：一万八千年过去了，天升得——

生：极高了

师：地沉得——

生：极厚了

师：盘古的身体也长得——

生：极长了

师：假如此时盘古就站在你面前，你要怎么看他呢？

（有学生喊仰望，有学生就做抬头仰视的动作了。）

师：让我们抬头仰望盘古。你能看到他的头么？

生：看不到。

师：同学们，这就叫“巍峨”。注意看这个词，都带着什么偏旁？

生：都有个“山”。

师：可见这个词本意什么？在这里又指什么？

生：用来形容山的高大雄伟的。这里指盘古的身体高得像山一样。

师：（出示画面）此时的盘古头顶着天，脚踏着地，站在天地之间，有个成语就叫——

生：顶天立地

师：你看画面中的盘古，巍峨的身子伫立在天地之间，多么英武！当天不再升高，地不再下沉，盘古含着微笑倒下了。他为什么要微笑呢？

生：因为他看到天和地不再合拢了，他精疲力竭了。

师：精疲力竭就要微笑？这讲不通啊。为什么天地不再合拢，他要微笑？

生：因为他为人类做出了贡献。

师：可是，那时还没有人啊。

（生语塞。）

师：当他看到天和地不再合拢时为什么要笑呢？你注意看，在故事的开头，盘古生活在怎样的世界里？

生：盘古在黑暗混沌的“大鸡蛋”里。

师：狭小而黑暗的空间，处在其间肯定很憋闷，很压抑。后来呢，他开辟出了一个怎样的世界？天极高了，地极厚了，他眼前的世界变得怎样了？

生：很大很大了，也有了光明。

师：是啊，他眼前的世界广阔而光明，他通过自己的力量，改变了一个旧世界，创造了一个新世界。看到自己的身上有那么强大的力量，他怎么能不笑呢？当他倒下的时候，这世界又发生了奇妙的变化。

四、导读“化身万物”，体会神话丰富的想象力。

（播放课件，教师示范读第八自然段。）

师：这世界美吗？那你也来美美地读读这段文字。

（学生自由读。）

师：这段话中的句子，都用了怎样的句式？

生：每个句子都是“……变成了……”。

师：连用了几个，数一数。

生：9个

师：9个“……变成了……”，一气呵成，读起来顺畅，让我们一起来奏响这曲自然之歌——

（按照投影提示齐读）

（合）临死的时候，他的身躯化成了万物：

（女）口中呼出的气变成了风和云，

（男）发出的声音变成了轰隆的雷霆，

（男）左眼变成了光芒万丈的太阳，

（女）右眼变成了皎洁明媚的月亮，

（男）隆起的肌肉变成了三山五岳，

（女）流淌的血液变成了奔腾的江河，

（男）筋脉变成了纵横交错的大道，

（女）皮肤变成了万顷良田，

（合）就连流出的汗水也变成了滋润万物的雨露甘霖。

师：这段话，都用了什么变成了什么的句式，变成了什么呢？你记住了没有？试着看着投影读。

出示：临死的时候，他的身躯化成了万物：口中呼出的气变成了（），发出的声音变成了（），左眼变成了（），右眼变成了（），隆起的肌肉变成了（），流淌的血液变成了（），筋脉变成了（），皮肤变成了（），就连流出的汗水也变成了（）。

（生自由练习，指名读。）

师：假如我把这段话拍成动画放给你们看，你们一定会盯着屏幕不肯放过每一个镜头，因为这样的变化，最奇特，也最能抓住我们的心。我们再来看，编故事的人是怎么来变的？

（生静默，不懂意思。）

师：你看看，原来的事物与变化的事物，可有相类似的地方啊？

生：口中呼出的气就像空中的风和云。

师：它们都是飘在空中的。

生：发出的声音和轰隆的雷霆都很响亮。左眼发出的亮光像太阳温暖的阳光，右眼发出的光像月亮的光。

师：嗯，右眼左眼是光亮的，它变的事物也是光明的。

生：肌肉和三山五岳一样，也有高低起伏的；血液和江河一样，都是流淌的。

师：你说得真好。这样看起来，编故事的人在想象的时候，也不是在胡思乱想。他的想象让人觉得合情合理。按着这个思路，请你也来想象：盘古的毛发变成了什么？

生：会变成一些树呀，一些草呀，花呀。

师：你再来看，书上是怎么来写句子的：什么变成了怎么样的什么。你能不能也来这样说？

生：毛发变成了碧绿葱翠的花草树木。

生：毛发变成了装饰大地的大树和小草。

师：好，接着来想：他的牙齿和骨头会变成什么？

生：骨头变成了珍贵的金矿。

生：牙齿变成了闪亮的钻石。

生：牙齿变成了洁白的珍珠。

师：真好啊。同学们，三国时代有一本古书叫《三五历纪》，里面记载了盘古开天辟地的故事，里面就有“皮毛为草木、齿骨为金石”的句子。看来，你们和一千八百多年前的古人想的一个样。

师：同学们，盘古死了么？

（生都答没有。）

师：假如盘古没有死，那么他在哪里？

生：在飘动的风和云里。

生：在光明的太阳上，在皎洁的月亮里。

生：在三山五岳和奔腾的江河里。

生：在万顷良田里。

师：是啊，盘古没有死，他与我们这个美丽的世界同在。

（播放课件，师生诵读第八自然段。）

四、拓展延伸，提取开天辟地的意义。

师：《开天辟地》是神话故事，先民们无法解释天和地是怎么来的，就靠他们的想象来编各种各样的故事。有的故事说天和地是胎生的，也有的故事中说天和地是卵生的，有的故事说天和地不合拢，是有一棵最高、最直的杉树给顶着。这些故事，人们大都不知道，而唯有这个盘古开天辟地的故事，被人们广泛地流传，可见这个故事的确不一般。这是为什么呢？同学们，在这个故事里，在盘古的身上，除了他的神力之外，你还看到了什么？

生：我在盘古的身上看到了盘古为人类无私奉献而捐献自己的身体，他舍己为人。

师：他有自我牺牲精神。但是请你注意，他化生万物时还没有人类呢。请你把舍己为人这样的词，收回去吧。

生：我在盘古的身上看到了他的勇敢。

师：怎么说勇敢了？

生：他在黑暗的大鸡蛋里不害怕，他拿起了斧头和凿子猛劈猛凿。

师：是的，他没有在黑暗中继续躺下睡觉，而是勇敢地拿起了斧头和凿子。这一斧头劈出去是什么，他不知道，但他勇敢地劈了出去。

生：我觉得盘古不怕困难，因为撑着天地是很累的，他没有被困难吓倒。

师：说得真好。一个“撑”字，说明他在竭尽全力。你再来看，他撑了多久？

生：一万八千年。

生：几千万年。

师：那么长时间的坚持，你在盘古身上又看到了什么？

生：坚持不懈，他有坚强的毅力。

生：我在盘古身上看到了孤独。

师：是啊，英雄从来都是孤独的。但是，当我们把他的故事一代代传诵的时候，他就不孤独了。盘古身上这种“从无到有”的“勇于创新”的精神，正是我们这个民族所需要的。“开天辟地”这个词慢慢地也变成了一个成语，用来形容从无到有的创新精神，或者寓为一种新的开始。（板书：从无到有勇于创新）

师：今天我们学了课文《开天辟地》，知道了一个叫盘古的大神。很凑巧，老师最近买了一件羊绒衫，来看看它的牌子。

（出示盘古羊绒的标志，生齐念“盘古羊绒”。）

师：后来我去网上一搜，发现以盘古命名的还有盘古王表，盘古软件，盘古电磁炉等等，这些厂家企业用盘古作为他们产品的商标，你们猜猜大概出于什么目的呢？

生：因为盘古开辟了天地，又化生了万物，所以它成了一个标志性的东西。

师：它在标志什么呢？

生：他们希望这个厂也像盘古一样勇于创造，开辟出新的天地。

师：是啊，一个厂家一个产品怎样才能立于不败之地呢？最重要的是要像盘古一样不断创新。

生：盘古有坚持不懈的精神，希望厂里的工作人员也像他一样不怕困难。

生：也要像盘古一样把最好的产品献给世界。

生：盘古是个大神，他受人爱戴。他们的产品也能受大家的欢迎。

师：是啊，盘古这个大神可是家喻户晓，是个名人呢。

五、布置作业。

师：今天我们学习的课文《开天辟地》是一个神话故事。我们的老祖宗用他们神奇的想象力，给我们创造了一个个有趣又有意义的故事。在这本《中国神话》里，就有 32 个这样的故事。这些神话里有着怎样的故事，故事里的人物，又有着怎样的神力？如果你有兴趣，就去翻开它来读吧。另外，请你找出课文中的对偶句，工工整整抄下来。下课。

在神性中不朽

——我教《开天辟地》

一、为什么说神话是重要的

马克思说，神话将随着自然力的实际支配而消失。

但实际上，神话故事永远不会消失，因为人类对自然力的认识与支配，永远没有尽头——非但那些存在历史深处的故事不会消失，我们还在创造着新的神话。

1. 神话故事的故事性，决定着它的流传必定比其他文本来得更为广远。中国的神话最早只在民间流传，零散地见于《山海经》《淮南子》《穆天子传》等古籍中。我们的祖先早慧而崇尚现实理想，他们的文字只用来记录诸子百家的思想而不是神话。但就是这些古籍中少量的浪漫神话故事，却启发并影响着后世的文学创作。中国的小说，从六朝志怪到唐传奇到明清小说，都显示着神话的久远的生命力。

2. 神话故事为人类塑造英雄，彰显着力量美。不同的民族塑造着不同的神的形象。在中国的神话里，盘古、女娲、神农、后羿、大禹等神的身上，充盈着一种劳动崇高伟大、勇于创造进发的精神和不求回报的博大爱心。而在古希腊的神话故事谱系里，诸神的神力更多地是为了展示自身的力量。他们会为了个人的利益与尊严而战，甚至为了一个女人会发动一场战争。希腊神话中的特洛伊之战，就是为了一个美女海伦而展开的。这在中国简直是不可思议的。所以，这些神的形象与故事，影响着后世人的价值观和社会观念的形成。在这些经典的神话故事的因子里，传承的是一个民族的道德传统、伦理取向、文化认同和精神气质。

3. 神话的想象力是人类理想国的居所。由想象力创造的神话，不仅建立了原始人类的生存意义，也沉淀为人类文化发展的永恒的基因。标志着人类科技壮举的“嫦娥一号”奔月行动，谁又能否认这壮举的最初动力，不是来自那个美丽的神话传说？神话中的仙人腾云驾雾，现代飞机日行千里，神话中的女娲抟土造人，现代科技有了克隆技术……丰富而奇特的想象力，不断引导着人类的科技创新。移民月球，迁居火星，寻找星外文明，《哈里·波特》《达·芬奇密码》等带着神秘色彩的当代神魔文化也在兴起。人类对宇宙奥秘的探索，人类面临的未知世界的广大，注定着神话一直在不断讲述、不断书写中。

二、神话可以怎么教——以《开天辟地》为例

1. 走进故事，还他一个“神”。

《山海经》是童年鲁迅最喜欢的书之一，从鲁迅动情的叙述中我们不难体会到那些神话里“人面的兽”“九头的蛇”“袋子似的帝江”“执干戚而舞的刑天”，给童年的鲁迅带来了怎样的欢乐。

儿童对神话有一种天然的渴望。孩子常常容易把想象世界当成现实世界。这是儿童时代的一种特有的精神现象。神话的情节，一般表现为变化、神力和法术。在神话的世界里，神奇的人物、神奇的力量、神奇的宝贝，还有心中的神奇感觉，正迎合了儿童的幻想心理。

在《开天辟地》一课的教学中，如何让盘古这个“大神”在学生心里神奇地站起来呢？

首先，在“开辟天地”这一部分，以文本细读的方式，让学生在字词句中感受盘古的神力。“咔嚓一声”和“猛劈猛凿”两个词的着力引导，就是为了让学生通过关键词感受盘古的力量。而这种力量，在盘古“顶天立地”这一部分则浓墨重彩地加以渲染：让学生用双手演示天和地的变化来直观感受盘古长高的神奇过程；在“一百天过去了”“一千天过去了”“一万八千年过去了”等具体语境的导读中，盘古的身高以数字化的形式清晰呈现，学生接口读的过程，就是盘古的形象在他们心里长高的过程；直至最后“巍峨”的出现，水到渠成地理解了盘古“顶天立地”的气概与形象。这样的教学，力图体现盘古这一形象的审美价值。

接着，在“微笑着倒下”的“微笑”处，设疑：为什么要微笑着倒下了？关于这个话题，学生往往能答到“天和地不再合拢”了。教者不能浅尝辄止，而要学生联系上文中的关键词“黑暗混沌”来理解：在“大鸡蛋”里，空间的狭小与黑暗，让盘古承受着无尽的憋闷和压抑，而现在，他通过自己的力量，改变了世界——他眼前是一个光明广阔的新世界了。于是，这个“微笑”，就成了盘古见证了自己的力量之后的“笑”，盘古的壮美又一次在“微笑”中绽开。

最后，在“化身万物”处，教学中首先以音乐和画面给学生的感观强烈的冲击：世界真美。然而认识到此是远远不够的。这部分的内容，重在“变”，因“变”而神奇。如何导好这个“变”？先看变什么——记忆文中的优美词句；再看怎么变——由此，引发对神话故事想象的思考：让人意想不到又在情理之中的想象，才是最上乘的想象。

2. 走出故事，创造一个“神”

阅读神话故事，记住故事的本身是重要的。故事是伟大的。只要故事中的情节还活着，阅读者就能在岁月里不断反刍，提取出新的意义。

但就中年级学生而言，课堂教学中如果仅仅读到故事还是不够的。故事能不能成为养料养育儿童的精神，很大程度上决定于学生对故事的理解——他能看到什么。因此，作为这个神话故事的文本，尝试提取故事背后的精神意义，就显得重要了。

但是，假如这种精神意义与故事剥离，仅仅成为一个标签式的语词，那么，所谓的意义还是沉睡着的。如何使意义的提取有意义呢？——从故事中来，到故事中去。

教者将几个民族创世神话中关于天地的形成故事简要叙述，并提出“为什么盘古开天辟地的故事会流传得广远，你在盘古的身上看到了什么”的话题。智者见智，仁者见仁。这个开放的话题，学生可以抒谈己见。但是，不管学生讲什么，教者都主动地引导学生将精神意义附着在故事的情节中：谈到“勇敢”，就要结合黑暗混沌中的“一阵猛劈猛凿”；谈到“坚韧与毅力”，就要结合文本中的“一万八千年”“几千万年”的长时间的坚持；谈到“从无到有的创造精神”，就要结合文本中新旧两个世界的对比……惟有这样，学生所创造出来精神之“神”，才能着床于心的原野。而由盘古羊绒标志引发的商标之议，则为学生理解神话又打开了一扇窗——盘古不会死，神话也永远不会消失。

当然，作为小学语文教材，我们还得注意文本的语言表达形式。比如，文中对偶句的大量运用，这个知识点应该以恰当的方式渗透。此外，课后要求学生背诵的段落，尤其是第八自然段，教者在课堂上也做了强化读诵。在如何展开想象这个话题中，则在学生说“变成什么”的基础上，进一步要求像课文中那样说：什么变成了怎样的什么。由会说到说好，教者要充分发挥教材语言的示范功能。

当一回盘古，写一个神话

李玉龙

“当一回盘古，写一个神话”，这是我对《开天辟地》这篇文章在课堂操作层面的教育学理解。

学生对文本的意义建构往往取决于学生对文本的进入程度。让学生停留于知道了盘古这个人和知道了开天辟地这件事，这样的浅表进入所获得的“知道”或“知识”对孩子的意义几近于无。如何让孩子深入这个文本呢？不妨尝试采用如下一组递进式的问题展开课堂：第一，盘古为什么要开天辟地？他的欲望和热情源自哪里？第二，盘古开天辟地的具体过程是怎样的？第三，在开天辟地的时候，盘古的内心可能经历一个怎样的变化？这是三个大问题，其间又包含一些小的问题。这些问题最好先由学生提出，教师再进行归纳、整理、补充。随着一个个问题的提出和解析，教师和学生一起进入开天辟地的现场，一起揣摩其中具体的细节，一起讨论“如果我是盘古，可能做出怎样的选择”，一起获得并分享彼此的虚拟体验。这个过程，实际上就是让学生“当一回盘古”：作为同一个盘古，学生和盘古同呼吸、同担当、共命运；作为另一个盘古，学生和盘古处于同样的环境，有着同样的条件，面临同样的问题，却可以拥有不同的选择。在课堂的层层推进中，《开天辟地》这个文本逐渐得以丰满，也不断地被改写，从而成为学生自己的个人化文本，意义也在其中自然地获得建构。

这个世界是怎么来的？生命又是如何发生的……这些关于世界的本原性问题是否曾经在我们的内心涌动过？我们的先人用“开天辟地”这个创世神话给出了一个文学化的浪漫解释，今天我们也试图用宇宙大爆炸等理论作出一个科学性的证实。

心里藏着“十万个为什么”的孩子是否也曾想过这样的问题？是否也曾有过千奇百怪的想象呢？没有，就激发；曾经有，就唤醒；有，就让孩子们在课堂上尽兴地呈现好了。让孩子书写自己的神话就是尽最大可能地葆有和培养孩子对未知世界的探究欲和创造欲。在具体的操作上，为了尽量减少这个文本可能对孩子造成的“干扰”，最好在课堂一开始就先问一问孩子们是否有过这样的“天问”，并让孩子们呈现他们的各种设想。而且，让孩子编织自己的“开天辟地”的神话，作为一个课后的延伸，我以为也是非常有必要的。

显然，无论是“当一回盘古”，还是“写一个神话”，都需要学生想象力的积极参与。神话本是想象的产物，而孩子正处于一个想象力旺盛的年龄，这样的叠加，是可以生产出好东西的。自由的空间是孕育想象力的土壤，精彩的问题是点燃想象力的引信，饶有趣味的语言是刺激想象力的催化剂。在一定程度上，甚或可以把能否呈现新鲜的、活泛的、充满趣味的想象“产品”，比如语言、思考、故事等，作为判断这堂课质量高低的一个重要标准。

张学青是一位优秀的小学语文老师，具有相当的文学功底和比较丰富的教育教学经验。这堂课可圈可点之处不少。比如，对盘古形象的“补”，就很能体现张老师的文学素养；还有对“贡献”等教育流行词汇的纠偏，不仅可以看出张老师对文字的敏感，还可意会到其背后的人文底蕴。但即便如此，我仍要表达对这节课的强烈遗憾。

遗憾之一，对文本的进入程度不够，对意义的建构又看得比较简单化了。整堂课，张老师拘泥于自己预先的设计套路，拘泥于文本既有内容的讨论，未能为孩子打开深入文本的通道。“勇敢”“坚持不懈”“毅力”等几个词汇的提取很难说就是有效的建构意义的过程，孩子深入文本所收获的参与感、兴奋感、创造感、幸福感要比提炼这几个词汇重要得多。

遗憾之二，这节课精彩的看点比较有限，富于“含金量”的孩子的想象“作品”很少。课堂真正的精彩源于学生。张老师的课堂设计本来就没有给孩子的“自选动作”提供多少空间，大量的“短、平、快”式的课堂对话也更多的是问题和答案之间的一一映射关系，而且有些时候教师又急于提点和总结，这就大大压缩了课堂的张力空间，使得课堂只能在一个扁平狭小的通道内局促地向着教师的预定目标行进。

遗憾之三，“编故事的人”和“盘古牌羊绒衫”作为一种具有“后现代意味”的干扰信息，对课堂着力营造的神奇氛围是一个破坏。诚如张老师自己所说，这节课要让学生“走进瑰丽的神话世界”，但“编故事的人”却告诉学生，这就是一个故事而已，而“盘古牌羊绒衫”和神话也太不搭界了。

我宁愿采用比较理想化的状态和比较苛刻的语言来评述张学青老师的课堂，因为以我对张老师的了解，她完全可以拿出更好的“开天辟地”的课堂版本。之所以不能，主要涉及到观念问题。比如，让孩子书写自己的神话，我更多的是基于教育功能的考量，而在张老师看来，这可能就不是语文课，就没有语文味了。其实，作为一堂小学语文课，张老师的《开天辟地》在当下已经是一节非常优秀的课堂。坦白地说，拿这样一节“优秀的课堂”作讨论，有表达我对于目前小语课堂的一些看法的意思，无论是价值层面，还是技术层面。自然，我的意见也是可供商榷的。

（作者单位系《新教育》杂志主编）

船长，我们的船长

——《船长》教学构思

《船长》一文选编在苏教版国标本第十二册教材中，是根据维克多·雨果创作的小说《“诺曼底”号遇难记》改编的文章。小说中“诺曼底”号的船长哈尔威，在遭遇撞船之险时，挺身而出，果断指挥，使船上的乘客全部脱险，自己却与轮船一起沉入了大海。小说塑造了一个忠于职守、处变不惊、恪守做人之道的船长形象，昭示了人类在面临灭顶大灾面前如何选择的价值取向。

怎样让船长这个英雄形象血肉丰满地凸显在学生面前？作为一个文学作品，又如何激荡人的心灵，使之广阔，让美与人的理性像不落的太阳那样光华四射，拥有不朽的力量？笔者在教学中尝试扣住三个“三”展开课堂教学。

三道命令

撞船之后，沉船之前，“哈尔威巍然屹立在他的船长岗位上，沉着镇定地指挥着，控制着，领导着”。他是如何指挥、控制并领导呢？

第一道命令

哈尔威船长站在指挥台上，大声吼道：“大家安静，注意听命令！把救生艇放下去。妇女先走，其他乘客跟上，船员断后。必须把60人全都救出去！”

这是船长在轮船遇险之后下的第一道命令。这道命令不是“发出”，也不是“喊出”，而是“吼出”。之所以用“吼”，是因为船长深知情势之急，要用一个人的声音盖过甲板上闹嚷嚷的一片，不吼无以控制局势。

除“吼”字以外，教学中要进一步引导学生读懂“吼”的内容以及表达的形式：四句话，简短有力，先怎样后怎样，突出秩序；四句话皆为祈使句，且有两句使用了叹号，这样威严的命令，让人感觉非服从不可；“妇女先走”体现了船长的做人之道，这也是一个男人做人的底线；“必须”一词表达了船长的决心与信心。

第二道命令

“哪个男人敢走在女人前面，你就开枪打死他！”

这样的命令，掷地有声。教学中可通过示范朗读体会船长命令中所裹挟的气势。但，仅仅是有感情地读还是不够的。这个环节，要引导学生讨论这道看似不近人情的命令：为什么要开枪？男子的性命难道不重要么？这也是学生的困惑所在。而这个点，正是帮助学生建立文明社会准则的良好契机：保护弱小，是每个文明人应当承担的责任。处于强势地位的男人（无论体力还是临险时的心理素质，男人都处于强势），应该把先上船的机会让给女人和孩子。谈到这一点，还可以进一步追问：“人们为什么会‘沉默’了？假如有男人哄抢着先上小艇，船长会开枪么？”乱世用重典，情急出险招，船长是否会开枪不重要，重要的是疯狂的人们“沉默了”，没有一个人违抗船长的意志：既有被“开枪打死”的震慑，又有对船长沉着果断指挥下获救成为可能的信任，更有船长人格魅力的感染与影响。

第三道命令

“快救克莱芒！”

克莱芒只是一个见习水手，又是个孩子，船长自然对他特别关照，这也说明船上的每一个人都在船长的心里。此处，也有耐心寻味的地方可引导学生体会：“快救克莱芒”“动作再快一点”，接连用了两个“快”，说明时间相当紧迫，为什么在灾情刚发生时船长说 20 分钟“够了”？从这组矛盾中，我们不难体会船长过人的镇静与智慧——所谓“够了”，并非是时间上的“足够”，而是给黑暗中慌乱的人们打一针镇静剂。

三组对比

第一组：玛丽号与诺曼底号的对比

苏教版《船长》一文是根据《诺曼底号遇难记》改编的。改编时，编者漏掉了一些重要的信息，我觉得非常可惜。比如，改编后的文章删去了“雾愈来愈浓”的环境描写。如果仅仅是像文章中所说的“薄雾笼罩”，作为具有高度警惕性的哈尔威船长，也许可以避免这场海难的发生。

因此，在教学中可以还原原文中的一些信息，让学生在比较中判断这场海难谁是肇事者：

“诺曼底”号：“哈尔威船长像平常一样把‘诺曼底’号轮船从南安普敦开往格

恩西岛”，说明是熟悉的路线，“薄雾弥漫，船长站在舰桥上，小心翼翼地驾驶着他的‘诺曼底’号。”而在“雾愈来愈浓”的情况下，“轮船缓缓行驶着”。

“玛丽”号：“负重特别大”，又是“全速前进”，而且“直向‘诺曼底’号的侧舷撞过来。”

两相对照，学生不难得出结论。小说这样安排“撞船”事件，与结尾的“哈尔威船长一生忠于职守”是遥相呼应的。

第二组：突然遭遇海难时船长与乘客们的对比

“顷刻间，所有的人都奔到甲板上，男人、女人、孩子，半裸着身子，奔跑着，呼喊着，哭泣着，海水猛烈地涌进船舱。”

“哈尔威船长站在指挥台上，大声吼道：“大家安静，注意听命令！把救生艇放下去。妇女先走，其他乘客跟上，船员断后。必须把60人全都救出去！”

学生找出相应的表现以后，要在朗读中体会乘客的慌乱和船长的镇静。引导学生注意描写乘客的句子：“男人、女人、小孩”，文章不是笼统地称“大家”，而是这样分类叙写，意在强调船上的每一个面临着葬身大海的危险时的慌乱、惶恐和不知所措。而在这些人的衬托下，船长能马上站到“指挥台上”“大声吼”，不能不说是理智而冷静的。他具备了一个船长应有的素质。

第三组对比：乘客们行为的前后对比

控制前：“大家一窝蜂拥了上去，险些儿把小艇弄翻了。奥克勒福大副和三名二副拼命维持秩序，但整个人群简直像疯了似的，乱得不可开交。”

控制后：“救援工作进行得井然有序，几乎没有发生什么争执或斗殴。”

这一组对比，充分说明了“你就开枪打死他”这一命令的行之有效。事实上，海难虽然可怕，但比海难更可怕的是人们面对海难时的惊慌、混乱、疯狂和毫无理智。此处可链接电影《泰坦尼克号》的有关信息：泰坦尼克号遭遇海难时，人们的疯狂让救生艇望而却步，导致海难中船上的1500人中只有少数人生还。

三个话题

1.船长与奥克勒福大副的对话，与一般的对话描写有什么不同？

“洛克机械师在哪儿?”

“船长叫我吗?”

“炉子怎么样了?”

“被海水淹了。”

“火呢?”

“灭了。”

“机器怎样?”

“停了。”

船长喊了一声：“奥克勒福大副！”

大副回答：“到!”

船长问道：“还能坚持多少分钟?”

“20分钟。”

“够了。”船长说，“让每个人都下到小艇上去。奥克勒福大副，你的手枪在吗?”

“在，船长。”

这段对话很特别：极为简短，有的句子仅用一个词表示；分行写人物语言，醒目突出；对话中的叙述交代极为简洁，大多地方只有人物语言。学生可以在分角色的朗读中，体会高度紧张的环境氛围。教师还可以将这段对话与“添加提示语”“将词说成完整句”的对话进行比较，体会这样的对话描写，与当时环境相称，也能更好地突出船长的沉着与果敢。

2.遇险时船上的乘客闹嚷嚷的一片，是否需要谴责？

这个话题，可以以“假如你就是船上的一名乘客，突然遭遇这样的撞船事件，会有怎样的表现”作为起点，让学生实话实说。以“我心”度“人心”，学生不难体会到趋利避害是人的本能。自私、逃避、怯懦，都是正常的人性的弱点，在危险和死亡面前，这些弱点往往暴露得更为充分。在遭遇海难之时，作为普通的乘客，他们的惊慌与盲乱是可以被理解，甚至可以谅解的。这也正是英雄的意义所在——在紧急情况中能够克服人性的弱点，彰显人性的光芒，这是人与自然、与不可意料的灾害抗争所迸发出的能量。正因为有了英雄的存在，灾害或者伤害可以减少到最小的程度。

接着话锋再转：“假如以爱我生命的名义，不服从船长的安排争抢着上小艇，这样的行为是否需要谴责？”也可以进一步追问：“争抢着上，会导致什么样的结果？假如因你而导致更多的人丧身，这样的行为是否需要谴责？”这样，理解上的难点就迎刃而解了：在遭遇海难时，如何让更多的人活下来是珍爱生命的大义所在。不顾船长“开枪打死他”的命令，仍然拥上去抢着上救生艇，从而乱了秩序，导致更多人不能生还的极端自私的现象，是要遭到谴责和唾弃，让人不齿的。

3.假如船长不与船同亡，他还是英雄么？

这是一个非常有趣的话题。就这个话题，我曾经在班上做过统计，起初，47名学生的班级，仅有6人举手表决认为船长还是英雄。而更多学生则认为，人都没死，算不得英雄。可见，相当一部分学生头脑中“英雄”与“烈士”是划等号的。教师再次追问“你把船长称为英雄的理由是什么”时，他们说到了船长忠于职守、履行做人之道、镇静、果敢等种种优秀素质。实际上，即使船长不与船一起沉入大海，他也是当之无愧的英雄。那么文章为什么要用“船长与船一起沉入大海”作为结尾呢？首先，这是小说。小说需要强烈的矛盾与冲突。“船亡人亡”将船长忠于职守的品质推到了极致，又具有了悲剧美的力量。小说的作者维克多·雨果“是一个像烈火一般狂热、激烈的人。……对他来说，生活是由激昂地、庄重地表现出来的一系列巨大的激情汇集而成的”。（[俄]康·帕乌斯托夫斯基的《金蔷薇》第292页）

且看他如何为船长的形象定格：

船长哈尔威屹立在舰桥上，一个手势也没有做，一句话也没有说，随着轮船一起沉入了深渊。人们透过阴森可怖的薄雾，凝视着这尊黑色的雕像徐徐沉入大海。

这是一个浮雕式的特写镜头。教学中可以在入情入境的朗读中，把船长的刚毅、果敢以及对轮船对大海宁死不渝的执着情感，定格在读者的心里。

追寻一支永恒的歌

——《去年的树》文本赏析

《去年的树》是日本作家新美南吉创作的童话故事，由中国童话作家孙幼军翻译。故事简洁，译笔流畅。文章以极其素朴的白描手法，叙述了发生在一只鸟和一棵树之间的故事：鸟儿和树是好朋友。鸟儿天天给树唱歌，树天天听着鸟儿唱。冬天来了，鸟儿必须离开树。他们临行相约，明年春天再见，一个愿意再唱，一个愿意再听。第二年春天的时候，树不知去向，鸟儿苦苦追寻，几经周折，找到了由树做成的火柴点燃的灯火。鸟儿对着灯火，唱起了去年的歌。

这篇童话篇幅短小，却承载了丰富的内涵。作者似乎特意少说或者不说，给读者留下了极大的意义空白和想象空间。作品的文字并不煽情，然而，流露在字里行间的那种不热烈却执着的情意，令人荡气回肠。在鸟儿的身上，十分鲜明地体现了新美南吉情感追求的价值取向。作者认为，人与人之间是孤独的存在，并非轻而易举就能相互结合的。因此，他在表达情感时，大都着意于追求的艰难，他的作品也因此具有震撼人心的艺术感染力。这个作品，也并非“大圆满”的结局。作者借助于“鸟儿的歌”这个意象的美学意蕴，呼唤着人世间最美好的情愫，让我们相信，最美好、最纯洁、最诚挚的情感，可以超越时空，走向永恒。比如信赖，比如忠贞，比如友谊，比如爱情。

文章一开头就写："一只鸟儿和一棵树是好朋友。鸟儿坐在树枝上，天天给树唱歌。树呢，也天天站着听鸟儿歌唱。""好朋友"之"好"，表现在哪里？文章连用了两个"天天"——天天唱，不倦；天天听，不厌。透过两个"天天"，我们可以看到这样动人的画面：阳光在枝叶间流泻，鸟儿在枝上欢歌、扑翅，在枝间跳跃、飞翔，树站在那里，凝神谛听。一阵风过，鸟儿啾啾，树叶沙沙，他们一起歌唱。平淡中的日子，因此拥有了不一般的情致和快乐。

"日子一天天过去，寒冷的冬天就要来了。鸟儿必须离开树，飞到很远很远的地方去。"冬天里，许多鸟儿必须离开原地迁徙到更适合它们居住的地方。这样的情节安排，也符合事物的物性特点。"必须"，这不得不的背后，是不忍和无奈。分别的时候到了，彼此想倾诉的话，说不完啊道不尽，千言万语就化为文中最简单的两句话：

"再见了，小鸟！明年春天请你回来，还唱歌给我听。"

"好的，我明年春天一定回来，给你唱歌。请等着我吧。"

这是一个春天的约定。

"春天又来了。原野上、森林里的雪都融化了。鸟儿又回到这里，找她的好朋友来了。"从"很远很远"的地方回来，这一路的飞翔，千山万水，风云雨电，会有多少的劳累与困苦？文章里只字未提。不要说，也不必说了——心里装着那个春天的约定，再苦再累，又何必说呢？

"可是，树不见了。只剩下树根在那里。"

故事就是这样曲折有致。

顾不得长途跋涉的辛劳，鸟儿在树根、门先生、小姑娘的指引下又是一路追寻。接下来的故事，就在对话中展开情节。这部分的对话，作者采用了民间文学常用的连锁反复的形式，每一次的追寻，都采用了相同的结构："问"——"答"——"飞"，使作品拥有了一种节奏感和旋律美，并且作者利用这种循环往复的形式表达鸟儿追寻的决心与毅力。据此可以想象鸟儿苦苦追寻的场景：鸟儿向山谷飞去，她的眼睛四处搜寻树的身影，她的嘴巴不停地呼唤着树的名字，一次次地搜寻，一次次地失望，她又累又倦，但她的翅膀却无法停下。她的心头，一定不断地回响着一个恒久的声音：

"再见了，小鸟！明年春天请你回来，还唱歌给我听。"

"好的，我明年春天一定回来，给你唱歌。请等着我吧。"

鸟儿与树根、门先生、小姑娘的对话，作者写得又是独具特色。鸟儿看到好朋友不在时，得知好朋友被拉到山谷时，得知好朋友被切成细条儿做成火柴时，是怎样的心情？又是怎么问的？作者似乎有意不着笔墨，简单而干净的问答之后，鸟儿的感情在"飞"中流露：

"鸟儿向山谷里飞去。"

"鸟儿向村子飞去。"

带着一身劳累，就这样不停地飞——还有比"飞"的行动更能表达鸟的急切么？

当鸟儿得知树被做成了火柴点燃了灯火时，"鸟儿盯着灯火看了一会儿，就唱起去年唱过的歌给灯火听。唱完了歌，鸟儿又对着灯火看了一会儿，就飞走了"。

这两句话中的"看"字颇为传神，让人产生遐想。第一个"看"，是在鸟儿费尽周折，终于找到了自己的好朋友之时——虽然只是用树做的火柴点燃的灯火，鸟儿睁大眼睛，仿佛在说，好朋友，我终于找到你了，我来给你唱歌了！第二个"看"，仿佛在说，好朋友，我唱的歌你听见了吗？这两个"看"字，饱含了鸟儿对树无比的深情和留恋。

树，去年的树，已经不在了。在亮着的灯火里，有他跳跃的身影。

歌，去年的歌，又唱起来了。歌还是那首歌，旋律还是那个旋律——

"再见了，小鸟！明年春天请你回来，还唱歌给我听。"

"好的，我明年春天一定回来，给你唱歌。请等着我吧。"

树，是否听到了鸟儿唱出的去年的歌，已经显得不重要了。重要的是，每一个读过这个故事的人，都听到了这支永恒的歌。

走近孔子

——《孔子游春》教学设计

【设计意图】

《孔子游春》是苏教版第十二册的课文，讲述了孔子带弟子到泗水河畔游赏，巧借河水教化弟子的故事。本课的设计力图以孔子的教学内容与教学方式为支点，从"真君子""智者""好老师"等角度作为走近孔子的起点，认识这位儒家学派的创始人，中国古代最著名的思想家、教育家。

【教学目标】

1. 理解"司空见惯""善施教化"等词的意思，积累成语。

2. 熟读并背诵第八自然段，理解并发现"水与君子"的内在关联。能运用课文中的句式（排比、比喻）进行迁移练习。

3. 感受孔子的可亲与可敬，初步认识孔子及其思想。

一、话说孔子，交流初读体验。

1. 说说你所知道的孔子。板书：儒家、思想家、教育家

《论语》中记录了孔子的不少的言论，你知道哪一些？

2. 交流初读体验。

通过预习课文，知道课文主要讲了一件什么事？谈谈这件事中的孔子给你留下的初步印象。

在交流中理解词语：温文尔雅、司空见惯、善施教化

二、走近孔子，赏读泗水春意。

1. 孔子这个老师很特别，他的课堂设在泗水河畔。课文是怎样写泗水河畔大自然的美景的？读一读，引导学生说出把什么比作什么，并进一步体会比喻的贴切。

大地　　胸怀（宽广）

森林　　长发（茂密）

太阳　　眸子（明亮）

轻风　　絮语（轻柔）

2. 按着这个思路，记一记。

3. 按着这个思路，用一用。

大自然的春景，还是怎样的美丽呢？用上“（ ）的（ ）是她（ ）”的句式说话。

例句：弯弯的月牙儿是她晶莹的玉簪。

绵绵的细雨是她辛勤的汗水。

潺潺的溪流是她透明的腰带。

各色的野花是她五彩的绣花鞋。

一串比喻，把“大自然”当“人”来写，写出了泗水河畔的浓浓春意，写出了大自然的神奇与美丽。

三、认识孔子，研读《孔子游春》

真君子

1. 研读“论水”

（1）一段关于“水”的言论，千百年来为世人诵读。投影出示文字，指导流畅地读第八自然段，：

“水奔流不息，是哺育一切生灵的乳汁，它好像有德行。水没有一定的形状，或方或长，流必向下，和顺温柔，它好像有情义。水穿山岩，凿石壁，从无惧色，它好像有志向。万物入水，必能荡涤污垢，它好像善施教化……由此看来，水是真君子啊！”

（2）读思结合：想想这段话说了哪些水的特性？这些特性与“真君子”是怎么联系起来的？默读课文，边读边在关键词语下加点或者打圈。

交流板书：水　　　　　真君子

有德行

有情义

有志向

善施教化

（3）再读孔子论水。这段文字，让你想起了哪些关于水的词语、成语或句子？

组织交流，出示词句：

柔情似水　至柔至刚

滴水穿石　流水不腐

上善若水

水，万物之本源也（春秋·管仲）

水心如镜面，千里无纤毫（唐·白居易）

抽刀断水水更流（唐·李白）

君不见，黄河之水天上来，奔流到海不复回（唐·李白）

人往高处走，水往低处流（俗语）

2. 尝试发现“水”更多特性与“人”的品性之间的关联。

（1）“上善若水”，引导关注文中的省略号，说说看到的水还有哪些特性与“真君子”呼应。

可补充动漫画面，帮助学生复苏有效情境：

第一幅：水没有浓郁的香味，也没有诱人的色彩，无色无味，清澈而透明；

第二幅：不同的水流能够很快地汇聚到一起，不分你我；

第三幅：水，必要流到平才肯停；

第四幅：水浩荡向东，遇到高山大石的阻拦，迂回曲折后还是一路向前，百折不回；

（2）练笔：想一想：水的这些现象与人的哪些品性是互相呼应的？仿照书上的句式来写一两句话：水____________，它好像____________。

（3）交流体验水的更多特性：谦逊，不招摇；水的广博宽容；水的公正；水的勇敢和智慧……相机出示诸子论水：

天地之鉴也，万物之镜也。——庄子

江河之水，非一源之水也。——墨子

唯无不流，至平而止，义也。——管子

水之形，避高趋下；兵之形，避实而就虚。——孙子

智者

1. 孔子不过是一个平常的老头子，据说相貌是很丑的，但他却是个思想家。在他的游春故事里，什么让你最佩服？

2. 组织交流，回读第八自然段。

能从司空见惯的“水”中，看出深奥的道理来。这样的哲思，就是智慧。当我们读着这些文字的时候，会有灵感乍现的顿悟。这就是思想的魅力。

好老师

1. 像孔子这样的老师，你喜欢么？为什么？自由读课文，找找你喜欢他或者不喜欢他的理由。

2. 组织交流：

★和谐融洽的师生关系，宽松自由的学习环境。教得轻松，学得随便。弹琴、唱歌、采花、垂钓、戏水，不必正襟危坐，无须统一行动。弟子们可以大胆地发出自己的声音，不论哪一种声音，孔子都能接纳并提出自己的想法。

引导理解“春意更浓”的几层含义：

第一，泗水河畔桃红柳绿的春意；第二，泗水河畔孔子的智者言论，让人有如沐春风之感；第三，师生之间浓浓的情意。

★教育的无痕。不愤不启，不悱不发，以司空见惯的水引导教化学生，自然而然，是所谓的“善施教化”。如果大自然是课堂的话，那么水就是孔子的课本了。

★用自己的言行去影响学生。孔子自己就是一个有德行、有情义、有志向、善施教化的君子。相机出示孔子的志向：老者安之，朋友信之，少者怀之。

★语言的丰富与畅达。孔子论水，汩汩滔滔，辞达而言简，整齐而精练。

总结：真君子，智者，好老师，这就是孔子——儒家学派的创始人，中国古代最伟大的思想家、教育家。

四、走进孔子，拓展诵读《论语》

孔子是两千多年前的大思想家，大教育家，被尊为“万世师表”。两千多年过去了，很多东西都随之淹没，但他的声音却流传到今天，多少通都大邑，仍在汲取他的智慧，多少穷乡僻壤，仍在温习他的语言。

推荐诵读《论语》。

知己就是这样驯养的

——《黄鹤楼送别》教学设计

【设计意图】

《黄鹤楼送别》是苏教版小学语文第九册的课文。本课属于“文包诗”的形式，即以一个故事再现《黄鹤楼送孟浩然之广陵》这首诗的创作情境。故事是诗歌的拓展和阐释，诗歌是故事的浓缩和提炼，诗文互照，情景同现，可以引导学生联系语言环境理解课文，体会诗人情感。

文包诗的课文，诗是主角，文是配角。《黄鹤楼送孟浩然之广陵》这首送别诗，是一首熟诗，学生在学习课文之前早就能读甚至能背了。但是诗里蕴含的感情，诗中借景抒情、寓情于景的特点，学生往往不能很好地体会。本设计力图以“知己”为关键词，引领学生透过文章的字里行间，体会两人深厚的情意，品味诗歌含吐不露的特点。

【教学构思】

一、介绍名楼，诵读古诗。

1. 出示黄鹤楼的图片：黄鹤楼俯临长江，雄踞蛇山之颠，飞檐凌空，辉煌瑰丽，与湖南的岳阳楼、江西的滕王阁齐名，号称“江南三大名楼”。名楼之所以名，不仅仅因为它的建造，它周围的风景，更因为，古往今来的骚人墨客留下的千古佳句。

2. 诵读《黄鹤楼送孟浩然之广陵》，

在自由读、指名读、集体读等反复诵读中，将诗句读流利。

二、初读课文，整体感知。

1. 诗句描述了一段名人送别的佳话，诗人是在怎样的情境下写下这首诗的呢？布置自由读课文。

2. 交流整体印象。

读了课文，你感受到了李白和孟浩然之间有着怎样的感情？试用词语来形容。

你发现了他们之间有着怎样的关系？（比较“朋友”“好朋友”“知己”）

三、披文入情，品味语言。

1. 哪些地方可以看出两人的情谊深厚？他们是不是一般的朋友？默读课文，用心体会，圈点划注。

2. 交流品味。

第一自然段：引导关注“饯行”一词。从“饯”的字形理解，“饯行”是指设下酒食送行，饯行地点设在黄鹤楼，可见两人格调高雅，情谊非同一般。

第二自然段：引导从“一会儿……一会儿”体会两人无意赏景。醉翁之意不在酒，尽管此时在黄鹤楼上眺望，景很美，但一对好友即将分别谁都没有心思去赏景。两人都无意赏景，都不去触动藏着的离别之情，可谓“心有灵犀不点也通”。

第三自然段：提出“知己”

“夫子”“您的人品……”“您的诗篇”，六个“您”的连用，结合“知己”一词，体会李白对孟浩然的尊崇来自于彼此间相同的志趣爱好，因此他们的友谊有坚实的基础。

由“满饮此杯”“一饮而尽”体会情意：感情深，一口闷。怎么能不一饮而尽呢？喝下的哪是酒啊？

第三自然段以对话展开故事，可以让学生演一演，加上抱拳、端酒、一饮而尽等动作，体会诗人的率性与洒脱。

第四自然段：

送君千里，终有一别。杨柳依依，江上沙鸥点点，本段情景交融，适合诵读。在诵读中，引导学生体会：

“杨柳依依”——折柳相送的习俗。

“伫立”——长时间地站立，看什么？看友人的船渐行渐远，直到消失在水的尽头。

“凝视”——盯着一处看，看着不放，看得专一。

“一江春水浩浩荡荡”——情意如绵绵江水，水不枯，情不断。

李白就是这样，伫立在江边，挥一挥手，作别老友。小船啊，载着友人，载着他的深情凝望，渐行渐远，终于消失在蓝天的尽头。此地一别，何日再见，可否可否，把我不尽的思念托付给这一江滔滔，载着小船与友人同行？

四、回读古诗，感悟诗句的表现特点。

此情此景，李白按捺不住激动的心情，情不自禁地吟出了脍炙人口的故事——

1. 出示诗句，配乐朗读。

2. 自由吟哦：诗人是怎么写离别写两人之间的情意深厚的？

重点体会“孤舟远影碧空尽，唯见长江天际流”。

长江——象征着友情永世不绝。

质疑“孤舟”——长江是一条非常重要的河流，交通繁忙。在烟花三月的季节里，长江上会只有一条小船么？为什么诗人要写“孤舟”呢？

（那条船上，载着他的知己孟浩然，其他的船，跟李白又有什么关系呢？那是一种“我的眼中只有你”的一往情深。）

小结：诗人写离别，不直接说情意深，不直接说舍不得，而是把感情蕴含在景物里，借景抒情，寓情于景，含吐不露，余味无穷。这就是诗歌“脍炙人口”之处。

3. 自古人生伤离别。这首送别诗中“离别”有没有让人有“伤心”之感？

“烟花三月下扬州”——春光烂漫，好朋友要去的地方是扬州，扬州，当时是非常繁华的地方。“下”，顺流而下，李白这样写，还有祝朋友前程似锦，一帆风顺的意思。这就是李白，潇洒、豁达、开朗的李白。

再次吟咏《黄鹤楼送孟浩然之广陵》

五、拓展延伸。

黄鹤楼上还有不少名篇佳句，其中以崔颢的《黄鹤楼》最为有名。传说黄鹤楼上李白曾留下这样的诗句，眼前有景道不得，崔颢题诗在前头。那么，崔颢到底写了一首什么诗能让一代宗师李白、心高气傲的李白如此折服呢？

出示《黄鹤楼》一诗，布置自己查阅资料读懂崔颢的《黄鹤楼》。

诗歌教学

一诗一世界

——《小诗里的世界》课堂实录

学生：安徽省砀山县实验小学五（6）班

板块一：诵读理解，读中求悟

师：咱们先来聊聊天。你说，做一张桌子需要什么？

生：木头

师：要有木头，需要什么？

生：树木

师：对，要有大树，才有木头。那么要有大树，又需要什么？

生：需要树苗

师：树苗从哪里来？

生：种子发芽长成的。

师：那么要有种子，需要什么？

生：肥料，还有营养，还有水。

师：（笑）好，我给你一包牛奶，里面有各种各样的营养成分，你给我从里面弄颗种子出来？

再想想，种子从哪里来的？

生：果实。

师：要有果实，需要什么呢？

生：需要树木。

师：那是当然的。那么，树木能结出果实，先得怎样？

生：开花。

师：所以，要有果实，先得有花朵。

不知道是不是偷听了我们的聊天，有一位诗人写下了这样一首诗，还真跟我们的聊天差不多。不信，你来读读看——

（出示《需要什么》，学生自由读。）

需要什么

做一张桌子，
需要木头；
要有木头，
需要大树；
要有大树，
需要种子；
要有种子，
需要果实；
要有果实，
需要花朵；
做一张桌子，
需要花一朵。

——（意大利）贾尼·罗大里

师：都读完了。原来写诗就像聊天那么简单啊。同学们注意看，这首诗共有几个分句？

生：六个。

师：对，五个分号，六个分句。每个分句都用了相似的句式："要有……需要……"下面我请男女同学来对读这首诗，女同学读上行的红色字体部分，男同学读下行的蓝色字体部分。

（男女声对读）

师：读得不错，男生铿锵有力，女生绵柔整齐。下面想请一排上的六个同学来接力读，一个接一个，每个同学读一个分句。

（生接力读。）

师：你注意到没有，这六个分句一句一句是怎么接起来的？

生：第一句都是答案，第二句是回答。

师：嗯?哪句是答案，哪句是回答了？你注意看，第一个分句结尾的地方说到了什么——

生：木头

师：第二个分句开头的地方就说到了——

生：木头

师：第二个分句结尾的地方说到了——

生：大树

师：第三个分句开头的地方就说到了——

生：大树

师：对，一句引出一句，首尾相连，就像链条一样，一环套着一环，这样一种手法，我们叫它顶真。（板书：顶真）所以，我们在读的时候，连得越紧越好，再请一组同学上来试试看，看能不能比上一组的链得更好些。

（指名连读。）

师：假如说给它一个节奏，合着节拍念起来会不会更好听呢？比如像这样的节奏：

（出示）做一张/桌子，

需要/木头；

要有/木头，

需要/大树；

要有/大树，

需要/种子；

要有/种子，

需要/果实；

要有/果实，

需要/花朵；

做一张/桌子，

需要/花一朵。

师：会打节拍么？（生齐答：会。师示范第一句后，全班跟着打起节拍念读）

师：这么合着节拍读，还真是好听。所以，好的诗就是一首歌，好的歌，就是一首诗。如果我让大家一口气往下读，中间不歇气，行不行呢？我知道，相声演员有这个本事，他们的舌头特别利索，那么咱们也让舌头来做做舌尖操？

（生练读后指名读。一女生读，相当快，众人鼓掌；一男生读，中间喘不过气来，众人笑；又一男生读，师击打密集的节点，生读得也是极快极伶俐，众人鼓掌。）

师：孩子们，假如说一开始我就说“做一只桌子，需要花一朵”，你们肯定以为我在说胡话，花儿怎么做桌子呢？但是，我们读了这首诗，你想想，是不是这回事呢？

（师生接力说：

师：有了花朵，就有了——　　　生：果实；

师：有了果实，就有了——　　　生：种子；

师：有了种子，就有了——　　　生：大树；

师：有了大树，就有了——　　　生：木头；

师：有了木头，就有了——　　　生：桌子

师：这让你想到了什么？你能悟到些什么？

生：世间有一些必然的关系，还有一些间接的关系。

师：你是说花儿和桌子之间，有着间接的联系。

生：间接联系是需要一层一层推理的，是一环扣一环的。

生：花朵可以做桌子，所以，我们要爱护花朵。

师：（笑）要爱护花朵。你们来看，这一朵小花，起初很小，很不起眼，但它在慢慢地在发展，在变化，变到最后，它竟然能做成桌子了。所以，你心中有一个美好的愿望，看起来很遥远，也不要紧，慢慢来，一步一个脚印往前走，走着走着，就到了目标了，对不对？这就是诗中的象征（板书：象征）。它表面上好像在是说花朵和桌子，实际上还含着一层深远的意思，这就是诗耐人寻味的地方。读着这样的诗，我们就要让自己的心中每天都开出一朵花来。记住写这首诗的作者——

生：贾尼·罗大里

师：他是二十世纪最伟大的儿童文学作家之一。他写过不少优秀的诗歌，有一首叫做《开满鲜花的头》，呵，听着题目就很诱人，如果感兴趣，你可以去找来读读，他会带给你惊喜的。

师：（出示海面图）这是什么？

生：我认为这是一片汪洋。

师：蔚蓝无际的大海。你们读过《海的女儿》的故事么？我当然说的是安徒生的童话故事《海的女儿》？

（生齐答：读过）

师：你心目中的美人鱼长什么样？她的头上、身上会有怎样的装饰？

生：上半身是人的样子，下半身是鱼的样子。

生：长长的秀丽的头发，卷曲着的；眼睛大大的，蓝蓝的；鼻梁高高的……

师：哦，我知道你是在把美女的形象嫁接到海的女儿身上了。再说说，她会有怎样的装饰呢？

生：头发上夹着五彩的贝壳。

师：你的想象真丰富，呵，海里有的是贝壳，她可以任意挑选想要的发卡。有一位诗人叫谢采筏，她也跟你们一样读过了《海的女儿》，读过以后，特别想见见海的女儿，就写下了这样一句诗：

（出示，学生轻轻地念）

我真想见见海的女儿

但每次都没找着

今天总算不坏，

捞到了她的飘带。

——谢采筏

师：孩子们，猜猜看，她可能捞到了什么？

生：海的女儿的飘带

师：是啊，她可能捞到了什么，所以说是海的女儿的飘带？

生：水草

师：哦，是那种长长的嘛。海里的有一种长长的像飘带一样的植物，叫什么？

生：珊瑚。

师：珊瑚可不会像飘带那样摇曳。（一生大声喊出：海带）

师：是不是这样呢？咱们来看看诗题，揭晓答案，一起念出来——（出示诗题，学生齐读：海带）

师：其实，诗人写的就是一条海带，但她把它想象成了海的女儿衣裙上的飘带，这就是诗人奇特的想象。（板书：奇特的想象）那么请你们也来想象，闭上眼睛。

（师缓缓地叙述：夜晚。天空。月亮。星星。）

师：你的眼前出现怎样的画面？在你的画面里，如果让你作比的话，月亮像什么，星星像什么，天空呢？

生：像盘子一样大的月亮，满天眨着眼睛的小星星，还有美丽的天空。

师：像盘子一样的月亮是什么月亮？

生：圆月。

师：在圆月的夜晚，是不是能看到满天的星星？（有人说能，有人说不能。）是不是因为每天回家只知道做作业就忘记了仰望天空啊？我告诉你，在圆月的时候，是看不到满天星星的。星星跑哪去了呢？谁知道？

生：月朗星稀。

师：真好，记住这个词（生齐读：月朗星稀）是圆月的亮光把星星的亮光给遮掩了，星星其实还在那里。你能不能改一改，满天星星的时候，你的月亮像什么？

生：像弯弯的小船一样的。

师：不错，这是她脑海中的星月图。你脑海中的呢？

生：满天的星星像一群调皮的小孩子，弯弯的月亮像哺育这些孩子的摇篮。

师：哦，非常棒。很新奇，很温暖。

生：我脑海中是一副安谧静美的图。月亮是一个月牙，像一艘小船，周围的星星，闪烁的星光，像波光粼粼的湖面，云的形状各种各样，勾勒出一幅美好的画面。

师：安宁，静谧的，很有诗意。（出示星空图）诗人圣野看到了这样的星空，写下了这样一首诗，请你来轻轻读一读。

（出示诗歌）

磨刀

月亮把夜天
当作一块
蓝幽幽的
磨刀石

磨亮了镰刀
她就要去收割
像麦粒一样成熟的
满天的星星了

——圣野

（学生自由读诗）

师：在这首小诗里，作者把月亮、把星星、把夜天分别比做什么？连着三个比喻，出现在这首小诗里，谁能看出来？

生：第一个是月亮把夜天当作一块蓝幽幽的磨刀石

师：说清楚，把什么比做什么？

生：把夜天比做蓝幽幽的磨刀石

师：好的。

生：把闪着亮光的月亮比做镰刀

师：好，是磨亮了的镰刀。还有呢？

生：把满天的星星比作麦粒。

师：都找出来了，不容易。在这首诗里，把月亮比作镰刀，弯弯的，形状像，我也会比；把星星比作麦粒，一粒一粒的，金灿灿的，我也会比；可是把天空比作蓝幽幽的磨刀石，我从来没听说过。孩子们，你觉得把天空比作磨刀石是不是贴切？

生：不贴切。因为没有那么大的磨刀石。

师：是么？现实世界里没有，想象的世界里难道就不可以有么？大胆地想象，什么都可以有啊。

（学生静默）

师：你想想，天空中的月亮，一直是镰刀的形状么？

生：不是的，它有的时候是圆的，有的时候像镰刀。

师：是的，月亮的脸，是每天都在变化着的。十五的晚上是最圆的，然后，过一天少一点，过一天少一点，就像在磨刀石上磨掉一点，再磨掉一点，所以，这个磨刀石的比喻，形象而贴切地写出了月亮在夜空中的变化。这就是作者的高明之处。所以，这首诗的题目就叫——

生：（齐）磨刀石。

（学生齐诵《磨刀石》，轻轻的，柔柔的，静谧而安宁的，注意分行处的停顿。）

师：我特别喜欢这首《磨刀石》，你们知道为什么？

生：我认为你喜欢它的原因是这首诗的语言十分优美，想象十分大胆。

师：嗯，这是我喜欢的原因之一，因为诗句中的比喻十分新鲜。（板书：新奇的比喻），还有么？

生：我认为这里面还包含一种人生哲理。月亮把夜天当作磨刀石，它原先也就是一块大圆盘，它要甩掉一层层的累赘，变成最美丽、最纯洁的月亮。

师：磨啊，磨啊，就甩掉了一层层累赘，你真有思想啊。（掌声）我喜欢里面的月亮，它为了把自己变成镰刀去收割满天像麦粒一样成熟的星星，它就每天磨啊，磨啊，磨成了镰刀的样子。这让我想起自己晚上的备课：我明天教什么呢？我明天怎么教？不断地查资料，不断地想办法，不就像月亮一样磨啊磨么？而现在，你们每一个人的一双双亮晶晶的眼睛，就是我的满天的星星了。孩子们，你们也有过像月亮那样磨啊磨的经历么？

生：记得在九月中，我要参加一次演讲比赛，那一次，我的负担很重，压力很大，我不能全力地去发挥，但是，我通过多天的一次次训练，将那些掺杂的意念全部甩了出去，到最后我以十分的力量参加了比赛，取得了自己理想的成绩。（掌声）

生：我觉得我跟那位同学的理解有些不一样，我认为这个月亮甩掉的那些不是累赘，而是经过生活的历练而锻炼出一层一层的，而锻炼出现在镰刀似的的模样，而甩掉的那些，就像曾经经历过的困难。我生活中也有这样的经历。比如说前一次的竞赛吧。考试前，我听到的是电视里猫和老鼠的嬉闹，而自己在题海里，觉得自己过的是铁牢般的生活。结果这点努力没有白费，我以 97.5 的高分取得了年级的第一名。（掌声）

师：你磨啊磨啊，磨出了高分，老师的表扬，家长的欣慰和你取得这样的成绩所收获的自信，就是你的满天的星星。所以，我们以后学习、工作辛苦的时候，不妨在心里念一念这样的《磨刀石》。

（学生齐读。）

师：（出示秋景图）能看出来，这是什么季节？

生：秋天。

师：凭什么说是秋天呢？

生：那些树木的树叶都变成红的颜色，黄的颜色。

师：为什么秋天里大多数树叶会变黄或者变红呢？挑战你的知识积累了。

生：因为季节的变化，秋天过后是冬天，冬天会下雪，很冷，它们就会把身上的树叶撒下，自己过冬。

师：啊？把树叶撒下，自己过冬？（众笑）

生：因为到了秋天，天气就会变冷，温度很低。

师：是的，到了秋天，太阳的光照就会变弱，你知道树叶中的叶绿素是怎么来的么？

生：光合作用。

师：对啊，秋天到了，光照不强烈了，合成的叶绿素就减少了，叶红素叶黄素显出来，树叶就变红或者变黄了。所以，有个成语就叫“一叶知秋”。在诗人的笔下，会有怎样的秋天呢？

（出示《秋》，师范读。）

秋

湖泊上
荡着红叶一片，
如一叶扁舟，
上面坐着秋天。

——沙白

师：如果说一首小诗就是一个精致的小糕点的话，那么请你来品一品，这个糕点最有味道的地方在哪里？

生："如一叶扁舟上面坐着秋天"，这里我看出作者富有很强的想象力，它把秋天想象成红叶。

师：是么？把秋天想象成红叶？

生：把秋天想象成在红叶上坐着。

师：秋天居然也会坐，这就是把秋天当人来写了。这种手法就是拟人。（板书：拟人）还能继续品么？

生：这首诗里还把红叶比作了一叶扁舟，上面载着像姑娘一样的秋天，它把夏天送走了，迎来了一个新的季节——秋天，我觉得很美。（掌声）

师：是的，诗人选择了秋天里最有代表性的事物——红叶来写秋天，非常不错。张老师也特别爱写诗，既然这首诗这么好，我不妨借来用用，我想跟沙白比一比，你们不要笑我不自量力哦。注意听，评价一下我写的好不好。

（师朗读改写的诗歌：湖泊上，荡着绿叶一片，如一叶扁舟，上面坐着春天。众笑）

生：我认为你写得很优美。

师：哦，那你是表扬我，给我翘大拇指的，我很高兴，你认为我改得很巧，特别像沙白的《秋》。

生：我觉得不太恰当。

师：何以见得？我不服气。

生：因为秋天是落叶的季节，是可以把树叶比作一叶扁舟的，但是春天是不会掉树叶的。

师：你这么说，我明白了。春天是长树叶的季节。春天的树叶是有蓬勃的生机和活力的，怎么会平白无故掉下来呢？掉下来的是快要失去生命力的树叶。这样看起来，我改写的这首诗，虽然有了和沙白一样的形式，但内容不够贴切。我接受你们的批评。咱们还来读读真诗人的诗吧——（齐读《秋》）

（出示《轻轻跳》，自由读。）

轻轻跳

小鸟小鸟
轻轻地跳
我栽的小树
还没有长好

每一片树叶
都是小树的羽毛
请你轻轻
轻轻地跳
好不好
蹦蹦跳跳的小鸟
——姜华

师：你读起来觉得好听么？知道为什么好听么？

生：因为这首诗有音乐感。

生：这首诗是押韵的。（板书：押韵）

师：（点击加点字：鸟，跳，跑，毛）这些加点字，押的是什么韵？

生：ao

师：因为押韵，所以读起来好听。押韵的诗，就很有音乐性。所以，一些诗人在写诗时，会选择一个韵，让它在句尾不断地出现。诗很好听，下面，就请你们创造一个自己的节奏来读读这首《轻轻跳》。

（生朗读，快而轻巧的，有灵性的。）

师：（出示一条瞌睡狗）看大屏幕，咱们上课上得都很认真，可是小狗听不懂，它睡着了。（众人笑）盯着大屏幕，大屏幕上会爬出什么来？

（慢慢地出示《瞌睡虫》）

瞌睡虫

一

条

条

瞌

睡

虫

徐徐缓缓慢慢爬进我的耳朵中
老师的声音变得蒙蒙眬眬
悄悄爬上眉尖额头和鼻孔

老师请原谅我眼皮越来越重
都
爬
满
瞌
睡
虫

——陈木城

生：一条条的瞌睡虫。

师：请你来念一念。

（生朗读）

师：这首《瞌睡虫》有什么特点？

生：写得诙谐有趣，看了想笑。

师：你有没有上课想打瞌睡的时候？

生：没有。

师：从来没有，看来你每一课都上得很用心啊。

生：上星期，语文老师去乡下代课，一星期都是数学老师的课，本来就觉得很累，上课的时候不知不觉就睡下了，同桌捅了我一下，我醒了，看见数学老师正瞪着我，但是不知不觉中又睡着了。

师：那不能怪你，主要是数学课上得太多了，没有变化，不够新鲜。

生：上一次的时候，也是上数学课（众笑），数学老师，对不起啊。（众又笑）那一天，十分炎热，教室里的吊扇没转，其实那天根本就没电。老师讲得十分乏味，把一道简单的应用题讲得非常非常复杂（众笑），所以，我就睡着了。

师：我作为老师，听了你的话，首先要谢谢你的宝贵意见。因为老师讲得乏味的时候，学生就容易睡觉。

你们再来看看，这首诗在呈现形式上有什么特点？

生：像条瞌睡虫。

师：嗯，还是两条呢，上面一条，下面一条。假如我把这首诗旋转 90 度的话，你们来看，像什么？

生：像一个人闭上了两个眼睛。

师：是啊，这首诗的呈现形式非常有趣，让我们不仅可以读到，还可以看到，看到瞌睡虫在人的额上、鼻尖上爬，让人昏昏欲睡。这样的诗，应该怎么读呢？“一条条瞌睡虫”虽然是一句话，但是诗人这样分行写，我们要注意不能连着读，要慢慢地，一字一顿地，轻轻地，缓缓入睡的感觉。（师范读第一句后，学生跟读。）

师：读着读着眼睛都闭起来，非常好。刚才我们一起读了一组小诗，六首，这些小诗作者写的都是平平常常的事物，花朵啊，桌子啊，海带啊，星空啊，但让我们觉得非常好玩，很有情趣，又特别新奇。能把平平常常的事物写得有意思，归根到底靠什么？想象力。有人说，儿童是天生的诗人。因为，儿童的想象力是最丰富的，没有什么束缚，敢于想，敢于创造。那么现在，就打开我们的想象力，让它放飞，放飞着来看这样一组画面——

板块二：提供情境，创作诗歌

（出示一组画面，师描述：这样的花和这样的蝶，这样的蜘蛛和它的丝网。咦，草叶上的小露珠，在干什么啊？小蜗牛啊，你背着房子悠悠走，你要走到哪里去呢？小溪流里有什么呢？大脑袋，黑身子，趴下来，仔仔细细看一看。来，放飞你的想象力，拿起你的笔，选择其中的一幅写一首属于你的小诗，别怕，一句两句都可以，最后署上你的姓名。）

（学生创作，教师巡视，八分钟后，邀请优秀者上讲台）

板块三：交流欣赏，享受诗趣。

师：在我们的笔下，有着一个怎样的世界？

生：花和蝶那一朵朵鲜艳的花朵上/落着只只白色的蝴蝶/鲜艳的花朵/白色的蝴蝶/它们好像天生的一对/相互倾诉心中的烦恼/相互表达心里的喜悦

师：花与蝶，是天生的一对。真好啊，作者——

（生报姓名，听辨不清）

生：小蜗牛蜗牛啊蜗牛/小房子里装满了繁琐的心事/母亲的鼓励/老师的批评//使你越发笨重/而你依然喘着粗气/向上爬。作者：陈旭

师：好的，小蜗牛啊，有空的时候，把繁琐的心事倒一倒，轻轻松松向上爬。

生：蜘蛛/小小八卦阵/蚊虫飞进来/要想飞进来/别想飞出来/要问我是谁/进去就知道（众笑）

师：我可不想做那只撞网的小虫子。作者——

生：（大声地）牛展鸿

生：蜗牛一只小小灰灰的牛/搬着房子就要走/牛儿牛儿，你到哪里去/可不可以不要走/天上下雨走不动/带上我

师：你想和蜗牛一起走？让蜗牛带你走？（众笑）你带蜗牛走还差不多啊。不过，你有一点特别出色，因为你学会了押韵：一只小小灰灰的牛，搬着房子就要走，多好啊。作者——

生：（急着拿回老师手中的作业纸）

师：还用看么？

生：计多谋（众大笑）

生：一颗颗小露珠/像一个个琉球/从滑梯一样的树叶上/缓缓地滑下来作者：陈毅明

师：你可真有想象力，草叶变成了滑滑梯。对了，你可以把“滑下来”三个字像滑滑梯一样，斜着写下来。

生：小蝌蚪/我扒开草丛想洗一洗手/看见一群一群小蝌蚪/在水里游来游去/我想问它们为什么不呆在家里头/可它们却游走了

师：那你猜猜，它们为什么不呆在家里头？

生：呆在家里太闷。（众笑）

师：那我帮你改一改：我想问问它们为什么不呆在家里头？原来它们也想找朋友。

师：我们班的同学真是太棒了，天生的诗人啊。张老师这里也有一组诗，写的就是这些画面，我想选择两首，给大家分享一下。谁来读这一首？这是我们班葛书润同学写的诗歌。

（出示《小露珠》，指名朗读。）

草叶上，有一颗小露珠。

小草喊：

“哎呀呀，谁的珍珠，掉在这里啦？”

云儿说：

“是我的，还给我可好啊？”

小草说：

“好啊，我托阳光带给你吧。”

师：我看到你要鼓掌了。这首诗里，好像没什么优美的词语啊，你觉得好在哪里？

生：这首诗的意境很美，很贴切。

师：贴切在哪里？在小作者的笔下，草叶上的珍珠是谁的啊？

生：是云儿的。

师：多漂亮，云的心里全都是雨。再看，小草怎么还给云儿呢？

生：让阳光带给云儿，因为经过阳光的照射，露水就会蒸发到空中去。

师：是的，蒸发到空中的水蒸气，就凝聚成了云。这首诗，很有童趣，想得大胆，又很贴切，给人美感。

师：刚才有同学说，花和蝴蝶是天生的一对，那么诗人林焕彰又是怎么写这天生的一对的呢？

（出示《花和蝴蝶》，齐读。）

蝴蝶是会飞的花，
花是不会飞的蝴蝶。
蝴蝶是花，
花也是蝴蝶。

师：花是蝴蝶，蝴蝶也是花。我们是诗，诗也是我们。孩子们，读这样的诗，能让我们感受这个世界很浪漫，很美好。我们以后要找些好的诗来读，它让我们口留余香，心有光明。当然，自己能写就更厉害了。今天写的诗，同学们回去可以再琢磨。

生：老师，我能不能再写几首啊？

师：好啊，你一直一直写，我愿意一直一直做你的忠实的读者。下课。

教的对与教得好

——《小诗里的世界》课例评析

陈金铭

一

看到实录，我第一个反应——给五年级学生上这么一个内容，意义重大。

这课不是教材上的内容，是张老师自己创生的。这类课目前没有一个恰当的名字：说它是语文课，教的却不是教材上的内容；说它是语文综合实践活动，虽然内容很“综合”但不是“实践活动”；说它不是语文课，教的确实是真正的语文（教学内容为儿童诗）。

我管这类教师为了弥补、增加学生某一方面的语文能力、素养，在教材之外自行选择、创生教学内容的课，称为“自主开发课”。这是教师参与课程内容建设的重要形式，属于语文课的一种必要形态。也就是说，这类课是合法的。但需要警惕的是这类课仅仅合法还不够，还要合理。合理体现在开发的内容必须是语文的，必须是适合这班学生的，必须是这班学生最需要的。是语文的，旨在强调防止出现非语文、泛语文的倾向；适合这班学生的，旨在强调开发的内容的接受度是在这班学生的最近发展区内；是这班学生最需要的，旨在强调开发的内容必须是教材上缺少而学生此阶段语文学习不可缺少的。

《小诗的世界》教材内容是六首儿童诗，教学对象是五年级的学生。我认为这个内容，在这个学段教，是合理的。这是因为儿童诗的学习对培养儿童的语文能力具有无可替代的作用，本应在教材中占相当分量，但实际情况是现在儿童诗所占分量远远不够，学生对儿童诗学习的需求还远远没有被满足。教学内容的不足，自然也导致了儿童诗教学研究近乎空白的现状。

我们知道，学生一旦错过了学习童诗的阶段，这块素养的缺失将是终生的。而此课教学给了本来缺少儿童诗素养的五年级学生最后一次弥补的机会，其价值不言而喻。

二

一般的课评，往往着眼于课的细节、局部，着眼于执教者某一环节的巧妙，着眼于执教者应对的机智……这是落脚于教学艺术的评课观。这样评课，先在的认定教的内容是对的，不再对教学内容进行审议，造成了片面追求教学艺术、忽略教学内容正确与否的弊端，这是语文教学研究的一条歧路，应该得到纠正了。因此，在落脚于教学艺术之前，即剖析“教得好不好”之前首先应该问的是“教的对不对”，这是落脚于教学内容的评课观。

教的对不对，是追问教师制定的教学内容对这班学生来说正确不正确，适宜不适宜；教得好不好，是追问教师教这班孩子学这些教学内容的策略巧不巧，妙不妙。这两者的关系如同作文中的题目要求与表达形式。

一般来说，教师判作文大体会分四个等级：按题目要求写，表达形式妙，可得优秀；按题目要求写，表达形式一般，可得良好；不按题目要求写，表达形式有新意，可得及格；要是不按题目要求写，表达形式又糟，只能不及格了。同理，我们也可以这样给课做个区分：教的内容对，实现这个内容的策略好，这是优秀课；教的内容对，策略一般，这是良好课；教的内容不对，策略比较有效，这是及格课；要是教的内容不对，策略也不好，这就是不及格的课。正像写作文要先弄清题目要求再根据题目要求考虑表达形式一样，评析一堂课，同样也应该先关注教学内容对不对，再关注为实现这些教学内容而采取的教学策略好不好。

三

儿童诗属于诗歌，诗歌属于文学。文学内容的教学取向本应在文学上，本应有别于以语言文字为主的语文课，但文学内容的教学现状是大家都有意忽略两者的不同，对两者进行了畸形的中合。这好比文学这匹马和语言这头驴结合生出了骡子，而我们不管三七二十一，把马、驴、骡子统统叫作骡子了。殊不知，使唤马和驴虽然有相同之处，但更有不同的地方。因此，正确的做法是别把马和驴都当骡子来使唤，还他们本来的样子才是正道。

文学里的诗歌，有别于文学中戏剧、小说、散文等其他种类；诗歌里的儿童诗，自身特点也非常鲜明——它是写给儿童或儿童自己写的诗。

不管是写给儿童，还是儿童自己写的，落脚都在儿童上。儿童最大的特点是什么？是童心。以童心看万物，万物皆着童趣；以童心道童语，童语即为童诗。也就是说，只有拥有童心的人才能写出最优秀的童诗。当然，文学表达形式也需要。但“形式”依附于“童心”，有了“童心”，“形式”才有存在的价值，这一点一定要搞清楚。

童诗创作如此，教学也理应如此：要教的核心的内容（也可表述为“教学目标”）是“体味童心”，“鉴赏形式”只是作为达成目标的途径，而不能作为目标本身来追求。此处“童心”，是诗之所以为好诗的诀窍所在，为艺术的上乘境界，属于默会知识，是文学素养中的重要要素，不易以言传；此处“形式”，是构成童诗的表达上的组合，为文学艺术的外显表征，属于外显知识，是文学素养中的基本要素，可以言传。

有难题了——能用语言传递的，是跟文学的核心离得较远的；真正文学核心的东西，偏偏不能用语言来传递。

面对这两种情况，于是出现了两条教学路径：一条是，既然“形式”可教，我就教“形式”，这是训练和讲解为主的取向；一条是，既然真正重要的东西不能明晰的教，我就索性不教，这是熏染和朗读为主的取向。前者没有教到真正重要的东西，后者教了重要的东西但不知道教得效果到底怎么样。其实，是有第三条路的，只不过走这条路的人较少。这条路的特征有二，一是把可教的“形式”作为通向不可教的“童心”的通道；二是确实不可教的“童心”用感悟、诵读等方式默会。

四

我们看到，这节课有三个板块：诵读理解，读中求悟——提供情境，创作诗歌——交流欣赏，享受诗趣。

如此看来，这节课把“学诗——作诗——交流”，这样一个学童诗的全部过程都占齐了。而“学诗”部分无疑是其中的重点环节，老师选择的材料是六首形式上截然不同的童诗。于是就导致了这样一种情况：在“学诗”的环节学了六首诗，相较一般的文本学习，教学内容多了不少；学了就马上迁移到写，学习任务无疑也多了一些。

这有点儿把童诗学习“毕其功于一役”的架势，这样做对不对呢？

关于教学内容多，我们知道，童诗一般都短小、精炼，六首看起来不少，实则加起来也没多少字。平常读一篇课文可能要六、七分钟，而读一首童诗恐怕连一分钟都用不了。从这个角度看，张老师选择这么多首是有道理的。要是一节课颠来倒去只学一两首，那才不对。

至于学了之后马上进行创作，我认为学理上并不妥当但时机上非教不可。

学术研究已经得出结论，“学诗”和“作诗”是不同的两个领域，两者并没有必然的联系。换种说法，假设张老师一上课不安排“学诗”，而是先让学生读了几首童诗之后马上学着“作诗”，相信即使做不出课上最后这样程度的童诗，也不会差到哪里去。即，“教”做，和不“教”做，差别不会像期待的那么大。为什么呢？原因很简单，就目前的研究，我们恐怕还没有找到教“作诗”的路子。期待通过明示的路子教，显然行不通；期望学生模糊中学会，这还是承认了“作诗”的不可教。就我手头搜集的童诗的课例来看，期待通过“学诗”，以达到“作诗”的尝试基本上效果不佳。

既然如此，为什么我要说“非教不可”呢？

前面我曾分析到，一旦在小学阶段错过了童诗的学习，这将是终生的缺失和遗憾。“学诗”如此，“作诗”也是如此。哪怕我们没有好的办法教，但必须得让学生试着“作”，因为错过了这堂特为童诗学习创生的课，以后可能就没这样的机会了。学生会忘掉许多语文课，但这堂童诗课可能不会忘掉，因为他们经历了难忘的第一次学童诗，第一次作童诗。有了这“第一次”，才可能有以后的“第二次”“第三次”，如果到了五年级还没有经历这“第一次”，恐怕将很难再有“第二次”“第三次”了。因此，这“第一次”的意义已经远远超出了“教了有没有效”的追问。

五

话又说回来，因为作诗的不可教性，我们在评析的时候，恐怕目光还得更多聚焦在“学诗”上，这是这节课有研究价值的地方所在。我们来看看在这个板块里老师教了什么，是怎么教的。下面是一个简单概括：

1.《需要什么》：聊关于诗中内容的话题——出示诗歌，各种形式读——启悟诗歌承载的思想方面的价值——点明形式（顶真）；

2.《海带》：聊关于诗中内容的话题——出示诗歌读——点明形式（想象）；

3.《磨刀石》：给词语想象诗歌中涉及到的画面——出示诗歌——探究形式（比

喻）——启悟诗歌承载的思想方面的价值——再读；

4.《秋》：出示跟诗歌内容有关的秋景图，说秋天特征——出示诗歌，明示形式（拟人）——改写诗歌，验证形式之美——再读；

5.《轻轻跳》：出示诗歌读——探究形式（押韵）——再读；

6.《瞌睡虫》：由诗歌内容中瞌睡一核心词引出诗歌——探究形式（句式特定排列）——再读；

总结六首诗歌的最大特点——想象力。

即，学生学习每首诗歌基本上经历了三个主要的过程：引童诗（通过由童诗有关内容的话题）——悟童诗（每首童诗都探究了形式上的特色，也探究了部分童诗思想方面的价值）——读童诗（根据童诗的不同特点，采取不同的诵读形式）。

在前面我说，童诗要教的核心应该是"童心"，教的途径应该是"第三条路"。张老师在这一点上做得非常高明："悟童诗"，这是把诗歌形式作为通向诗歌"童心"的路径，而非目标；"读童诗"，这是把不可教的用感悟、诵读的方式来默会，而非强硬讲解。至于"引童诗"，是属于张老师个性的一个策略，可以这样"引"，也可以那样"引"。即使不"引"（事实上，《轻轻跳》一诗就是直接出示），也不会太影响童诗的学习。

因此，此课给我们的启发就在于：童诗的学习目前有效的路径是"悟"和"读"，"悟什么""读什么"的正确，实质就是"教什么"的正确。目前在没有更多研究成果的情况下，童诗教学要"悟"的应该主要是童诗形式，部分具有思想含量的童诗当然也可以悟思想方面的价值；童诗教学的"读"应该是指向"童心"的读，包括涵泳、揣摩、品味、咀嚼，而非为读而读。总之，"悟"和"读"都是途径——通往目标"童心"的途径。

（作者单位系《小学语文教师》编辑部）

生命与友谊的辉映

——《夏洛的网》课堂实录

一、导入谈话，交流初读印象。

师:《夏洛的网》是我们班共读的第一本书。在交流之前，有的同学已经读了好几遍了,还有的同学的爸爸妈妈也一起看起来,今天我们的课堂就一起来说说这本书。

这本书说的是一个故事。我们读一个故事，或者一篇长的小说，首先得知道，这个故事里讲了哪些人物？要理一理，记住这些人物的名字。这样，我们在读故事时就不会张冠李戴了。给别人讲的时候，也不会这个那个的，让人搞不清楚。《夏洛的网》这个故事讲了哪些人物？我们来看看扉页上的人物表——出示《人“物”表》:

生齐读：

约翰·阿拉布尔先生

阿拉布尔太太

艾弗里——阿拉布尔夫妇的儿子，十岁

弗恩——阿拉布尔夫妇的女儿，八岁

霍默·L·朱克曼先生——弗恩的舅舅

伊迪丝·朱克曼太太——弗恩的舅妈

勒维——朱克曼夫妇的雇工

多里安医生

威尔伯——小猪

夏洛·阿·卡瓦蒂卡——蜘蛛

坦普尔顿——老鼠

师:你有没有发现,在这张人物表上,有几个人物用的是加黑的粗体字？哪几个？

生：弗恩、威尔伯、夏洛

师：为什么要加黑呢？

生：他们是主要人物。

师：对。我们在阅读的时候，要注意这些细节。故事共有 22 章，假如说你觉

得这个故事好，要向隔壁班的同学介绍一下，请你用最简洁的一句话来介绍故事，你会怎么说？

生：一只蜘蛛和一只小猪的故事。

师：但如果我是隔壁班的学生，还不满足，蜘蛛和小猪之间发生了什么故事？我追问你，你怎么说？

生：在仓库里产生友谊。

师：这友谊到底是怎么回事呢？

生：夏洛用它的生命救了威尔伯。

师：是什么原因要救呢？

生：小猪的主人朱克曼先生要把它杀了，然后蜘蛛夏洛救它。

师：蜘蛛夏洛怎么救呢，它又没法跟朱克曼先生说话？

生：它在网上织了文字，让朱克曼先生觉得小猪是个奇迹，就不杀它了。

（师：板书：奇迹）

师：这些主要内容，在哪儿有介绍？

生：书的后面。

师：书的封底，就有这个故事的主要内容。书的主要内容往往在书的扉页、封底，或者前勒口、后勒口，我们读书时要关注这些信息。

师：这本书的作者是谁？如果你觉得故事写得好，你得记住作者的名字，这是对他劳动成果的尊重。

生：美国的 E. B. 怀特。

师：E. B. 怀特是美国 20 世纪最为成功的幽默作家和文化评论家。作为一个地道的纽约人，功成名就后，举家迁往一座乡间农庄，过着恬静的田园生活。他还是一个养猪好手。他写过三个童话故事。我们读到的是《夏洛的网》，除此之外，还有两个叫——（出示封面）

生：《精灵鼠小弟》《吹小号的天鹅》。

师：这两个故事是告诉你怎样面对缺憾。那么，在《夏洛的网》这个故事里，你读出了什么？

生：威尔伯和蜘蛛夏洛之间的友情是可贵的。（师板书：友情）

生：蜘蛛夏洛是有情有义的，它对威尔伯十分忠诚。

生：蜘蛛夏洛能用自己的生命去救威尔伯，我也读出了它们友情的可贵。

生：我觉得夏洛是十分爱威尔伯。如果不是爱它，怎么会用自己的生命去救它呢？

生：威尔伯是不幸中的万幸。

师：为什么呢？

生：因为威尔伯是一只落脚猪，是要被砍掉的，它是不幸的，但弗恩救了它，它又在谷仓里找到很多朋友，尤其是拥有了夏洛这样的朋友，它又是幸运的。

生：我读出了诚信。夏洛这样的朋友是很少见的，既是写作好手，又是忠诚的朋友。

师：刚才同学们谈到了自己的读书感受，非常好。接下来，让我们一起来走进这个故事。

二、紧扣要点，探讨故事意义。

出示场景：弗恩拦着朱克曼的斧子图

师：这个画面说的是什么故事？

生：弗恩的爸爸要砍掉落脚猪，弗恩她觉得不公平，拦着爸爸不让砍，因为小猪威尔伯也有生命，也懂感情，我们人不能去伤害它，要做它们的朋友。

师：那你知道什么样的猪被称为“落脚猪”么？

生：就是没出息的猪。

师：刚生下来，怎么看得出有没有出息呢？

生：就是生下来很小很小的猪。

师：对，生下来特别瘦弱的猪叫落脚猪，照顾这样的猪很麻烦，弗恩的爸爸嫌麻烦，就想用斧子把它砍了。这个时候弗恩据理力争，说了这样一句话：

出示句子：

“可是，这不公平，”弗恩叫道，“小猪生下来小，它自己也没有办法，对不对？要是我生下来的时候很小很小，你也把我给杀了吗？”

生自由读。

师：你觉得弗恩说得有没有道理？

（生点头。师指名做做“弗恩”为“小猪”叫一叫。学生集体叫一叫）

师：在你们为小猪叫喊的时候，我想起了一个人。我们学校曾经有一个女生，相貌很特别。特别在哪儿呢？她的脸很短，额头凸起，颧骨很高，五官又拉得很开。同学总会用异样的目光看她，班上的男生甚至嘲笑她，说她是猿人。你能不能也来做做这位女生的“弗恩”为她叫一叫？

生：虽然她相貌不怎么好，但是她妈妈把她生下来的时候，就是这个样子。她自己也想长得漂亮些，但这是天意，她自己也没有办法，请我们大家不要嘲笑她。要是你生下来也是这个样子，你愿意别人来嘲笑你么？

师：这“弗恩”叫得好。前不久，我们学过一篇课文叫《艾滋病小斗士》，里面的主人公叫——（生：恩科西。）恩科西一出生就是个艾滋病患者。他顽强地挺到了上学的年龄，但他想上学却在当地引起了轩然大波。有人以为，恩科西这样的艾滋病人，反正活不长的，还上什么学读什么书呢？你能不能来做做恩科西的“弗恩”，为他来叫一叫呢？

生：可是，这不公平，恩科西生下来就是艾滋病人，他自己也没有办法，对不对？要是你生下来也患艾滋病，你是希望得到帮助呢还是被人歧视被人嘲笑？

师：叫得好。既然生下来，他就有活着的权利，应该享受活着的各种权利，当然包括上学的权利。每个生命，都是上苍的恩赐，无论美丑好坏，不论贫贱贵富，在生命的天平上应该是等价的。只要你愿意，每个生命都可以美丽丰盈。

师：弗恩救下了落脚猪，给它取了个名字叫——（生：威尔伯）威尔伯在弗恩的照顾下一天天长大，到了朱克曼先生家的谷仓。一天，老羊带来了一个（生：坏消息），说冬天的时候，朱克曼先生要把小猪杀了做火腿肠。威尔伯吓得大哭。夏洛怎么救它呢？

生：夏洛在网上织了些字，彻底改变了威尔伯的命运。

师：织了哪些字？

生：王牌猪，了不起，光彩照人（投影出示）

师：最后参赛的时候，还织了“谦卑”。你觉得这只威尔伯是怎样一只猪，它是不是可以配得上夏洛的网上文字？来，做个调查，认为它配不上的，请举手。（占三分之一左右）

来说说理由，你为什么觉得配不上。

生：因为威尔伯怕死，当老羊告诉它坏消息的时候，它大哭大喊大叫。

师：在《坏消息》这一章里是怎么写的呢？我们来看一看：

出示句段：

“当然，杀猪人人帮忙。我是只老羊，一年又一年，这同样的事情看多了，都是老一套。那个阿拉布尔拿着他那支二二口径步枪到这里，一枪……”

“别说了！”威尔伯尖叫，“我不要死！救救我，你们哪一位！救救我！”

威尔伯跑来跑去，尖叫着说，“我不要给一枪射死。我不要死。老羊说的是真的吗，夏洛？天冷了他们要杀我，这是真的么？”

威尔伯哇哇大哭。“我不要死，”它呻吟说，“我要活，我要活在这舒服的肥料堆上，和我所有的朋友在一起。我要呼吸美丽的空气，躺在美丽的太阳底下。”

师读老羊的话，生分别接读威尔伯的两次尖叫、哇哇大哭的三段文字。

师：这些话让你感受到了什么？

生：一个坏消息就把小猪吓成那个样子，我觉得他很没有用。

师：它那么急，那么慌，那么乱，怎么说是王牌猪呢？如果是王牌猪的话，它应该怎么样？

生：应该沉着冷静的。

师：这么一说，我也觉得，它配不上王牌猪的文字。还有么？

生：因为弗恩救它的时候，它是一只落脚猪。

师：你是觉得落脚猪和王牌猪之间的差距太大了，它不可能变得这么快。（生点头）

生：它很贪吃。而且，它跟夏洛不一样。夏洛是靠自己的网去捕捉食物的，它很懒，是靠别人喂它的。

师：是啊，这只猪和其他所有的猪一样，自己不干活等着主人喂食。我们说人特别懒的时候，就常说——“懒猪”。

师：不知大家有没有关注这样一个情节，在《逃走》这一章里，

（生翻阅。）

师：栅栏松掉了，威尔伯跑到外面去玩，最后是怎么回来的呢？

生：是被食物给引诱回来的。朱克曼先生拿食物来引它，一点一点地，把小猪引到了猪圈里，然后把木板钉牢。

师：那在你的印象里，在猪圈里生活好呢还是在猪圈外生活好？

生：在猪圈外，因为很自由。

师：小猪是怎么想的呢？出示句子：

“如果这就是所谓的自由，”它心里说，“我想，我情愿被关在自己的猪栏里。”

师：读了这句话，你怎么想？

生：猪想，如果关在猪栏里，就不用自己找食物，就可以享受舒服的生活了。

师：吃啊，睡啊，吃啊，睡啊，什么自由，我不要。

一桶泔脚都能把它乖乖地引到圈里去，我也不承认它是王牌猪。

师：那么它到底是不是王牌猪呢？刚才刘晴瑜说，这猪长得不好，是只落脚猪，但后来长得好不好？我请大家来看看参赛前牛奶浴之后的那只威尔伯，117页的最后。

生齐读：它真是一只最干净最漂亮的猪。它全身雪白，耳朵和鼻子粉红，毛像丝一样光滑。

师：刘晴瑜，你说，这个样子用蜘蛛的网上文字说，那真叫——

生：光彩照人。

师：故事中还有这样一段文字，是说它站在金色的阳光里的样子，大家一起来读一读：

威尔伯站在金色的阳光里，真是光彩照人。自从蜘蛛开始扶助它，它就尽力活得跟它的名声相衬。夏洛的网上说它是“王牌猪”，威尔伯就尽力让自己看上去是只王牌猪；夏洛的网上说它了不起，威尔伯就尽力让自己看上去了不起；现在网上说它光彩照人，它尽力使自己光彩照人。

师：如果说金色阳光里的威尔伯仅仅是看上去是只王牌猪，看上去了不起，光彩照人的话，那么什么时候，它成了一只真正的王牌猪呢？

生：在夏洛即将死的时候，为了让老鼠把蜘蛛的卵袋取下来，它甘愿自己的食物让老鼠先吃。

师：这个细节你能够注意，我觉得你很了不起。这个威尔伯原先面临死亡的消息的时候是——

生：哇哇大哭的，惊慌失措的

师：这次，它面对真正的死亡，好朋友夏洛的死亡的时候，是怎么样的？

生：非常镇定，会想办法了。

师：这是它的变化。还有么？

生：我觉得威尔伯是一只懂得感恩的猪。在最后一天，它对夏洛说，我很愿意为你献出生命，如果有机会的话，威尔伯也愿意为夏洛去死。

出示句子：

“我不会说话。我也不能像你一样，说得那么好。不过你救了我，夏洛，我很高兴愿意为你献出生命——我真心愿意。”

师：遇到一个死的消息都要哇哇大哭的威尔伯，它不怕死了。但光说没用，你再来看看，它是怎样对待夏洛的孩子的：

出示句子：

整个冬天，威尔伯一直盯住夏洛的网袋看，像是护卫它自己的孩子。……

对威尔伯来说，它生活中再没有一样东西比得上这小圆球重要——不管是什么东西。它耐心地等待着冬天的结束，这些小蜘蛛诞生。

威尔伯经常想到夏洛。它那个救亡的几根丝还挂在门口。每天威尔伯会站在那里，看着那张破了的空网，喉咙一阵哽塞。没有人有过这样一个朋友——那么深情，那么忠诚，那么有本事。

师：读了这些话，你想说什么？

生：威尔伯和夏洛一样的深情，一样的忠诚，它有情有义，知恩图报。

师：你觉得威尔伯怎么会有这么大的变化呢？

生：因为蜘蛛全力地扶助它，称赞它是王牌猪，了不起，它就要尽力地做得跟网上的文字相符合。

师：说得好。这是网上文字的神奇之处，也让我们看到了赞美的力量和爱与温情的传递。

师：蜘蛛为什么要帮助威尔伯呢？它对威尔伯怎么说的？

出示句段：

“你为什么为我做这一切呢？”它问道，“我不配。我没有为你做过任何事情。”

“你一直是我的朋友，”夏洛回答说，“这件事本身就是一件了不起的事。我为你结网，因为我喜欢你。再说，生命到底是什么啊？我们出生。我们活上一阵子，我们死去。一只蜘蛛，一生只忙着捕捉和吃苍蝇是毫无意义的，通过帮助你，也许可以提升一点我生命的价值。谁都知道人活着该做一点有意义的事情。”

（生自由读，男女生对读）

师：这段话中告诉我们蜘蛛为什么要为威尔伯织网？

生：它想通过帮助威尔伯做一点有意义的事。

师：在这段话中，夏洛提到了生命的价值。（板：生命）它觉得生命的价值是什么？

生：做一点有意义的事情。

师：有意义的事情，在这个故事中，又指什么呢？

生：挽救威尔伯的生命。

师：为什么说挽救威尔伯的生命，就是有意义的事情呢？

生：因为很多蜘蛛做不到这样的事情，但夏洛做到了。

生：我觉得平常我们看到的蜘蛛只是为自己而捕捉苍蝇蚊子，都是为自己而活，但是夏洛它帮助了威尔伯，在为别人而活。

师：如果说为别人而活就是有意义的事，那么把威尔伯杀了做成火腿肠，给人们提供美味的食品，就是一件有意义的事，何必要救它呢？

我们来看这段话中说，“这件事本身就是件——（生：了不起）的事”，为什么说是件了不起的事呢？

生：一只蜘蛛能够挽救一只小猪，改变小猪的命运是件了不起的事。

生：平时的蜘蛛会织网，不会织字。

师：对，这只蜘蛛会织网上文字，创造了蜘蛛界的一个奇迹，，而且，这些文字拥有神奇的力量，让威尔伯变成了光彩照人的猪。所以，它是一只“王牌蜘蛛”，是了不起的光彩照人的“王牌蜘蛛”。

再来看威尔伯呢？它的了不起又在哪里？

生：威尔伯原来是只落脚猪，怕死，也偷懒，后来它愿意为夏洛去死，它忠诚地照顾夏洛的孩子。

师：你真的不知道，那落脚猪会长得那么好，会成为一只名副其实的——（生：王牌猪），所以，我们说，蜘蛛和小猪在面对厄运的时候，彼此都创造了生命的奇迹。所以，这的确是件了不起的事。

生齐读这段话。

师：出示图片：坦普尔顿鼠

故事中出现了一只鼠，它叫——（生：坦普尔顿）在你的阅读过程中，你觉得它是怎样的一只鼠？

生：我觉得它非常贪吃。威尔伯要去比赛的时候，蜘蛛夏洛要织网上文字，需要坦普尔顿给它找字。它本来不想去的，但老羊说集市上有很多东西，它一听口水都流了下来，马上答应去了。

生：我也觉得它是贪吃的。它不想把蜘蛛的卵袋取下来，后来小猪说每次让它先吃的时候，它就愿意去取了。

生：我觉得坦普尔顿是一只非常自私的老鼠。它一点也不愿意为威尔伯做事，只有知道这件事对它自己有好处的时候，它才会去做。

生：这是一只不讲道德，没有良心，无所顾忌，不想别人，毫不正派，没有啮齿动物恻隐之心，没有内疚，没有高尚情操、没有交情，什么也没有的一只老鼠。

师：这不是你说的，这是谷仓里的谁说的？

生：公鹅。

师：谷仓里的动物不喜欢它。同学们喜欢它么？（生都摇头。）

师：可是，坦普尔顿不这么想，出示句段：

是谁一次次上垃圾场去？还用说，是老坦普尔顿！是谁用臭鹅蛋吓走阿拉布尔家那个男孩救了夏洛的命？我的天啊，我相信又是坦普尔顿。今天上午你在观众面前昏过去，是谁咬你的尾巴让你重新站起来？是老坦普尔顿……

你们刚才诉说了坦普尔顿鼠的种种坏，但坦普尔顿却在那里说了自己的种种好，好在哪里呢？

生：它帮夏洛去垃圾场找一些字，用臭鹅蛋吓走阿拉布尔家那个男孩救了夏洛的命，在比赛的时候让昏过去的威尔伯醒过来，使它赢得了特别奖。

师：它说得是不是事实？

生：是。

师：故事中的它，有没有做过坏事？

生：没有。

师：它也在不知不觉中为别人做事，为什么谷仓里的大伙都不喜欢它？

生：它在做这些事的时候，都是先想着自己，想有回报的。

师：有回报就做，没有回报就不做。那么，你处理一些事情的时候，会不会想到自己？

生：是的。（生笑）

生：有时候也是。

师：刚才同学们很坦诚。每个人的身上，多多少少都有坦普尔顿鼠的影子，张老师也是。想着自己也是正常的。坦普尔顿为什么会被大家讨厌呢？关键是它只想着自己。想着自己的时候不想别人，想着自己的时候能想着别人，想着自己的时候更想着别人。这是不同的境界。想做什么样的人，你有选择的自由，只要你不做坏事。

三、拓展延伸，链接现实生活

师：像蜘蛛夏洛这样的人，是不是只活在童话的世界里呢？我请大家来看这样一个故事：播放《琴童》视频剪辑

画外音：

有着“东方明珠”和“浪漫之都”美誉的大连，演绎着许多传奇的故事。2005年8月，炎热的海滨夏日，每到周末，人们总能看到一个小男孩在街头拉小提琴。人们很快发现，孩子身后有这样一封求助信：“我叫宋徽中，是大连市沙河口区兴文小学六年二班的学生，2005年6月，我们班级的迟云龙同学突然得了再生障碍性贫血……我是他的同学，我想帮他活命，我今年12岁，我只会拉小提琴，请看在迟云龙生命垂危的面子上，帮帮他吧！”

八月，骄阳似火的八月。正午的太阳异常炽热，小徽中坚持一曲接着一曲地演奏。旁边小店里的人看太阳太大，劝他休息一下，他一声不吭，继续拉。此时此刻，小徽中想到的是迟云龙那张灰色浮肿的脸，还有那无助的目光，他痛苦万分，把所有的情感都融入到了琴声中。孩子动听的琴声和诚挚的爱心感染了不少的围观群众，他们纷纷解囊，上前捐款。

在小徽中的感召下，迟云龙收到了来自社会各界10万元的捐款，也得到了大连市委市政府的关心。已经无处筹钱被迫放弃治疗在家的迟云龙再次住进了医院。在医生的精心治疗下，迟云龙的病情得到了有效的控制，身体也逐渐康复。2005年9月，迟云龙又重新回到了校园。

师：感动之后是思考。这是中央电视台《讲述》栏目10月20日播出的《琴童》的剪辑。在这个故事中，有夏洛么？他是谁？

生：就是在街头拉小提琴的男孩。

师：他叫宋徽中。他有什么本事？他的网在哪里？

生：他拉小提琴为迟云龙同学看病筹钱。

师：动人的琴声就是他的网，他的网上有文字嘛？如果有，你觉得该会是什么字？

生：请社会上更多的人来关心患重病的同学。

生：帮帮迟云龙吧。

生：救救他吧

师：这网，不仅织给行人看的，也是织给迟云龙看的。宋徽中在求助信里说，我是他的同学，我要帮他——（生接：活命），那网，更要唤起迟云龙的生命热情——“活下去”。

师：非常遗憾的是，这20多分钟的讲述中，并没有迟云龙的讲述。你觉得迟云龙该怎么想怎么做才配得上做宋徽中的“威尔伯”？

生：我想，迟云龙一定要让自己变得快乐，坦然面对现实，与病魔作抗争，让自己的病好起来。

师：那就是——勇敢地活下去。我们也期待着他们能够创造出生命的奇迹。

这样生死攸关的事，在生活中并不是很多。那么在平平常常的生活中的夏洛又有什么意义呢？张老师想讲一个我自己的故事：

今年暑假，我去贵州参加了一个“灵山—新教育义务支教”活动。我们去的那个地方叫湄潭县。山路条条，水路迢迢，辛苦得很。但为什么要去呢？因为这个活动的负责人是我的朋友魏老师。我愿意做一回他的夏洛。那次做他夏洛的还有十来个人。培训活动反响挺好。那次，我上了一堂课。回来后，魏老师写了一个课堂印象，说我的课沉静、智慧、优雅。9月份，我独自一人去了张家口上课却一点也不紧张，知道为什么么？因为魏老师曾给我织了一张网，网上写着：沉静、智慧、优雅，我就尽力使自己看上去是那个样子。所以，魏老师也做了一回我的夏洛。

今天我们的听课老师中就有魏老师，魏老师也看过《夏洛的网》，我们用掌声欢迎他为我们讲几句话。

魏老师：我也非常喜欢这本《夏洛的网》，当时，去贵州支教的时候是我组织主持的。我那边需要请一个优秀的老师上一节语文课，我跟张老师说的时候，她说正在开学的时候，学校很忙，恐怕走不开。我记得有一次，在咖啡馆里，我和干国祥老师讨论这次活动，想得愁眉苦脸的时候，张老师说，她一定想办法过去。我很感动。那次，张老师做了我的夏洛。

师：我觉得在这个活动中，我们彼此做了对方的夏洛，也创造了彼此生命中不可能中的可能。也使得这件事情，这个友谊拥有了不一般的意义。用蜘蛛夏洛的话说，这本来是件——（生：了不起的事。）这样的友情，不仅温情，还拥有力量，是大家所渴盼的。

谁来做我的夏洛？我又来做谁的夏洛呢？把问号留在心里，回去有时间，再静静地读读这个故事，如果有话要说，就写点感受吧。

漫话西游

——《西游记》读书交流会纪要

【背景介绍】

苏教版国标本第十二册第三单元选编了《西游记》中的《三打白骨精》，之后又在“我读书，我快乐”栏目，安排了阅读名著《西游记》。虽说猴哥的故事学生早已耳熟能详，但他们接触西游，也仅仅是因为电视连续剧的热播。“屏上得来终觉浅，绝知此事还须读。”这是阅读古典名著《西游记》的契机。教师要求学生购买《西游记》，可购买原著，感受一下阅读中的“爬山”之乐，感觉有困难的，也可购买专门为小学生改版的《西游记》。

我所执教的六年级（2）班共有47人，其中购买原著的34人，青少版的13人。三月中旬整班共读西游的读书活动开始了。百回的书目，八十几万字，用了一个半月的时间全部读完。原著生僻字比较多，人民文学出版社的版本有注音，但对六年级学生来说，这些注音远远不够。在不影响理解故事的情况下，教师引导学生采用跳读、连估带猜、结合上下文理解等方法，不查字典增进阅读的速度。

五月初，教师下发了《西游记》读书报告单，学生填写阅读报告单，其间有小范围内（同桌、前后左右、好朋友之间）的交流。之后，开展了这次班级读书交流会。

【交流过程】

一、考考谁是“西游通”

大屏幕上出现了“1—40”数字题板按钮。按动按钮，即亮出题目内容。学生可任意选择题板答题，答出来加10分，答不出来扣10分，答题时，可选择继续，也可选择放弃。谁的累计积分最高，谁就是“西游通”。

题板上的题目，从学生中来。在《西游记》读书报告单上，要求学生以《西游记》中的人物、故事、情节等为内容，出三道题。教师择取其中一道，入选在“考考谁是‘西游通’”的题库中。

出题的过程中，学生又将书来来回回地翻。出的题目比较有意思，也有一部分题目相当刁钻。

剔除重复的题目，以下所列均为学生出的题目：

1. 占有羊脂玉净瓶的妖怪是谁？

2. 唐僧西天取经，历经九九八十一难，请问：第八十一难是什么？

3. 孙悟空的金箍棒重多少斤？

4. 师徒四人取经成功后，分别被封为什么？

5.《西游记》的第几回出现了两个孙悟空？

6. 金平府的酥盒香油每斤值多少两银子？

7. 是谁把紧箍咒套到了孙悟空的头上？

8. 孙悟空的第一个师父是谁？

9. 文殊菩萨的坐骑是什么？

10. 唐僧去西天取经，唐王送了什么给他让他带着上路？

11.《西游记》中谁最禁不住别人用激将法？

12. “四圣试禅心”中的“四圣”指哪四位神仙？

13. 蟠桃园里共有桃树多少棵？

14. 第七十四回中（长庚传报魔头狠行者施为变化能），孙行者变成了叫什么名字的妖怪？

15. 唐僧取经耗时多少年，去了多少个国家？

16. 车迟国有哪三妖？

17. 石猴出生的那块仙石上有几窍几孔？

18. 孙悟空在东海龙王处要金箍棒时，北海龙王、南海龙王、西海龙王分别给他送了什么宝贝？

19. 在小雷音寺装扮佛祖的妖怪是谁的弟子？

20. 猪八戒的钉耙重多少斤？

21. 红孩儿洞口的石碑上刻着什么？

22. 唐僧与猪八戒喝了哪里的水都怀孕了？

23. 托塔李天王有个恩女，她是什么妖精？

24. 阿傩、迦叶向唐僧师徒索要的“人事”是什么？

25. 青牛怪用的是什么武器？

26. 孙悟空大战二郎神，大显七十二变之本领，那么他的第一变是变成了什么？

27. 比丘国里有多少个鹅笼挂在门外？鹅笼里装的是什么？

28. 红孩儿喷出的三昧真火什么东西可以灭掉？

29. 什么东西才可以把人参果打下来？

30. 第二十八回金圣宫娘娘被妖怪捉到哪座山上？

31. 孙悟空脑后有三根救命毫毛，危急之时，毫毛可以随机应变，助他消灾，三根救命毫毛是谁所赠？

32.《西游记》中孙悟空是个大大的英雄，但他也有掉泪的时候。请问：他在什么时候掉过泪？

33.《西游记》中所写的天下分四洲是指哪四洲？

34. 白龙马在化龙池中恢复原身，盘绕在哪里？

35. 孙悟空在菩提祖师处学到了哪些本领？

36. 西天取来的经文是怎么被弄湿的？

37. 独角兕大王的钢枪长多少？

38."一双眼光如明镜，两道眉艳似红霓。口若血盆，齿排铜板。吼声响震山神怕，行动威风恶鬼慌。"这是西游记中哪个人物的貌相？

39. 如来佛祖的寺庙叫什么寺？

40. 花果山水帘洞洞口的那副对联是什么？

这样的形式，出什么与答什么并不是最重要的，所谓"西游通"，实则是以活动为载体，激发学生再读的兴趣，帮助学生进一步熟悉故事中的人物与情节。对于《西游记》这样一种故事性读本，初读的时候只有一个建议：快读，并且全心全意地读，不答任何问题。快读之后，则需要回顾，以对故事的整体结构与情节的关联有一个清晰的印象。对于学生来说，考考谁是"西游通"的活动，是吸引他们回读的有效手段。

在活动过程中，出题这个环节，学生极感兴趣，都想寻找能难住他人的问题，然而遗憾的是，答题环节却不能掀起你争我抢的高潮——没有一个人能连答三道题而继续接着往下挑战。

二、西游排行榜

1. 英雄谱：《西游记》中，你觉得谁的功力最高？排出前三名，说说理由。

说到功力，这是孩子尤其是男孩子最喜欢的——如果你看到过他们收集一种功力点子卡与同伴比试、游戏时的痴迷的情形。

听听他们的答案：陈希说排在第一的是孙悟空，因为有七十二般变化和一个筋斗十万八千里的法术，十万天兵天将都拿他没有办法；张雨阳马上接口，二郎神和孙悟空并驾齐驱，因为他和孙悟空有得一拼；徐能也不服气，说悟空的菩提师父更厉害，因为他能教孙悟空这些法术；而刘晴瑜则认为，观音和如来佛祖更厉害。因为孙悟空在斗不过妖怪的时候，很多时候都是观音前来助战，帮他扫除西行路上的魔障。至于如来佛祖，大家都公认，孙悟空都逃不出他的手掌心，可见他的法力无边。非常有意思的是，学生在交流这些英雄法力的时候，自觉不自觉地会把这些人物与孙悟空作比较。更好玩的是，有人排“猪八戒”，说他会水下功夫；而吴青则选择了大鹏金翅雕作为 NO. 1 号人物。真是英雄不问出路，上至如来，下至石猴，他们各有各的独门招术。

2. 兵器谱：《西游记》中，你觉得谁的兵器、宝贝最厉害？排出前三样，说说厉害之处。

把学生排出来的厉害兵器一一开列，真可谓琳琅满目：重达一万三千五百斤、可大可小的如意金箍棒；可以把任何一种兵器吸进去的金刚琢；可以救活生灵的杨枝甘露玉净瓶；大鹏金翅雕的阴阳二气瓶，把人装在瓶内立刻化为脓水；铁扇公主的芭蕉扇，可大可小，可以扇灭八百里火焰山的火；黄眉大王偷来的弥勒佛的金铙，把孙悟空关进去后，五方揭谛、六丁六甲、四方功曹、十八位护教珈蓝、二十八星宿都不能把铙揭开，还有人种袋，只要念一下口诀，不管有多少人，全都被装进去；金毛狮的三个金玲，晃一晃，三百丈大火烧人，晃一晃，三百丈烟气熏人，晃一晃，三百丈黄沙迷人；二郎神的三叉二刃刀，可以劈开华山；银角大王的紫金葫芦，只要叫一声名字，他若答应了就立刻被吸进去……

神奇的宝贝，神奇的功用。随着学生的交流，大屏幕上依次出现这些兵器、宝贝。实则，这些兵器无所谓“最厉害”，用到好处都是“最厉害”。那个省略号，就留给学生再阅读：《西游记》中还写到了哪些兵器、宝贝？若干年后，班上会不会因此而出个“XXX 品西游”？

3. 经典战役谱：《西游记》中，哪场战斗最精彩？

在学生的眼中怎么打才算好看呢？

孙悟空大闹天宫一场，博得了很多学生的青睐，其次是观音制服红孩儿。我想，这两场打斗中主人公有孩子似的天真，有不服输的勇气和过人的胆量，吻合了学生“初生牛犊不怕虎”的心理，其他还有大战狮驼岭、真假美猴王、战青牛怪、战大鹏金翅雕、车迟国之战等。

对着大屏幕上列出的打斗场面，教师进一步引导学生讨论：这些打斗场面为什么精彩？你能不能发现这些打斗场面的共同之处？最后学生在交流中获得认识：1. 双方实力相当，打斗才好看，假如力量悬殊，还没打斗就结束了；2. 对方的宝贝越厉害，打斗就越精彩；3. 一场精彩的打斗，不但是在斗实力，更需要斗志斗勇。

三、组建你的西游取经团队

“假如让你组建你的西游取经团队，你会选择哪些人上去，为什么？”

学生中的想法，真是五花八门。

第一个发言的是张晟逸：“我要选七个盘丝洞的女妖精去，因为女的不会落入色井，对人的防备之心又强，武功也不错。我不要猪八戒那样的好色之徒，也不要那个人妖不分、只会念经的唐僧，而且盘丝洞的女妖精是七姐妹，感情很好，又有团结精神，所以让她们去取经一定是很顺利的。”

她的发言，引得大家哈哈大笑。教师又追问：“七个盘丝洞的女妖精，倒真是团结。但是那盘丝洞的女妖对取经感兴趣么？你有把握她们会有兴趣么？”女孩笑着摇摇头，坐下了。

接着发言的是喜欢玩点子卡的盛权：“我要选孙悟空、红孩儿和金兜洞的青牛怪去。因为孙悟空和红孩儿的本事都很大，而且青牛怪有金刚琢，一路上可以收到各种各样的兵器。”

大家又是一阵笑。教师也笑了：“原来你是想组建一个搞兵器的团队啊。”

张雨阳的取经队伍人最少：“我选二郎神和孙悟空，因为他们都是法力高强。”

“两个人的本事，的确难分秋色。你听说过，有个成语叫‘一山不容二虎’么？”教师问。

学生点点头。

“所以，我有点担心，你的那个取经队伍二郎神和孙悟空能不能和谐共处。要是谁也不买谁的帐，那就会散伙的。”教师笑着说。

朱超炜的取经队伍多达9人，神仙、妖魔什么都有。教师问他九个人分别干什么，他说不上来。

教师说，那叫机构臃肿，人浮于事。不知道自己要干什么的队伍，人再多也没用。

戴着眼镜的小姑娘盛韵悦说起来就显得头头是道了：“我会选择孙悟空、猪八戒和沙僧，除了唐僧，其他几个，我都要。我不要唐僧，是因为他胆小如鼠，动不动就从马上摔下来，悟空打死了妖怪，他却责怪他打死人了。一意孤行，人妖不分，经常被魔怪迷惑，不长记性。他是一个毫无原则、是非不分、固执己见的人。其他几个嘛，一个英勇无畏，一个淳朴、憨厚，一个忠心耿耿，足够组成取经团队了。”

“你不要唐僧去，还有很多同学也不要唐僧去，因为唐僧没本事，又很胆小。那么唐僧到底有没有法力？”教师转向全班同学。

大部分同学摇头。

“再想想：《西游记》中出现的人物，一个个想过来，有哪一个像唐僧一样一心想着取经？”

学生若有所思。

班长举手了：“我觉得唐僧取经的念头是最坚定的。猪八戒和孙悟空什么的，都想到过散伙。唐僧不管遇到什么妖魔鬼怪，都没有动摇过取经的念头。我原来也不想让唐僧去，现在想想，没有他不行。”

“说得真是好。还有比专一和坚持更大的法力么？无论艰难险阻还是富贵美色，唐僧一心向佛，心诚志坚，百折不回。”教师接过了班长的话。

姚凯豪说：“我的取经队伍，就不要猪八戒去。因为猪八戒成事不足，败事有余，老是想着散伙，扰乱军心。”

大家又是一阵笑。

“有没有要猪八戒去的同学呢？来，举举手。”

十来个人举手了。说说理由吧。一个说，“取经的路上如果没有猪八戒，就像白开水一样平淡”；另一个说，“猪八戒其实一点也不坏，孙悟空老骂他呆子，他也没有和孙悟空吵架”。

细眉细眼的胡洪涛说：“我还是选原来的那些人，因为他们取到了经啊。”

暗暗为他叫声好，接着追问：“原班人马为什么能取到经呢，原班人马到底怎么个好呢？”大屏幕上打出了崔岱远《看罢西游不成精》一书中的观点：

《西游记》师徒四人组成了一个优秀团队：唐僧是稳健派领导，孙悟空是技术骨干，猪八戒是润滑剂型人士，沙和尚和白龙马是踏实型服务员工——团队所必需的要素全都占全了。

学生读了一遍，教师又说：“我也很认同崔岱远的观点。最优秀的人聚在一起，并不一定是一个优秀的团队。一个优秀的团队，往往是团队中的每一个人都能找到自己的位置，发挥自己的特长。”

四、写一回属于你的“西游记”

交流会持续了近八十分钟。

孩子们很是兴奋，听教师布置作业——写一回属于你的“西游记”：想象一下，师徒四人西行的路上，会遇到什么关口什么精怪？精怪有着怎样的法宝和功力？他们又是怎样过关的？看谁想得奇特，写得精彩，再学着给自己的文章取一个回目。

第二天，从上交的作业情况来看，有两点值得欣慰：学生语言，明显受了《西游记》语言的影响；写得都很长，最差的学生也写了两页，最长达到了九页。但遗憾的是，没有出类拔萃的，主要是学生的想象不够奇特，什么法宝，什么关口，没有多少新鲜刺激的元素。没有我想象中的精彩，这不得不引起教者的反思：是谁，动了他们的想象？

寻找“漂流”的意义

——《鲁滨逊漂流记》读书交流会设计

【背景说明】

苏教版国标本第十一册第三单元选了杨红缨的《一本男孩子必读的书》，借男生吴缅之口，介绍了《鲁滨逊漂流记》的主要梗概以及吴缅读书后的感受。之后，教材又在“我读书，我快乐”栏目中安排了阅读《鲁滨逊漂流记》。

这样的阅读安排，假如教师只是一说而过，所谓的“阅读”更多只是“聋子的耳朵”。我的做法是，借课文《一本男孩子必读的书》这个窗口，引发学生阅读的欲望。之后，马上着手写家长书，告诉家长《鲁》一书将作为我班共读的书目，需要购买阅读。

午自修，师生就一起静静地读书，读《鲁滨逊漂流记》。在此基础上，执教了一堂读书交流课。我把这种经典文学作品的阅读主要目标定位在兴趣的激发、心智的开启、精神的养育上。至于学生在其中获得语言的滋养，或者叙事结构的启发，等等，我把它看作是阅读路上的副产品，或者叫“额外的奖赏”。

【课堂设计】

一、聊聊“漂流”

1. 什么是“漂流”？故事的主人公出生在哪里？他的一生漂流过哪些地方？

学生接力说鲁滨逊到过的地方，并依次出示漂流循环图：

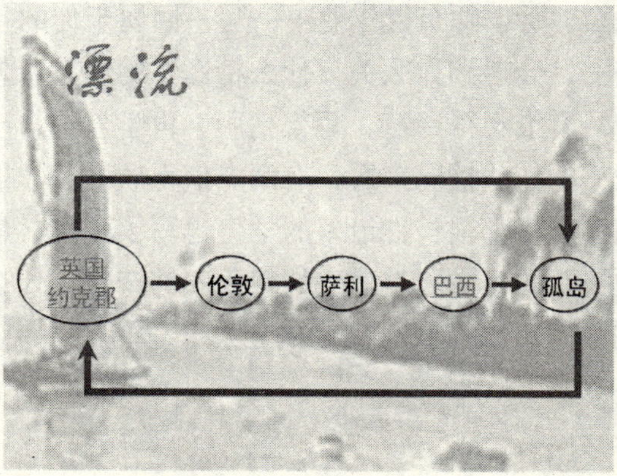

2. 从这张循环图中我们可以看出，鲁滨逊的一生都处在动荡流浪中。漂泊的生活，往往是食无求饱，居无定所。假如时光倒流，你觉得鲁滨逊会再次选择漂流么？说说理由。

引导关注小说中的两处介绍，说说鲁滨逊为什么要去漂流。

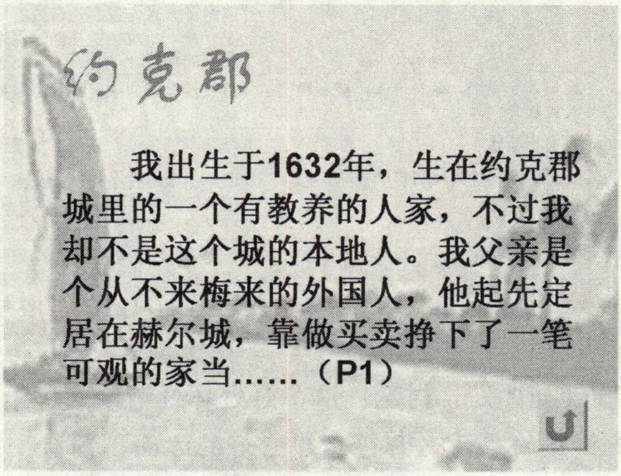

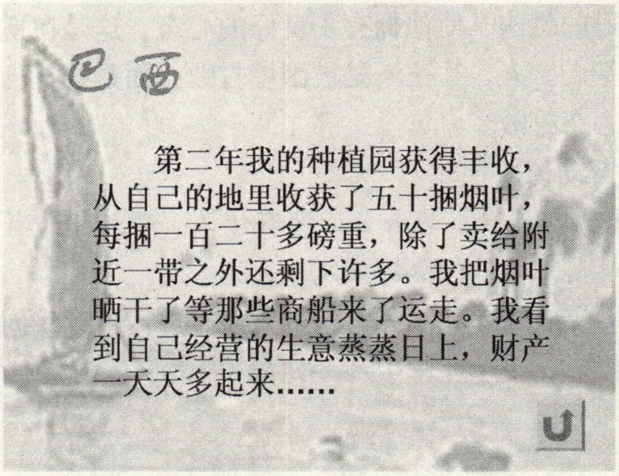

二、谈谈“困境中的心态”

1. 孤岛上的鲁滨逊遭遇了困境。概括起来说，来自哪些方面？

（外在的：一无所有；内在的：孤独，恐惧）

2. “心态”

假如在海难中绝处逢生的是你，来到的却是一个空无一人的荒岛，你会怎么想？鲁滨逊是怎么想的呢？

出示鲁滨逊记录的好处坏处对照表

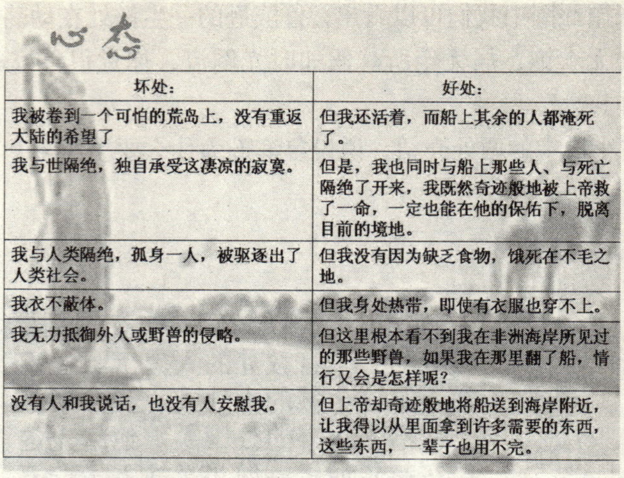

心态

坏处：	好处：
我被卷到一个可怕的荒岛上，没有重返大陆的希望了	但我还活着，而船上其余的人都淹死了。
我与世隔绝，独自承受这凄凉的寂寞。	但是，我也同时与船上那些人、与死亡隔绝了开来，我既然奇迹般地被上帝救了一命，一定也能在他的保佑下，脱离目前的境地。
我与人类隔绝，孤身一人，被驱逐出了人类社会。	但我没有因为缺乏食物，饿死在不毛之地。
我衣不蔽体。	但我身处热带，即使有衣服也穿不上。
我无力抵御外人或野兽的侵略。	但这里根本看不到我在非洲海岸所见过的那些野兽，如果我在那里翻了船，情行又会是怎样呢？
没有人和我说话，也没有人安慰我。	但上帝却奇迹般地将船送到海岸附近，让我得以从里面拿到许多需要的东西，这些东西，一辈子也用不完。

指名分别读好处和坏处，讨论：这个好处坏处记录表，给你什么启示呢？

（不管遇到多糟糕的事情，都得想想它好的方面，同时，还要想想比自己更糟的情况。第 50 页）

小结：鲁滨逊的想法，使他拥有了良好的心态，这是在逆境和困境中生存下来的最重要的心理基础。人，往往不是被困境打败，而是被自己打败，被困境中自己的沮丧、灰暗的心态打败。

三、聚焦“劳动创造”

“如果光是呆坐在那里，想着自己没有什么，那么什么事情也做不成，这个道理促使我很快行动起来。”（第 40 页）

1. 在荒岛上生活的鲁滨逊，靠自己的双手，进行了哪些创造性的劳动？学生自由说，相互补充说后，出示，学生一一列数：

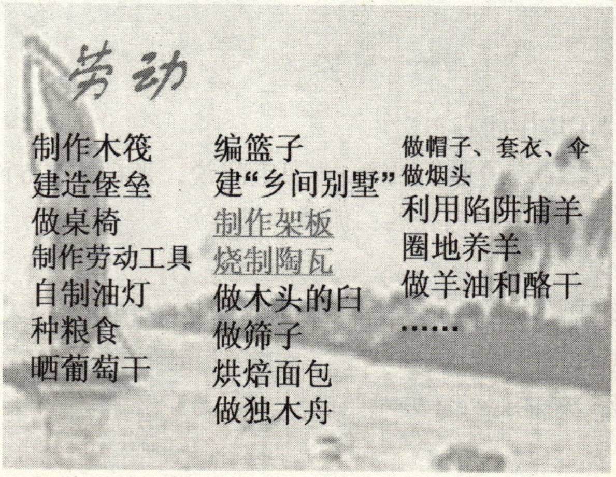

2. 对于鲁滨逊荒岛上的生活，作者不厌其烦地，细致入微地描写：鲁滨逊他想做什么，用什么做，怎么做，遇到了什么困难，怎么解决……面对这满满一页的劳动创造，你想说什么？

（“不劳动者不得食”；劳动创造了一切，从一无所有到拥有一切所需要的；无中生有，白手起家，百折不挠；拿来主义，利用身边可利用的一切资源，让可用的东西为自己服务成为好东西；劳动的智慧，比如建的“堡垒”面向大海；劳动的耐心；劳动的快乐……）

出示：

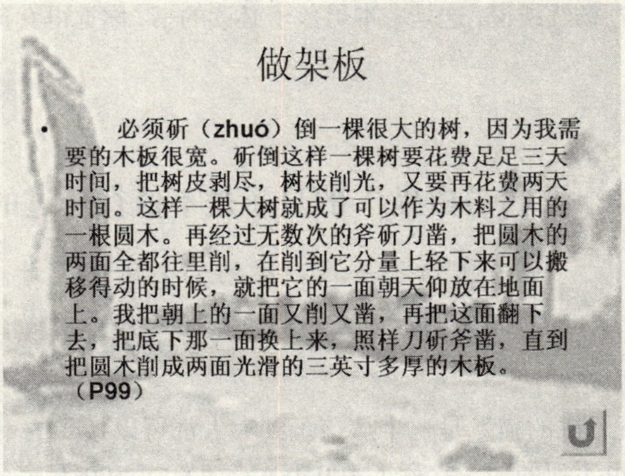

3. 指名读。看着这样的制作过程，你想说什么？学生交流。

四、关于书——《圣经》以及《鲁滨逊漂流记》

1.《圣经》

鲁滨逊带了什么书上孤岛的？他在什么时候开始看的，这书给予了他怎样的帮助？

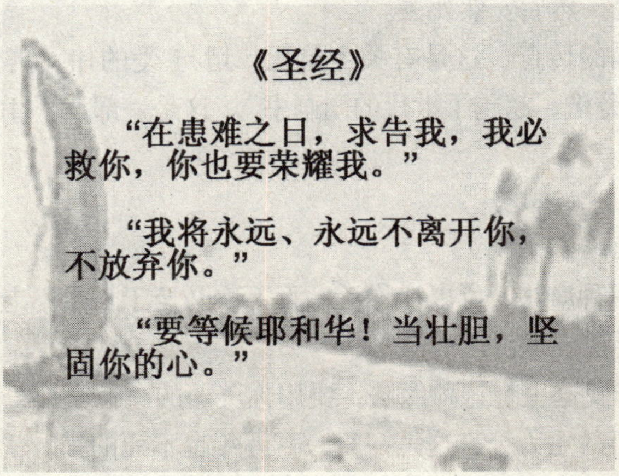

小结：

一个探索者，一个冒险家，一个勇于创造发明的人，他有足够的耐心和心机，为自己建造城堡和别墅，供给吃穿所用。而《圣经》的阅读，给予了他精神上的支柱，让他可以战胜孤独和恐惧。所以，我们要无限相信书籍的力量。

2.《鲁宾逊漂流记》

美国《生活》杂志1985年在百万读者中开展评选“人类有史以来的最佳书”活动，最后推选出的10种“最佳书”中，我们今天读的这本《鲁滨逊漂流记》排名第二。它为什么能成为“最佳书”？今天如果我们不去航海，不去孤岛，读这本书的意义又在哪里？杨红缨说，这是一本男孩子必读的书，你觉得女孩子有没有必要读？

没有“白猫”的日子是不值得一过的

——《活了一百万次的猫》讲述设计

【故事简介】

《活了一百万次的猫》是一个从孩子到大人都可以接受的不可思议的故事：有一只100万年也不死的猫，它死了100万次，又活了100万次。有100万个人宠爱过它，有100万个人在它死的时候哭过，可是它连一次也没哭过。它先是国王的猫，然后又分别是水手、魔术师、小偷、孤老太太和小女孩的猫，但它活得浑浑噩噩，对一切漠不关心，直到有一天，它变成了一只属于自己的野猫，爱上了一只美丽的白猫，它才头一次知道为什么而活。当心爱的白猫死去了，这只100万年没有哭过的猫，放声大哭，然后安然死去。

这是一只猫的传奇，这是有关生与死，情与 爱的伟大寓言，在日本被赞誉为“被大人和孩子爱戴，超越了世代的图画书”。这是一部读了100万次也不会厌倦的名作。

【执教年级】小学五年级

一、聊天预热：

1. 假如有一种魔法，可以让你活一百万次乃至于长生不老，你愿意吗？愿意或者不愿意，都要说说理由。

追问：假如我这里有这种魔法，要用你美丽的嗓音交换，你愿意吗？为什么？

2. 交代故事的主人公：这是一只一百万年也不死的猫。就是这只虎斑猫，它活了一百万次，够神奇的吧。其实，虎斑猫是活了一百万次，又死了百万次。它先后成为国王的猫、水手的猫、魔术师的猫、小偷的猫、老太太的猫、小女孩的猫……，如果可以选择的话，你想做谁的猫，为什么？

实话实说，谈谈想法。

二、猫的生命一次次轮回

1. 回到故事里的这只猫。这是只漂亮的虎斑猫。有一百万个人宠爱过这只猫，有一百万个人在这只猫死的时候哭了。可是猫连一次也没哭过。

出示画面，讲述：

国王的猫

有一回，猫是国王的猫。

猫讨厌什么国王。

国王爱打仗，总是发动战争。

打仗时，国王把猫装在漂亮的篮子里，带在身边。

有一天，猫被一支飞来的箭射死了。

正打着仗，国王却抱着猫哭了起来。

国王仗也不打，回到了王宫，然后，把猫埋到了王宫的院子里。

虎斑猫啊虎斑猫，为什么离开了权势显赫的国王你不哭？

（国王爱打仗，战场上充满了血腥与危险，国王把虎斑猫带到战场，却不问虎斑猫爱不爱打仗——他把自己的爱好强加给了虎斑猫。离开国王，就是离开了战争与血腥，离开了自己不喜欢的生活。）

水手的猫

有一回，猫是水手的猫。

猫讨厌什么水手。

水手带着猫走遍了全世界的大海和码头。

有一天，猫从船上掉下来。

因为猫不会游泳，水手连忙用网把猫捞上来，可猫还是淹死了。

水手抱着像一块湿抹布似的猫，大声地哭了起来。然后，他把猫带到了远方一座港口城市，埋在了公园的树下。

虎斑猫啊虎斑猫，为什么离开了可以走遍世界各地的水手你不哭？

（水上的生活不适合猫的生活习性；海上有风浪，猫不会游泳，很危险；晕船等等）

魔术师的猫

有一回，猫是马戏团魔术师的猫。

猫讨厌什么马戏团。

魔术师每天把猫装在一个箱子里，用锯子锯成两半儿，然后把完好无损的猫从箱子里抱出来，换来一片掌声。

有一天，魔术师失手了，真的把猫锯成了两半儿。

魔术师两手拎着两半儿的猫，大声地哭了起来。

这次，谁也没有鼓掌。

魔术师把猫埋到了马戏场的后面。

虎斑猫啊虎斑猫，为什么离开了变幻莫测的魔术师你不哭？

（魔术师并不是真正的爱猫，他只是把猫当成了一个道具，一个魔术时的道具而已。）

小偷的猫

有一回，猫是小偷的猫。

猫讨厌什么小偷。

小偷领着猫，在漆黑的小镇上，像猫一样悄悄地转来转去。

小偷只偷养狗的人家，趁着狗冲着猫叫的时候，小偷撬开保险箱。

一天，猫被狗咬死了。

小偷抱着猫和偷来的钻石，在夜晚的小镇上边走边哭。

然后，回到家里，把猫埋到了小院子里。

虎斑猫啊虎斑猫，为什么你不想成为小偷的猫？

（小偷鬼鬼祟祟，不够光明正大；小偷为了偷到钻石，不顾猫的安全——只偷养狗的人家，而猫又是怕狗的。）

老太太的猫

有一回，猫是孤零零的老太太的猫。

猫讨厌什么老太太。

老太太每天抱着猫，从小窗户看外面。

猫整天在老太太的腿上睡大觉。

不久，猫老死了。

摇摇晃晃的老太太抱着摇摇晃晃的死了的猫，哭了一整天。

老太太把猫埋在院子里的一棵老树下。

虎斑猫啊虎斑猫，为什么你不想成为孤独无依的老太太的猫？

（虽然安全，但老太太的生活太沉闷了，猫在她那里丧失了它的活力和生机）

小女孩的猫

有一回，猫是一个小女孩的猫。

猫讨厌什么小女孩。

小女孩有时把猫背在背上玩，有时紧紧地搂着猫睡觉。她哭的时候，还会用猫的后背来擦眼泪。

有一天，猫被小女孩后背的带子勒死了。

小女孩抱着耷拉着脑袋的猫，哭了一整天。然后，她把猫埋到了院子的树底下。

虎斑猫啊虎斑猫，为什么你不想成为活泼可爱的小女孩的猫？

（小女孩和猫一起玩，但却不会考虑猫的感受——背在背上，那种姿势猫不喜欢；紧紧地抱着睡觉，猫会觉得喘不过气来；后背擦眼泪，就更加离谱了。总之，小女孩只是把猫当成玩偶。）

2. 讨论：成为国王的猫，水手的猫，魔术师的猫，小偷的猫，老太太的猫，小女孩的猫，猫已经活了六次，又死了六次，你认为故事接下来该怎么发展？

（点拨：若是一直这样一次次地死去，一次次地活过来，猫一一次次地成为别人的猫，累计上一百万次，这个故事该有多长？这样的故事你有没有兴趣看下去？）

3. 从我们讨论来看，虎斑猫似乎什么也不喜欢，不要锦衣玉食的王宫生活，不要风浪中的刺激，不要魔术的变幻莫测，不要小偷的偷偷摸摸，不要老太太的安逸，不要小女孩的活泼，那么虎斑猫究竟要的是什么？

（小结：自由地生活，成为自己，不做任何人的宠物。）

三、成为野猫

出示画面，讲述：

后来，猫不再是别人的猫了。成了一只野猫。

猫头一次变成了自己的猫。猫太喜欢自己。

怎么说呢，漂亮的虎斑猫终于变成了漂亮的野猫。

讨论：虎斑猫获得了自己想要的自由，这个故事是否可以到此为止？

（它从来没有得到真正的爱，宠物似的爱，并不是真正的爱。真正的爱，要以平等和尊重为前提，并且顾及对方的感受；它还没有过上有意义的生活，仅仅拥有了自由，心里还是空荡荡的。看作者如何为它编织一段有意义的生活。）

四、爱上白猫

出示画面，讲述：

不管是哪一只母猫，都想成为他的新娘。

有的拿很大的鱼送他，有的献上新鲜的老鼠，有的送来了少见的木天蓼，还有的去舔他那漂亮的虎斑纹。

可猫却说：“我可死过100万次呢！我才不吃这一套！”

因为猫比谁都喜欢自己。

只有一只猫连看也不看他一眼，那是一只美丽的白猫。
猫走过去说：“我可死过100万次呢！”
“噢。”
白猫只说了这么一声。
猫有点生气了，怎么说呢，因为他太喜欢自己了。
第二天、第三天，他都走到白猫的身边，说：“你连一次也没活完吧？”
“噢。”
白猫只说了这么一声。

虎斑猫在白猫的面前一连翻了三个跟头，说：“我呀，还当过马戏团的猫呢。”
“噢。”
白猫只说了这么一声。
“我呀，我死过100万次……”
说到一半的时候，他问白猫：“我可以待在你身边吗？”
“行呀。”
白猫说。
就这样，他一直待在了白猫的身边。

白猫生了好多可爱的小猫。
猫再也不说我呀，我死过100万次……了。
猫喜欢白猫和小猫们，胜过喜欢自己。

小猫们长大了，一个个走掉了。
“他们都长成了漂亮的野猫啦。”
“噢。”
白猫说，然后她的嗓子眼儿里发出了温柔的咕噜咕噜声。
白猫慢慢地老了。
猫对白猫更温柔了，嗓子眼儿里也发出了咕噜咕噜声。
他多想和白猫永远地一起活下去呀！

有一天，白猫静静地躺倒在猫的怀里一动也不动了。
猫抱着白猫，流下了大滴大滴的眼泪，他头一次哭了。从晚上哭到早上，又从早上哭到晚上，哭啊哭啊，猫哭了有100万次。

早上、晚上……

一天中午，猫的哭声停止了。

猫静静地、一动不动地躺在了白猫的身边。

讨论：

1. 虎斑猫为什么不喜欢那些母猫而喜欢白猫？

（白猫的独立，白猫的矜持和美丽，白猫的温柔无语）

2. 猜猜，猫还会活过来么？为什么虎斑猫不想再活过来了？

（没有了爱，浑浑噩噩地活一百万次，又有什么意思？虎斑猫一次次地活过来，是死得不甘心，他没有自己，也没有自己所喜欢的，而当他成为自己，有了自己喜欢的，虎斑猫觉得活一次已经够了。）

出示：

真正地爱过，真正地活过，一次就够了。

有爱的日子，一日长于百年。

仅仅拥有长度而没有意义的生活，是不值得一过的。

五、介绍作者，拓展“白猫”的意义空间

1. 出示佐野洋子来华照片，介绍：

2007年5月27日下午，佐野洋子在首都图书馆与中国读者举行了一次别开生面的聚会。佐野洋子出生在中国，此次来到中国，是重回故里寻找童年的足迹。照片中的她，姿势挺拔，气质典雅，正微笑着回答读者的问题，让人难以想到，这是一个癌症晚期的病人。

2. 讨论：一个六十九岁的老太太，一个到了癌症晚期的病人，为什么脸上还能带着如此灿烂的微笑？她离死亡已经那么近了，为什么能如此安然？她的一生，是否也拥有了“生命中的白猫”？

介绍佐野洋子：

日本著名绘本作家，曾创作过《我的帽子》《绅士的雨伞》《请等一等》等大量的儿童图画书作品，《活了100万次的猫》是她的代表作，累计销量达150万册。由于对图画书的杰出贡献，她获得了日本政府颁发的以艺术家为对象的紫绶褒章。

3. 学生交流后小结：

使自己的生命焕发出光彩的，不仅仅是得到爱情。在这里，爱，只是一个象征，一个比喻。我们爱一个人，感觉生活很幸福；我们热爱知识，使自己变得充实；我们热爱工作，或者热爱一份事业，使自己觉得可以站在这个地球上而不感到羞愧。一切能提升生命意义的东西，都是我们“生命中的白猫”。

六、重温故事，布置讲述。

1. 出示投影，学生轻轻诵读。

2. 将这个故事讲给你喜欢的人听。爸爸，妈妈，好朋友，或者兄弟姐妹，让他们一起在故事里体验爱与被爱，让这一只活了一百万次的猫，在我们的讲述中获得永生。

语文综合性学习

构筑没有围墙的语文课堂

——“蚕·养蚕”语文综合性学习活动侧记

[缘起]：我地处在太湖之滨，有“丝绸之府”“鱼米之乡”之称。上个世纪，这里“家家养蚕，户户刺绣”“日出万匹，衣披天下”。三四十年代，有“当代黄道婆”之美誉的著名蚕丝专家费达生的“蚕丝推广部”即在这里实验制丝，源远流长的蚕桑文化衍生着太湖流域曾经的辉煌。本世纪以来，随着农村工业化城市化的进程，养蚕农户减少，孩子对蚕、养蚕以及蚕桑文化日渐疏远。一个偶然的机缘，市关工委成员来校，萌发了要在小学三年级学生中开展“我与蚕宝宝一起成长”的养蚕活动，于是一个以“蚕·养蚕”为主题的语文综合性学习活动在老师心里悄然酝酿。

养一双会观察的眼睛

三月底，蚕种还没有来，老师先带学生去桑地观察桑树的生长情况。一到地里，孩子们犹如刚放出笼子的小鸟，尤其是那些调皮的男生，捉蚂蚱，逮蝴蝶，扑腾着乱窜。一旁在地里劳作的婆婆，扁着嘴唠叨：读书不读，出来白相（“白相”在吴方言中意为“玩耍”）。孩子的心已散出去了，出校门前老师叮嘱的几句话，观察桑树的任务早和蝴蝶一起翩飞了。一节课的时间很快过去了。孩子们玩得很高兴，回来问问他们关于桑树的状况，除了光秃秃的杆子还是杆子。事前安排未考虑周全，怨不得他们。

第二次，清明以后，桑枝发芽，老师再带学生去桑园。去之前，分好了小组，并将观察的任务用表格条目式细化，分发到每个学生手里，内容包括：枝条的数量、皮色，一根桑枝上芽眼的总数量以及未发芽芽眼的数量，桑叶的叶色、叶形、叶脉等特征，还有一块特别的栏目叫“我的发现”，配以顽皮的儿童体文字“看谁眼睛亮”。

这次状况与上次有了明显不同。六个人一个小组，在组长的带领下，分头行动。在静态细致的观察中，小眼睛开始学习捕捉所需要的信息，观察的关注点，也由外部的特征逐渐关注内部隐蔽的因素。从带回来的资料情况看，“我的发现”一栏填写得较有特色：老桑干里有了蛀虫后，桑干的洞里有粉状碎末冒出；发现一棵果桑，不长叶只开花；果桑的花雌雄有别，还有逮着下地的老伯伯问到的信息……

原来还有这么多道道

4月中下旬，蚕桑技术员许伯伯作为特约技术顾问来学校作辅导讲座两次。

聆听窗外声音，新鲜而兴奋，包括许伯伯总把“蚕”说成“船”，都让学生觉得逗。

“小朋友们，蚕是很娇贵的，所以我们这里的人都亲昵地叫它蚕宝宝。因此，把蚕宝宝照顾大是很不容易的。今天，我就给小朋友们讲讲蚕的一生和如何饲养它们。

“要想养好蚕宝宝，必须了解它的生长特点。蚕宝宝是变温动物。所以在它的生长过程中，要控制周围环境的温度。在小蚕的时候，温度要控制在27-28℃，四龄以后，才可以在自然温度下饲养。蚕宝宝一生要经历四次蜕皮。每一次蜕皮之前，它都要睡上一觉。睡觉了，它就不吃也不动……”

边讲边投影演示，学生饶有兴味，有模有样地在笔记本上写着诸如“催青、收蚁、给桑、提青”这些专业名词。

“一撒二匀三补”是给桑的要点；眠蚕头胸昂起，停止食桑，且头部有“△”凸出……许伯伯的介绍，可比《科学》书上写的蚕宝宝的一生要详细得多。

学生兴致盎然。趁热打铁，当天的回家作业有两项：一是抄写并认识家中与养蚕有关的物什：蚕架，蚕匾，蚕筷，桑筐，塑料薄膜，蚕网，方格簇，蜈蚣簇；二是采访妈妈或者奶奶，向她了解有关养蚕的知识。

看着你长大

5月8日，长假上来第一天，蚕种到了。

放学之前，老师把蚕卵分发，每人四五十粒。孩子们从老师手中接过一小包蚕卵时，像接着几世单传的婴儿。“老师，老师——”几条不安分的蚁蚕已经钻出来了，引来惊叹的叫声。“轻点，你这样会把它捏死的。”小姑娘责怪着同桌毛手毛脚的男孩子。看着这小心翼翼的温润情形，老师笑了。

从这天开始，“看着你长大”，老师专门设计的蚕宝宝生长观察记录本上，留下了孩子们眼里的“宝宝世界”。

看他们交上来的记录本，成了老师的甜蜜负担。藉此，老师也了解着每个孩子的饲养状况：怕宝宝着凉，将蚕宝宝放进了微波炉；冒着雨去桑地采摘新鲜桑叶喂养；吃糖没有洗手后喂蚕，结果死了不少宝宝，心疼得直掉泪；早上起来，顾不得刷牙洗脸，先看它们，就连周末外出做客，也随身带着它们；查阅信息，又了解到了蚕沙的价值；有的还做起了试验——除了桑叶，蚕宝宝可要吃其他叶?

“比比谁的宝宝大！”十几天过去了，老师让孩子们把蚕宝宝带到了学校。

小竹匾，塑料篮，硬纸盒，蛋糕盒，都带来了。用眼光估摸着哪条最粗，捉出来与别人比。劳技室里，一片欢腾。

热闹之后，老师清清嗓子，开始了另一个学习任务：观察蚕宝宝吃叶的状态，用一段文字描述下来。这是老师精心设计的一个训练项目。以前，孩子们写日记是没有材料，而现在，他们有很多题材可以写，但常常化不开，写不具体。

先观察，动态的观察连续观察三分钟，再写，然后交流。老师先出示了叶至善小时候写的作文片段让学生念：

“蚕大眠过后就有小指那么粗了。它们将六支足捧紧了桑叶的边缘，一刻不息地尽把叶往嘴里塞，嘴抖颤似的蠕动着，头忽上忽下，成弧形地摆动着。看了蚕那副贪吃的模样，使我禁不住发笑。”

之后便是修改。再交流时，不但描摹细腻了，也有趣得多了。一个学生写蚕宝宝边吃边拉的情形，叫人忍俊不禁。还有精彩的想象，把吃剩的桑叶想象成了各种各样的图画。

并没有结束

宝宝上山结茧了。

孩子们把茧子卖给了收购站，挣了靠他们自己的劳动得来的或多或少的几个硬币。许伯伯再次来到学校，开了一个表彰会，并带来了丰厚的奖品。

活动好像都结束了。

细心的老师留着五六个茧子在教室的三角橱上。她要让孩子们看到“化蝶”。

几天以后。蛾儿钻出来了。孩子们好奇地看着——多么惹人爱怜的小动物啊：两片瘦削的翅膀遮掩着纯白的身体，纤小而玲珑的腿，头低着，两颗黑得像炭一样的眼珠，尤其那两条触须，一向用来比做美人眉毛的。

老师告诉他们，它再也不吃东西了，泻完卵，等那些奶油色的卵转成深褐色的时候，它就缩起小脚倒下了。

宁静。孩子们沉默了。

化蝶

我困锁在漆黑的茧里，
醒来又睡去。
为了看到春的容颜，
我要咬破比殒石更坚硬的茧，
然后沿着花香飘来的方向蹁跹，
去圆结一个春天的童话。
哪怕匆匆一瞥，
哪怕昙花一现，
我要破茧！我要破茧！

老师诵起。

持久、加倍的宁静，孩子们似懂非懂，有一种说不出的情绪，如潜流，在教室，在心与心之间传递。

“这就是蚕的一生轮回。今天的作业，请你们以‘我叫蚕宝宝’开头，写写蚕的一生。相信经历了整个过程之后，你一定能写得比《科学》书上更出彩。老师会把优秀的稿子寄给许伯伯，请他明年给三年级小朋友讲座的时候，用上你们写的文章。”

老师，我的宝宝个儿大

用放大镜瞧瞧

我的教学语录

1.“聪”，繁体字写作“聰”，从“耳”“悤”声，“悤”，有“迅速”的意思，“聪”的本义是指耳朵听后能迅速判断是非真假。所以，要想聪明，首先要学会倾听。学习的本质就是倾听，倾听是了解、理解、接受外部世界的过程。一个会倾听的人能够从别人那里获得很多信息。我们的耳朵为什么要一左一右地长呢？若仅仅为了搜捕外界信息，还不如猫儿，雷达似的将耳朵竖在头顶？左边一个，右边一个，是为了让你听到来自各方面的信息——左与右，好与坏，完全相反的声音，你都能听到。

2. 假如把学生的发言比作投球的话，学生把球投偏了，教师要有功力将它准确地接住，并把球重新投到学生手上，学生产生轻松愉快的感情，就能奋起投出更好的球。也就是说，教师善于捕捉学生发言中的要点，进行诱导、点拨，使他原本朦胧的粗浅的或者错位的，逐渐明晰、深刻，生成真正意义上的“对话”。

3. 一个有趣的现象：公开课上，如果用了话筒，学生发言的踊跃性明显增强。可见，人人渴望放大自己的声音。

4. 由俭入奢易，由奢入俭难。一堂课要上得平实，是很不容易的。四川菜中的开水白菜，汤清可以注视，但是并不是开水煮的，用的是鸡汤。教师若没有相当的功力，平实就成了寡淡。

5. 只要在学习过程中有情感的投入，有内在动力的支持，能从学习中获得积极的情感体验，都是自主学习。比如，我们去听一场音乐会，我们既未动手也未动口，但我们动了心，动了情，也获得了美的熏陶和感染。从这个纬度出发，语文课不要怕讲，只要学生听得津津有味。怕就怕你讲的让人索然寡味。

6. 语文是一门人文学科，它与自然学科有很大的区别。它不应该追求唯一结果，“答案是丰富多彩的”是人文学科最美的景致。因为教学内容本身含有主观色彩，比如作者观点、思想、情感等，同时师生双方在理解教学内容时都必然带有个人观点或感受。这种主观性不仅不可避免而且应该得到承认甚至加以鼓励。

7. 幽默是沾满智慧的棒棒糖，孩子爱吃，大人也爱吃。学生都喜欢幽默的老师。课堂中的幽默，常有“四两拨千斤”的功用。当然，教学幽默应把握分寸，仅仅为逗乐而幽默甚至低级趣味，就失去了幽默应有的审美价值。会幽默的老师善于自嘲。

8. 教师的功夫在嘴上。教师的语言素养在极大程度上决定着学生在课堂上的脑力劳动的效率。教学中，常常有这样的情形：不同老师讲同样的内容，有的寥寥数语就能使学生心领神会，有的虽洋洋千言，但就像射箭一样，左一支，右一支，老是射不到靶子上，颠三倒四，学生就不得要领。嘴上功夫也最难练，“三年练一双腿，却练不出一张嘴。”

9. 熟悉水流的人可能清楚，运动中的潮流如果碰到障碍，比如闸门，或者暗礁等，会造成一坨翻涌打转的水团，这就是“回流带”。“回流带”的水势最急，大鱼或珍贵的鱼种，常潜伏于此。同样的道理，要让学生的思维之河流得急，有冲击力，也必须设置“障碍物”——让教材的“棱角”凸出，让学生思维之河触碰到这些尖尖硬硬的东西。教师替学生磨平教材中的“棱角”，学生没有“愤悱”的状态，思维就像溜冰似的轻松滑过，这是对学生思维的伤害。

10. 要保持水源的干净与清洁。课堂上，教师要时时警醒自己：当我们给孩子种种“教育与关怀”时，背后是否有着被束缚、被奴化、被欺骗或者被蒙蔽？“独立之精神，自由之思想”，一堂好课，理应让个体的精神生命焕发出青春的活力。

11. 一堂好课的标准：坐在教室里不觉得时间长，走出教室后回味却悠长。

12. 什么样的讲课状态最糟糕？浅入深出。自己本身没什么东西，却故弄玄虚，搞得学生一头雾水。

13. 有了岸的约束，汹涌的水才流成了美丽的河。很难想象，一堂“东一棒棰西一榔头”的乱糟糟的课，能培养出学生优秀的思维素养来。因此，我看重课的内在结构——好的课堂结构，是学生思维之河的美丽的“岸”。

14. 年级越高，学生越不想举手，也不愿齐声回答。其实，这不等于学生懒了，或者上课不积极了。相反的，这恰恰说明学生的内部语言在发展，无声思维水平在提高，因此，他们学会了“肚里行事”。

15. 课堂的“静”的最高境界是“灵敏的寂静”——这时你听不到学生在说话，但在这种表面的寂静底下，你能感觉到，思维像千万条根须在潮湿的土壤里不知疲倦地工作着。我们看不见这些根须，但必须悉心保护它们——安静地等待它们开出花朵来。

16. 情感留在灵魂里，和记生字、记数字、记公式等不一样。前者好比石头上刻字，不论刻得多深，年代久了总要模糊；后者好比在树上刻字，那些字会随着树的生长大起来。文章不是无情物，多年以后，也许很多情节、细节会淡忘，但文章里的“情”一定融在阅读者的血脉里了。

17. 语言文字只是一种符号，“演”是把文字具象化的过程。能将纸面上的文字化为表演，必须驱遣我们的想象，在想象中看到连动的画面。情境表演是老师课堂中常用的手段。形象的情境表演，可以再现课文的语言情境，让学生在情境中细读书、多体会，获得独特的感受。但情境表演不是目的，只是手段和形式。那种为演而演，为了追求课堂的一时热闹，追求教学形式的多样化而无助于语言文字的理解甚至消解文字魅力的演，岂不是糟蹋课堂宝贵的时间？！

18. 课堂上过多的廉价表扬，过分的模糊评价而带来的某种活跃的情绪，是啤酒冲起的泡沫。这样的热闹，无法与精彩联系。它的背后，隐藏着学生的浅尝辄止和随意应付，隐藏着学生的急功近利和情绪浮躁，是经不起咀嚼和推敲的。

19. 有一种阅读，叫印证性阅读，比如，读《夜莺的歌声》，问“从哪里可以看出小男孩的机智勇敢”；有一种阅读，叫研究性阅读。比如，上面的这个问题转化为“德国军官说小男孩是个蠢东西，你怎么认为呢”。角度变了，问题活了，学生的思维之火也亮了。

20. 主题语文、诗意语文、情智语文、本色语文等等，这些都是语文教学的“流”——是教师根据自身的特色与对语文教学的认识所创生的语文教学流派。批评者觉得这样五花八门地搞，是将语文变得狭隘了，但我看来看去，却觉得问题在批评者身上——错将“流”认作了“源”。

21. 大量阅读，如蚕吃桑叶，必须全部吃通方能吐丝，所以见效比较慢。大阅读的烹饪方式是“文火煨烤”，做出来的东西入味，也富有营养。而题海战术，相当于压缩饼干，虽然营养差些，但能很快填饱肚子。大阅读，又是一坛酒。一开始，不一定好喝，时间越长就越香醇可口，就看你是否有心情去守候它，等待它慢慢发酵。

22. 周作人说：“世界上太多的大人虽然都亲自做过小孩子，却早失了‘赤子之心’，好像‘毛毛虫’变成了蝴蝶，前后完全是两种情状：这是很不幸的。”因此，逢着一个热爱儿童文学的小学语文老师是学生的大幸——老师在与儿童文学作品的亲密接触中，唤醒了善良、纯真的自然天性，打开了充满幻想和创造的大门，留住了热情、朝气的动感节律。听孩子的话，懂孩子的心，他们对儿童的爱，也更有智慧。

23. 一个具有儿童文学素养的老师，读教材的眼光也必有独到之处。对于选入教材的儿童文学作品，哪怕“节选”“缩略”到剩下几缕枯干的枝，教师也有办法让它长成枝叶婆娑、摇曳多姿的大树。同时，他的眼光也更加敏锐，能鉴别教材中的粗劣文本。一个读过绿原的儿童诗《草》，读过“它爱重自己，它更爱重世界，种籽和春天来了，它说它愿意让开”的教师，遇上《小稻秧脱险记》时，是不大有兴致让孩子去表演“你死我活”的“气势汹汹”的。

24. 什么季节观什么景，什么时令开什么花。当然，你可以强迫植物提前开花，但其结果往往是旺盛一时，衰败一季，牺牲了植物长期的健康，因此，我不赞成把本应到中学里才能读的什么名著下移到小学去增加阅读量。

25. 歌德说：荷上露珠，粒粒圆纯。越是小孩子，就越是拥有人类最珍贵、最必要的东西。而教育，就是保护这最初的嫩芽。

26. 是不是优秀的童书，可以嗅嗅它——是否散发着人的气息；可以照照自己——是否具有爱的光泽，让你眼睛发亮。

27. 寓言暴露甚至强调了人性的弱点，卢梭反对小孩子读寓言，认为寓言有坏心术，把单纯的小孩子教复杂了。我觉得关键是我们身外有一个怎样的世界在引导孩子，跟读不读寓言，关系不是很大。

28. 童书里的清明和纯净是一个世界，身外也有一个世界。既要让学生看到人性的美好和光明，也要看到现实中难以回避的晦暗和冷峻，这也是人性的可能或者说必然。聆听窗外的声音——我希望给学生的食品，不是甜得发腻，而是适当添加钙质、铁质，以利于骨骼硬朗地生长。

29. 故事是伟大的。对于低年级学生来说，只要让故事给学生留下鲜明的形象就是大大的成功——形象的力量在于对未来的潜在理解——形象有一种天然“觉醒”的能力，学生可以在长长的岁月里慢慢体会，而“解释”往往会削弱它的力量。

30. 对于一个孩子来说，如何找到和大地的联系，关系到他自我和身体的和谐统一。“到自然界里去旅行”——这项工作比教会学生阅读更重要。

31. 中国没有真正意义上的儿童文学。我们中实用主义的毒已经很深了，以为读一个故事，一定要获得深刻的教训，而恰恰忘了这些故事给儿童读，首先要满足他们的心理需求。

32. 一根铁杆费了九牛二虎之力，无法将锁撬开。钥匙来了，它瘦小的身子钻进锁孔，只轻轻一转，大锁就“啪”的一声打开了。钥匙的秘诀在于了解锁的心。道理虽然大家都懂，但在教育中，我们却常常做着铁杆的粗笨活儿，还觉得自己很卖力。

33. 陶渊明先生说过读书的“不求甚解”，但他底下还有一句话“每有会意便欣然忘食”。我觉得这句很重要。“会意”才是读书要追求的境界——会意的时候，智慧之光照亮了书，也照亮了读书的你。

34. 尼采说，生活是一面镜子，我们梦寐以求的第一件事情就是从中辨认出自己。因此，我们阅读一个个故事，其实本质是想理解世界，知道我是谁，我可以怎么办。是阅读，是故事，创造了我们内心的生活。

35. 新课程提倡平等对话的理念。我想，要对话，首先教师要有话对学生说，而且这话不是教参上的套话，更不是辅导教材上的“标准答案”，而是教师自己的读书心得，肺腑之言。

36. 水尝无华，相荡乃成涟漪；石本无火，相击而成灵光。对话的意义在于交流中所荡起的“涟漪”击发的“灵光”。

37. 人靠两条腿走路，我觉得提升阅读力也要从两方面入手：一是读各种各样的书，散散漫漫地读，为阅读理解提供丰富的智力背景；二是精确训练，通过训练掌握语文基础知识和基本技能，掌握“这一类”的原则、规律与依据，为阅读理解构建思维模式。

38. 在怀特海看来，教育是有节奏的。他认为儿童心态的发展可分为三个阶段：浪漫期、精密期和综合期。这种划分，同样适用于作文教学的几个阶段：最初的时候，孩子进行的写话练习，称为“放胆文”，即想到什么写什么，没有什么框框和约束。到了中年级以后练习写段和篇章，就要给他一定的规范，使之懂得句与句该如何连起来成为段，段与段该如何安排才能构成篇。布局谋篇，详略得当，都需要手把手的精确指导。随着年段的升高，学生写起东西来就又会觉得“文无定法，只要得法”。这是学生进入了综合运用的阶段，此时，他虽没什么束缚，但写起来往往是“从心所欲而不逾矩”。这种能力什么时候能获得？每个学生的情况都不一样，有的人一辈子也不会生长出这种能力来。

39. 命题作文是练功场，它的意义在于练功而非应用。表面上看，它非常死板，实际上是可以练而见功的。在练习中，你学习了各种各样的文体，应对着各种各样的题目。就像学书一样，在法度之内严整而精炼地练习基本笔画，及至有了基本功，就可以酣畅淋漓地奔放而书了。

40. 作文就是做人。作品就是人品。作文能力，说到底靠的是认识和觉悟。叶老先生说，为文平平，为人平平，那是很高的境界。

41. 一个人，会走一条什么样的路，成为一个什么样的人，有许多偶然的机缘：读了什么样书，结识了怎样的人；遇到了什么样的故事，萌发了怎样的心境；站到了什么样的高度，看到了怎样的风景……也许影响你一生的，就是一句话、几个故事和一些人。

42. 冰心说：“有了爱，就有了一切。”没有爱，当然没有一切，但仅仅有爱也是苍白的。母鸡很爱小鸡，但它只能带小鸡在草地中啄食、刨地，只有展翅的雄鹰，才能带雏鹰飞过大树，飞过高山，飞向蓝天下的白云。有什么才能教什么，教师能教的，惟有他自己。

43. 据说，杨万里的创作，先学江西派，后来学王安石的绝句，又转学晚唐人的绝句，最后，“忽有所悟”，谁也不学，“步后园，登古城，采撷杞菊，攀翻花竹，万象毕来，献余诗材”。他的创作经历，给我们的教学实践启发。也许最初的时候，我们会效仿名师的招式和手段，但最终成就自己的，是从实践的土壤里生长出来的自我。

44. 信仰是什么？字典里说，是一种极度的相信和尊敬。我想，它的根本价值就是能够赋予短暂人生以永恒的意义，人活着就是用自己的生命去解释自己的信仰。没有信仰的人就像没有泥的蒲草，没有水的芦荻，即使看上去还有青色，内心却已经枯槁了。那么，作为教师，我们的教育信仰在哪里？

45. 我之所以热爱诗歌，不仅仅是因为它语言的精致。我需要它，好像要自己不要忘记，忘记世上还有比穿衣、吃饭所不能替代的事情。我的理想主义情怀大概与读诗是有关的。

46. 我对一切太喧嚣的事业和太张扬的情感，心存怀疑。浩瀚的太湖，湖面如镜。我知道，湖中的水在流转，是湖的深邃使湖面看起来安静。定能生慧，这种丰富的安静，正是教育智慧不绝的源泉。

47. 对于我来讲，写作也许并非是一件苦事。我觉得关于写作的最妥帖的比喻，莫过于是母鸡生蛋。虽然不太雅，但确实如此。我的肚子里总是有一串未成熟的“蛋”，它们在慢慢地发育、生长，哪个成熟了，我就把它生下来。

48. 我觉得对于一个小学语文老师而言，博杂比精深更重要。打个比方吧，如果都是一两黄金，大学教师要把它打成金钻，小学教师则要把它打成金箔。我们处在金字塔的塔基上，什么都接触一点，什么都懂一点，对教学是十分有益的。

49. 关于教师的专业成长，我认同这样两个公式：专业阅读＞专业写作；量变≠质变。仅仅写起来是不够的——没有专业阅读作支撑，也许写得很用心，但难免步入“星星还是那个星星，月亮还是那个月亮”的老调。

50. 还原教育本色，让教育走一条自然生长的路，就目前的大气候而言，是很困难的。也许我尽心尽力所做的事，不过是给千疮万孔的教育一个小膏药罢了。但是，就算是改善小范围肌体的环境，我也愿意充满热情地做，我信的是，只要行动，就有改变。人类，就是一个人加一个人，谁改变自己谁就能改变人类。